中国农村社会学研究

（第三辑）

RESEARCH ON
RURAL SOCIOLOGY IN CHINA (Vol.3)

姚兆余　主编

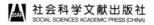
社会科学文献出版社
SOCIAL SCIENCES ACADEMIC PRESS (CHINA)

本书编委会

主　编　姚兆余

编　委（按姓氏笔画排序）

出版说明

农村社会学论坛依托农村社会学研究学术社群，试图通过对中国农村社会的发展和变迁进行经验研究和理论分析，构建中国农村社会发展的概念体系和解释框架，形成本土化的中国农村社会学研究范式。2010 年第一届农村社会学论坛在安徽大学举办，至今已走过十个年头。十年来，论坛参加者针对中国农村社会发展中的新现象和新问题，在实地调查的基础上形成自己的研究成果，在每年一度的论坛中分享、交流和讨论。

《中国农村社会学研究》主要收录论坛参加者已经公开发表且在学术界产生过一定影响的论文。《中国农村社会学研究》第一辑由李远行教授主编，已经由苏州大学出版社于 2011 年出版发行，议题集中在村落共同体、社会行动与社会冲突、农村发展政策与实践等方面。第二辑由王晓毅教授主编，已经由中国社会科学出版社于 2016 年出版发行，议题集中在农村社区与组织、市场与农村社会、社会变迁等方面。本书是第三辑，议题集中在农村社区治理、农村贫困治理、乡风民俗和社会发展等方面，不少论文曾经在第六届农村社会学论坛上作过交流。

需要说明的是，《南京农业大学学报》（社会科学版）编辑部对第六届农村社会学论坛给予了大力支持，本书的出版也得到了学报编辑部的资助。在此致以诚挚的谢意！

感谢社会科学文献出版社刘荣副编审，她在论文格式、文字校对和版面设计等方面做了大量细致的工作。

姚兆余

2020 年 7 月 20 日

目 录
CONTENTS

【社会发展】

【学术视野】

农村社区治理

村落过疏化与乡土公共性的重建[*]

田毅鹏^{**}

摘 要： 村落过疏化的发生既源于工业化、城市化对乡村人口的吸纳，也是农民强烈的脱离乡村、面向城市的观念作用下主动选择的结果。乡村人口的流失，导致村落共同体内部自生公共性、以政府为载体的"公助系统"发生危机，村落共同体的价值认同也走向式微。由乡村过疏化而带来的地域社会衰落为我们展示出一种特殊的社会衰落类型，提出了"过疏地域社会何以可能？"这一问题。我们应弄清过疏村落社会的生成背景、过程及演进趋向，既要发挥政府的支撑作用，也不能忽略社会和市场力量的存在；反思单一的经济开发策略，由重视物的开发转变为强调文化价值的利用，寻找新的地域振兴主体，以实现乡土公共性的重建。

关键词： 村落过疏化；乡村衰落；公共性；过疏对策

自人类步入现代社会以来，伴随着工业文明的勃兴和巨型城市的崛起，以乡村为中心的传统文明结构开始发生根本性变动。在工业化和城市化的拉动下，农村人口不断流入城市，城乡人口结构发生巨大变化。都市的人口密度越来越高，而乡村尤其是那些偏远村落，则成为人口稀少的过疏地域，并由此而走向衰落。无论是早发现代化的发达国家，还是后发现代化的发展中国家，都大体经历了这一过程。正是在这一意义上，我们可以说"都市兴起和乡村衰落在近百年来像是一件事的两面"[①]，成为时代变迁的重要标记。在现代工业社会，"对农民来说，农业的历史是痛苦的发展史，因为他们的精

---

* 本文系国家社会科学基金重大项目"当代中国单位制度形成及变迁研究"（11&ZD147）、国家社会科学基金重点项目"社会管理体制改革创新的模式选择与推进路径研究"（10A2D002）阶段性研究成果，原载于《社会科学战线》2014年第6期，收入本书时有修改。

** 田毅鹏，吉林大学哲学社会学院教授。

① 费孝通：《乡土中国》，上海人民出版社，2007，第254页。

神状态和传统制度很难适应工业社会的需要，似乎有一种经济的和社会的衰退规律在威胁着农村社会"①。那么，工业化和城市化背景之下的乡村地域过疏现象为什么会发生？其进程到底会对现代社会产生哪些影响？本文试从公共性的研究视角，探讨村落过疏化背景下乡土公共性危机的发生及表现，并寻求重建之道。

一 村落过疏化与乡土社会的衰落

过疏，是与"过密""适疏"相对而言的概念，是指因地域人口的减少，导致维持此地域最为基础的生活和生产的人口条件出现了困难。学界一般将这一变化过程称为"过疏化"，把处于此种状态的地域称为过疏地域。

（一）村落过疏化的发生

1. 工业化、城市化对乡村人口的吸纳

一般说来，过疏化现象的出现是以工业化和城市化进程为背景的，其发生具有一定的历史必然性。无论是早发现代化的英国、法国，还是后发现代化的发展中国家，都必然经历这一进程。历史上，作为工业革命的发源地，英国是世界上最早针对工业化进程中的人口流动而实行城乡区域政策的国家。而在小农众多的法国，城市和矿区的工业化，引起劳动力的大量集中，使乡村的手工业和一切以木材为燃料的工业归于消灭。② 工业主义的触角所至，使得农村人口剧减，并迅速走向凋敝。在东亚，日本大约是在 20 世纪 60 年代经济发展奇迹后出现了乡村过疏化现象，到 70 年代和 90 年代，韩国和中国部分偏远的乡村也先后走向过疏化。

除了工业化和城市化对乡村社会的冲击和破坏之外，土地制度的变革、农业技术的进步，以及农业经营规模的大型化，也导致大量农业人口的离农化，从事农业经营和生产的农家的户数逐渐减少，进而引发农业地域的衰落。

2. 乡村居民对城市生活的向往和认同

乡村过疏化现象的发生，不仅是经济快速发展背景下工农业产业间差别

---

① 〔法〕让·雄巴尔－德洛夫：《法国农业趣史》，马四近、庞爱菊译，农业出版社，1985，第59 页。

② 〔法〕菲利普·潘什梅尔：《法国》上册，漆竹生译，上海译文出版社，1980，第 137 页。

扩大的结果，同时也与农民自身生活和文化观念面向城市的变革直接相联系。由于交通的发达、电视及网络的普及，有关城市文化和生活的信息可以毫无障碍地传播到乡村世界，农民足不出户便可体验到城市生活方式和文化的魅力。此外，乡村昔日自给自足的自然经济逐渐被商品经济打破，农民的日常生活开始与城市建立起较为密切的关联，村落的经济结构和消费结构都发生了巨大变化。工业与农业间的收入差距在明显拉大，尤其是后发现代化国家为实现现代化，采取优先发展重工业的策略，致使城乡之间长期存在二元结构，更扩大了城乡间的差距。在城市与乡村强烈的对比和反差中，农民的思想、行动和生活方式都发生了面向城市的变动，从而使农民尤其是青年农民产生了强烈的脱离乡村、面向城市的观念。正是在这一意义上，可以说，乡村过疏化现象，不仅仅是现代城乡社会经济结构直接作用下的产物，也是农民主动选择的结果。

（二）村落过疏化的后果及性质

乡村过疏化现象发生的初期，主要表现为人口数量减少。但随着过疏化问题不断走向严重，出现了经济凋敝、就业机会缺乏、村落世代维系困难、村落组织崩坏等现象，导致乡村社会走向衰落，主要表现为：①地域产业和经济发展停滞。伴随着乡村农业生产的衰落和人口的大量外流，地方财政逐渐恶化。全球化背景下的贸易自由化，使得大量农作物从国外输入，农产品价格低迷，农产品生产经营收益极低。②乡村公共服务设施落后。因政府的公共事业投入急剧减少，包括医疗、教育在内的各种公共服务事业开始萎缩，乡村经常为医生不足和教师不足等问题所困惑，为了追求更好的医疗和教育条件，大量乡村人口外流。③乡村人口的老龄化。在这场由传统乡村向现代城市的空间转移过程中，青年人是当然的主力，其离乡入城的行动将过疏地域送入高龄化的世界。④过疏地域公共交通系统的危机。由于人口减少，过疏地域的交通系统也面临挑战。一些客运线路因乘客剧减而无法运营，开始减少甚至废止。由于公共交通废弛，居民购物也极不方便，过疏地域的商业街也走向萧条。⑤农村村庄聚落的荒废。农村房屋大量闲置，导致作为人类文明重要存在形态的乡村聚落景观也面临存废的挑战。

由此可见，过疏化背景下的乡村社会衰落，性质极其复杂，我们不能简单地将其视为一种经济衰退现象，也不能将其理解为一种单纯的人口流失问题。在分析过疏问题时，要特别注意从地域的产业、生活和意识三个方面来加以分析理解。[①] 城乡社会的剧烈变迁乃是人类社会从传统社会步入现代社会后，在工业化和城市化的背景下所面临的一种根本性的文明变局。在此变局之下，城乡"两种生活方式的这种分道扬镳，愈来愈形成了两个社会的分离"[②]。早在民国时期，即有学者指出乡村过疏化直接造成了乡村社会衰落："故都市之发达，常伴以农村倾危。凡农村之人口，都市收之；农村之才智，都市用之；农村之储蓄资本，而都市攫取之；农村之生产物品，而都市消费之；农村之利得，而都市垄断之；然其所贻赐于农村者，则仅老弱之人，与奢侈之习，以及放纵之行为耳。以农村之牺牲，求都市之发达，其不落于倾颓衰灭也，乌可得哉！"[③]

二　村落过疏化与乡土公共性危机的表现

如前所述，过疏村庄走向衰落不是一种单纯的经济现象或人口移动现象，而是现代社会所面临的一种总体性结构变动。在人类文明史上，任何一个称得上"文明"的社会，无论是发达的城市社会，还是偏僻的乡土共同体，都应拥有较为发达的"公共性体系"。公共性之所以能够作为文明社会存在和发展的最基本的条件，主要是因为它对社会具有极广的利害和影响。而且其影响不是限于特定的集团，而是面向社会全体，是"某一文化圈里成员所能共同（其极限为平等）享受某种利益，因而共同承担相应义务的制度的性质"[④]。从一般意义上讲，公共性的内涵比较复杂，既包括其共同体内部自生的公共性，也包括由政府承载的公共性。在现实中，如果一种公共性的体系结构被破坏，那么，其共同体公共性的结构必然遭到严重的削弱。值得注意的是，走向过疏化的乡土公共性危机的特殊性在于，因短时间内人口大量外流，其地域内足以支撑起社会正常运行的人口数量和社会关系状态发生了变化，出现了"过疏地域的社会何以可能？"问题。

（一）村落共同体内部自生公共性的危机

在漫长的农业文明发展岁月里，村落作为一个真实的生活共同体和生产共同体，在乡土公共性构建进程中发挥了重要的作用。村落共同体自生的公

---

① 〔日〕安达生恒：《村庄和人间的崩坏》，三一书房，1973，第19页。
② 〔法〕菲利普·潘什梅尔：《法国》上册，漆竹生译，上海译文出版社，1980，第139页。
③ 曲宪汤：《乡村衰落之原因及其救济》，《并州学院月刊》1933年第3期。
④ 李明伍：《公共性的一般类型及其若干传统模型》，《社会学研究》1997年第4期。

共性主要是围绕村落共同体"共助"体系而展开的，既包括村落生活中的"共助"，也包括生产中的互助。值得注意的是，村落共同体内部公共性构建功能的发挥实际上是在村落的人口、土地、生产及生活体系健全的前提下才得以进行，如果村落因人口大量减少而陷入危机，基于生活和劳动过程而建立起来的社会联结走向解体，其公共性生产的能力势必要大打折扣。

1. 村落共同体生活"共助"体系的危机

从理论上看，村落共同体的"共助"系统主要是借助于"家共同体"和"邻人共同体"而展开的，它构成了乡土社会最重要的社会关联。这里所说的社会关联，主要是指村民之间的具体关系及建立在这种关系上的行动能力。① 在乡土社会常态运行的条件下，依靠这些社会关联，村落社会的秩序得以实现。而在村落过疏化的背景下，村落共同体中那种源于生活中的"共助"系统则不可避免地走向危机和衰落。

孟子在其"井田"遐想中描绘出"乡里同井，出入相友，守望相助，疾病相扶持"② 的温馨图景。19 世纪 80 年代，德国社会学家滕尼斯关于共同体的基本理论建构实际上是以村落共同体为原型而展开的。在滕尼斯看来，共同体应该是"持久的和真正的共同生活，社会只不过是一种暂时的和表面的共同生活"③。"一切亲密的、秘密的、单纯的共同生活……被理解为在共同体里的生活。社会是公众性的，是世界。人们在共同体里与同伙一起，从出生之时起，就休戚与共，同甘共苦。人们走进社会就如同走进他乡异国。青年人被告诫别上坏的社会的当……"④ "在共同体里，尽管有种种的分离，仍然保持着结合；在社会里，尽管有种种的结合，仍然保持着分离。"⑤ 稍后，韦伯论及社群互助基础问题时，承认"家共同体"是分布最为普遍的一种"经济共同体"，具有相当持续且紧密的共同体行动能力。⑥ 他率先提出"邻人共同体"概念，认为"家是一种满足一般日用的财货需

---

① 贺雪峰、仝志辉：《论村庄社会关联——兼论村庄秩序的社会基础》，《中国社会科学》2002
  年第 3 期。
② 《孟子·滕文公上》。
③ 〔德〕斐迪南·滕尼斯：《共同体与社会——纯粹社会学的基本概念》，林荣远译，商务印书
  馆，1999，第 54 页。
④ 〔德〕斐迪南·滕尼斯：《共同体与社会——纯粹社会学的基本概念》，林荣远译，商务印书
  馆，1999，第 52—53 页。
⑤ 〔德〕斐迪南·滕尼斯：《共同体与社会——纯粹社会学的基本概念》，林荣远译，商务印书
  馆，1999，第 95 页。
⑥ 〔德〕韦伯：《韦伯作品集Ⅳ 经济行动与社会团体》，康乐、简惠美译，广西师范大学出版
  社，2004，第 259 页。

求与劳动需求的共同体。在自给自足的农业经济里，遇到紧急的状态、极端的匮乏与危机而有非常需求时，其中很重要的一部分必需仰赖超越家共同体之上的共同体行动，亦即'邻人'（Nachbarschaft）的援助。……基于长期或暂时的居住或停留而形成近邻关系，从而产生出一种长期慢性或昙花一现的共同利害状态"①。这种"邻人共同体"构成了"社群"的原始基础。②

在传统的农业时代，村落共同体生活的"共助"体系具有超强的稳定性，在很大程度上维持了村落活力与秩序。但工业化、城市化背景下的乡村过疏化则瓦解了这一"共助"系统赖以存在的基础，导致"家共同体"走向凋零。虽然在村落人口外流的过程中，存在举家迁徙的类型，表现出"家共同体"超强的"连带"和"内聚"特性，但不可否认的是，更多的家庭所面临的情况是青壮年劳动力离乡进城打工，而老人、妇女、儿童在乡村留守这样一个更为复杂的"分离"过程。

（1）"家共同体"的凋零。在城乡关系发生剧烈变迁的过程中，农民兼业问题值得特别关注。走向兼业的农民，在保有农民身份的同时，也是某项非农职业的从事者。伴随着兼业行为的发展，兼业化的一个重要社会后果是"家"的结构发生了重要变化，进而对传统的村落结构产生巨大冲击。在通常情况下，城郊农民可以通过通勤方式实施兼业，并不影响其家庭结构的完整性。而过疏地带的农民选择兼业，则必然要以破坏家庭的完整性为代价。因为进城兼业打工地点距离较远，过疏村落的兼业者无法回村居住，必须离开村落，长期居住在工作地。由此，兼业者需要长时间离家，导致村落中的青壮年不能照顾家庭，也无法参与村落事务，成为村落社会的"缺场者"。此外，兼业者的空间和场域是交错的，久而久之，农村的场域逐渐服从城市工作的场域，兼业者的观念亦发生巨大变化。

常年外出打工的兼业经营者基本上是青壮年劳动力，势必导致过疏村落"家共同体"的残缺和凋零，出现大量留守人群，严重地破坏村落共同体内部的"共助"体系，出现"共助"能力危机。据全国妇联发布的我国农村留守儿童、城乡流动儿童状况研究报告，截至2013年5月，全国农村留守儿童数量为6102.55万，占农村儿童总数的37.7%，占全国儿童总数的21.88%。③

---

① 〔德〕韦伯：《韦伯作品集Ⅳ 经济行动与社会团体》，康乐、简惠美译，广西师范大学出版社，2004，第261—262页。

② 〔德〕韦伯：《韦伯作品集Ⅳ 经济行动与社会团体》，康乐、简惠美译，广西师范大学出版社，2004，第265页。

③ 苏婷：《全国妇联：留守儿童中独居者超200万》，《中国教育报》2013年5月13日。

（2）邻人共同体的解体。村落过疏化的另一重要后果是村庄空心化。村民大量外流，导致村落房屋大量空置，一些外出打工的农民纷纷把家安到了城（镇）里，造成农村的旧宅子"人去屋空"。村庄房屋大量闲置不仅仅是资源的浪费，更使昔日的村落邻里关系联结遭到破坏，甚至走向解体。村庄青壮年劳动力奇缺，使得村落传统的礼俗活动无法正常举行。

2. 基于劳动生产而生成的村落互助体系的解体

在传统的乡土熟人社会，基于生产劳动而形成的村落互助行为非常普遍，主要表现为农户间的自愿互助、帮工帮畜、帮农具等形式。

在村落走向过疏化的过程中，因劳动力短缺、生产停滞、土地荒芜，村庄长期基于劳动生产而生成的互助体系开始走向解体。主要表现为：①在乡村劳动力大量外流的过程中，伴随着家族的衰落和凋零，传统的基于血缘的生产互助行动被大大弱化。②乡村精英和青壮年劳动力的大量流失，"造成了乡村结构的进一步疏松，使得分散的小农在资金、技术、信息等资源的获得方面都处于不利地位"①。③过疏村庄的农业生产衰落凋敝，村落集体经济不发达，村落共同体的共同利益大大弱化。在乡农民逐渐变为孤立的、原子化的"理性小农"，合作能力下降，水利灌溉、道路硬化等乡村公共问题无法得到有效解决。④农业生产技术的普及和应用，虽然对于农村劳动力紧张局面有所缓解，但消解了农户间传统的合作机制。

3. 村落老龄化与村庄"共助"能力的衰退

村落年轻人大量外出的直接后果是村落的老龄化。在年轻人大量流出、家族崩坏的社会背景下，作为现代性直接后果的老龄化问题没有首先在现代文明的中心地城市出现，而是在传统村落的穷乡僻壤率先发生。"家共同体"的凋零，导致基于家庭的"私的抚养"体系已大大弱化，过疏地域老人社会生活支持体系将不可避免地面临严重的危机。结合过疏地域老龄化演进的一般趋向，我们会发现过疏地域老人问题的严重性在于：长期以来村落社会赖以存在和发展的"依赖结构"已被严重破坏，而危机中的村落又很难在短时间内走向"终结"，从而将过疏地带的村落置于进退维谷的窘境，这或许是过疏地域老人问题认识及解决艰难之所在。应该说，老年群体间也存在大量的互助行为，但毫无疑问，这种构成要素单一的互助行动具有明显的局限性。由于老年群体自身所具有的诸多不可克服的局限性，其互助、共助的能

---

① 武小龙、刘祖云：《村社空心化的形成及其治理逻辑——基于结构功能主义的分析范式》，《西北农林科技大学学报》（社会科学版）2014 年第 4 期。

力亦大打折扣。

（二）以政府为载体的"公助系统"的危机

在现代国家体制下，政府有义务为城乡居民提供医疗、教育、社会保障等基本的公共服务，这是一个庞大的"公助系统"。但在村落过疏化的背景下，因村庄人口急剧减少，学校、医院等由政府承载的"公助系统"将不可避免地发生运行危机，陷入进退维谷的窘境。

1. 过疏乡村公共服务体系运行的"人口门槛"

在城乡公共性建构的问题上，人口居住密度指标一直是一个重要的影响因素。著名的城市研究者雅各布斯曾专门论述"密度"对于城市的重要，她认为，对于城市来说，"人流的密度必须达到足够高的程度，不管这些人是以什么目的来到这里，其中包括本地居民"①。对于雅各布斯的上述观点，我们可以有多样的解读，但有一点是不可否认的，即密度为城市公共事业的运行和市场消费的展开提供最为基本的支撑条件。如果没有一定程度的人口作为支撑，城市社会的存在几乎是不可想象的，事实上乡村社会也是如此。20世纪60年代，欧洲一些国家曾确定乡村公共服务设施的人口数量基准：一所小学需要的门槛人口大致在5000人左右，一个医生需要至少为2000人服务才能有规模效益，一个由3个医生组成的医疗小组可服务8000人，一个化学药剂师需要的门槛人口约为4000人。②

以人口门槛理论来评价过疏乡村以政府为载体的"公助系统"，我们会发现，在村落人口大幅度减少的情况下，政府设在乡村的公共服务设施难以充分利用，公共服务的人均成本也空前增大，其应用效能更是直线降低。同时，那些公共服务设施的维护也存在困难。上述各种因素消解了农村社区公共服务发展的现实基础。以过疏地域的医疗服务体系为例，人口大幅度减少，导致政府主办的医疗服务机构难以为继。据统计，20世纪60年代，在日本典型的过疏地域岛根县，"共有国民健康保险诊疗所49个，但其中有5个因缺乏医师而无法开业。此外还有29个诊所因交通不便和经营困难等问题，虽表面上开业，但实际上处于休诊状态。这样，49个诊所中至少有34个难以发挥作用"③。由此，日本社会虽然已实行70岁

---

① 〔加拿大〕简·雅各布斯：《美国大城市的死与生》，金衡山译，译林出版社，2005，第221页。

② 龙花楼：《中国乡村转型发展与土地利用》，科学出版社，2012，第197页。

③ 〔日〕内藤正中：《过疏化与新产都》，今井书店，1968，第13页。

以上老人医疗免费的制度，但因山区医生短缺，医疗设备不足，这一制度在过疏地带形同虚设。根据日本厚生省的定义，"无医地区"是指以此地域的中心场所为圆点，半径 4 公里的区域内居住 50 人左右，不容易利用医疗机构的地区。据 1973 年（昭和 48 年）的统计，"京都府下自昭和 44 年迄今，共有 83 个无医地区，其中有 30 个属于过疏地域。今天这种无医地区的数目虽然在减少，但地域医疗供给不足的现象却依然存在"①。

人口过疏化同样威胁到乡村教育的正常发展。在乡村走向过疏化的背景下，人口大量外流，导致农村学校难以保持基本的生源和优质师资，注定要走向衰落。而农村学校的衰落反过来又推动更多的求学者告别乡村，进入城市教育机构。由此，过疏地带乡村中小学的发展面临两难困境：一方面，学龄儿童大幅度减少，导致学校生源不足，乡村中小学难以为继；另一方面，如果政府主管部门采取合并策略，整合资源，可以在一定程度上提高教学质量，但又会导致因撤校而产生一定数量的失学儿童。

2. 过疏乡村公共服务市场化路径的阻滞

近年来，在新公共管理的理论视域下，城乡公共服务市场化改革成为一种值得注意的新趋向。在中国，这种趋向主要表现为大力推进政府向社会力量购买公共服务。凡是社会能办好的，尽量交给社会力量承担。凡适合市场、社会组织承担的，都可以通过委托、承包、采购等方式交给市场和社会组织。采取这样的形式，既能加快解决公共服务产品短缺问题，又能形成公共服务发展新机制。② 毫无疑问，改变城乡公共服务提供主体一元化的格局，发展市场化和多元化的公共服务供给格局，有利于改变政府垄断服务资源、公共服务低水平徘徊的局面。但值得注意的是，在公共服务市场化改革的进程中，我们必须重视城乡差异、一般农村与过疏乡村之间的区别。因为在人口大幅度减少、村落组织走向衰败的情况下，过疏乡村缺少市场化操作的必要条件。正如有的学者所言："市场化的目标是要激活公共服务的供给机制，使公共服务的提供具有竞争性。而农村的公共服务体制，目前恰恰很难出现多元的提供主体，因此无法形成竞争格局。实际上，很多公共服务和公共物品，在农村是很难形成竞争格局的。因为农村消费能力有限，市场几乎没有

---

① 〔日〕益田庄三：《村落社会的变动和病理——过疏村庄的实态》，垣内出版株式会社，1979，第 150 页。

② 李苑、邱小敏：《政府购买公共服务 将开放市场和调结构有机结合》，中国政府网，2013 年 8 月 1 日，http：//www.gov.cn/govweb/jrzg/2013-08/01/content_2459299.htm。

主体愿意为农村的这些设施或服务承担经营风险。"① 可见，过疏地域的消费缺少足够的居民数量支撑，难以形成发展规模，一般的市场化机构很难进入，现有的服务业也会因亏损而从该地域退出。

（三）村落价值认同的式微

在滕尼斯的笔下，包括村落在内的前工业时代的共同体拥有某种共同价值观，"精神共同体在同从前的各种共同体的结合中，可以被理解为真正的人的和最高形式的共同体"②。共同体内部成员的集体认同既建立在对其乡土自然环境、人文景观传承而萌生的自豪感的基础之上，同时也是伦理本位下熟人社会教化和相互约制的结果。但在乡村走向过疏化的进程中，这些千百年来培育起来的村落价值认同受到前所未有的冲击。

1. 对现代城市文化及生活的崇拜，使村落成员对故乡失去了应有的信心和认同，产生了大量的"故乡丧失者"

关于乡村文化自信丧失的发生机制和演化进程，已有很多学者论及。他们认为城市文化相较于农村文化而言，具有无可比拟的优势，正是在这种强烈的反差中，乡村丧失了固有的优势和自信："今之教育机关，所设立于都市。高深学府，故无论矣，即同一之中小学校，亦以立于都市者，较之立于乡村者设备完善，教授适法，因之欲高深而完美之教育者，势不得不离乡村而之都市，此教育都市化之足致农村于衰退也。""乡村人才，均负笈都市，久惯都市生活，对乡村风况，自生鄙弃心理，掉头弗顾。而蛰伏乡村之较智分子，亦思一展胸怀，趋赴都市，待价而沽，以期发回能力，农村人才，闾巷一空。""其他如娱乐之设施，备之都市；医药之精良，集于都市；交通之中心，必以都市；语言之通行，亦不能根据于方言俗音，而准行乎都市之口音也。至礼仪节文，在都市与乡村，文野判然，是故一举一动，一采一汰，莫不以都市为准，而乡村之甩脱，乃自然之结果也。"③

法国社会学家布迪厄等人结合历史上法国农村的溃败，揭示了农民的自卑情结是如何作用于乡村衰败过程之中的："人们往往哀叹这种农村人口的流失是一种社会灾难。将集团的女孩嫁给——一般是高攀——城市居民，这

---

① 汪锦军：《农村公共服务体制改革：由市场化到参与式治理》，《学习时报》2008 年 3 月 3 日，第 4 版。

② 〔德〕斐迪南·滕尼斯：《共同体与社会——纯粹社会学的基本概念》，林荣远译，商务印书馆，1999，第 65 页。

③ 曲宪汤：《乡村衰落之原因及其救济》，《并州学院月刊》1933 年第 3 期。

一事实表明，这个集团有意无意之间接受了城里人对农民的实际价值和预期价值的看法。城里人心目中的农民形象虽说有时受到压制，可总是一再出现，这种形象甚至强加到农民的意识之中。……在每个个体的层面上，都可以感受得到这种内部溃败，而这种溃败正是这些人相互孤立的背叛（他们所属的集团）的根源。"①

2. 从"熟人社会"到"无主体熟人社会"

村落人口大量减少，导致乡村传统的"熟人社会"变成了"无主体熟人社会"。众所周知，传统的乡土社会是典型的熟人社会，村民生于斯、长于斯，通过血缘、地缘和业缘关系，建立起密切的互动关系。但乡村社会的过疏化，却使村庄熟人社会的主体结构发生了变化，出现了"无主体熟人社会"。

"无主体"在这里主要有两层含义：一是指"主体长期缺场"，即指"目前乡村大量青壮年劳动力长年的异地化生活，已导致乡村社会的日常生活运作不具'熟人社会'的特征，我们不妨将这种'病态'的熟人社会称为'无主体熟人社会'"②。"主体长期缺场"的社会后果在于，乡土社会内传统的社会互动关系遭到破坏，社会联结残缺化，对村落的文化价值认同亦走向错乱。二是指"主体继承者"的缺失。近年来，农村研究界提出了新生代农民工概念，认为自 20 世纪 90 年代中期以来，农民工群体已经出现代际分化，他们的流动动机存在很大的差别，社会特征也不尽相同。故我们可以将 20 世纪 90 年代开始进城务工的人称为新生代农民工。③从发展的视角审视新生代农民工现象，多数学者的结论是，无论在关系上还是生活上，新生代农民工都已不属于乡土社会场域，他们基本上生活在城市，有时也游走于城乡社会之间。从其未来发展的轨迹看，他们已不可能成为乡土文化的"认同者"和"继承者"。故在乡村走向过疏化的进程中，传统乡村世界那些无形的文化遗产将失去承载的基本载体，导致文化传统及技能代际传递链条的中断。

三 过疏对策与乡土公共性的重建

面对工业化、城市化背景下人类文明结构的空前剧变，各国学界都给予

---

①〔法〕皮埃尔·布迪厄、〔美〕华康德：《实践与反思——反思社会学导引》，李猛、李康译，中央编译出版社，1998，第 319 页。

② 吴重庆：《无主体熟人社会》，《开放时代》2002 年第 1 期。

③ 王春光：《新生代农村流动人口的社会认同与城乡融合的关系》，《社会学研究》2001 年第 3 期。

了密切的关注和研究。法国社会学家孟德拉斯曾提出"农民的终结"等命题，他断言："20 亿农民站在工业文明的入口处：这就是 20 世纪下半叶当今世界向社会科学提出的主要问题。"① 学界之所以关注此话题，主要是因为人类在农业时代生活已有数千年之久，农业文明承载了人类漫长而丰富的文化及生活经验智慧，而步入工业时代实际上只有几百年的时间。在这一根本性的转型和变革中，人类会丢失什么、能收获什么，自然令人格外关注。为了降低转型代价，我们应弄清过疏社会的生成背景、过程及其运行机理，充分意识到村落变迁的长期性，加大工业反哺农村的力度，切实推进过疏村落的转型和振兴。

从总体上看，世界各国为维持城乡协调发展，不断推出"过疏对策"，试图在政策干预和调适的基础上，最大限度地保持乡村活力。这些过疏对策主要包括经济对策、人口对策、文化对策、组织对策等。与学术意义上的"过疏"概念不同，政策层面上的"过疏"概念主要是将现象发生地域作为具体的政策对象，注意政策对策执行过程中的可操作性和有效性。

（一）经济对策：从单一的经济开发到内在的开发策略

既然乡村过疏地域衰败最主要的表现是经济凋敝，那么，各种过疏对策自然首先将政策目标指向了经济开发领域，试图通过招商引资、兴办企业等经济对策实现过疏地域的发展和振兴。如在日本 20 世纪六七十年代以来陆续推出的过疏对策中，"积极开发论"占据主导地位，主要包括离岛振兴法和山村振兴法等，希望通过建立企业、投入大型公共设施项目等方法，扭转乡村衰落的事实。应该说，经济开发意义上的过疏对策在初期发挥了一定的作用，但随着时间的推移，这种对策的局限性逐渐显露出来，主要表现在：①现代经济集中化、过密化发展趋向，使得企业的流向并不趋近于过疏地域，从而给过疏地域的经济振兴方略蒙上一层阴影。②很多过疏地域因环境、资源、交通等方面的弱点，并不适合走经济开发之路。③过疏地域劳动力普遍缺乏。对于年轻人来说，无论过疏地域的公共设施如何整备，那些没有工作场所的地方都不可能成为青年人的理想居所。

然而，从宏观视角展开分析，我们会发现，在单一经济取向的过疏对策遇到障碍的情况下，20 世纪晚期，各国的过疏地域治理已发生了一些值得注意的变化。

---

① 〔法〕H. 孟德拉斯：《农民的终结》，李培林译，社会科学文献出版社，2005，第 1 页。

第一，重视"内在的开发"，最具典型意义的是"一村一品"模式。过疏地域面临人口减少、交通闭塞、信息阻滞等不利条件，不可能通过引进企业从事大规模的"外在的开发"，因此被迫转向"内在的开发"。"一村一品"是日本大分县知事首倡的一种过疏地域振兴活动，主要是指每一地域（町村）运用其智慧，开发独具地方特色的产品。这些特色产品可以是古时流传下来的建筑旧居遗迹，可以是口耳相传的民谣、民间歌舞，也可以是地方出产的有形的土特物产，结果大获成功。"一村一品"模式实际上是在从外部引进企业已不可能的过疏地域挖掘和激活地域内在资源、人才，凸显地域个性，以地域居民独具的智慧和理念创造出富有特色的地域文化产品。

第二，从仅关注过疏地域的"经济变化"到重视其"社会变化"，即由"硬件"转向"软件"。从进行土木工程治理转变为建成"居住愉快"的场所，培养良好的人际关系。也就是说，"其主旨从经济学领域不断转向社会学领域"[1]。

（二）人口对策：地域振兴主体的多元选择

在过疏对策推进的过程中，人们发现过疏地域的衰落并不仅仅是因医疗、教育、交通、消费、购物等公共服务设施的运行障碍和维护困难，而是因为该地域青壮年劳动力大量外流而缺乏地域振兴的承担者。

1. 设法留住年轻人

无论是基于何种考虑，过疏地域振兴的首要任务都是要遏制人口持续减少的态势，尤其是设法留住年轻人。但此项人口对策始终面临严峻的挑战。如果我们承认现代社会中人口从农村向城市的移动乃是一种历史的必然的话，就会发现，简单地通过行政手段阻止人口离开农村是不可能的，也是有害的。因为阻止人口流动的后果只能加大地域差距。既然各地域发展速度是不均衡的，那么，如果我们想要缩小地域差别的话，就不能抑制人口移动。须知，乡村的衰落，不是由于乡村人跑去都市。正是由于乡村的衰落，人们才跑去都市。[2] 因此，如何在城乡开放的氛围下，给农村青年人以本土发展创业的机会，才是问题的关键。

① 〔日〕鸟越皓之：《日本社会论——家与村的社会学》，王颉译，社会科学文献出版社，2006，第206页。

② 罗荣渠主编《从"西化"到现代化——五四以来有关中国的文化趋向和发展道路论争文选》，北京大学出版社，1990，第873页。

2. 以老年群体为载体的公共性构建

虽然各国在应对过疏地域衰落问题时，都提出将农村打造成一块对年轻人有吸引力的磁铁，以吸引年轻人在地就业或返乡就业，但此项举措很难在短时间内奏效。因此，在相当一段时间内，老年人仍将作为农村振兴的主要力量而存在。

关于老年人社会角色扮演问题，欧美学界较有影响的理论是脱离理论。此种理论认为："老年人减少他们的活动水平，寻求较消极的角色，减少与他人的交往，越来越关心他们的内心生命却被看作是正常的、不可避免的和令人满意的。"[1] 脱离理论被认为不仅适用于老年人，而且对社会也有利，"所有的社会都需要井然有序地把老年人的权力传给年轻一代"[2]。但近年来学界关于过疏地域振兴的实证研究告诉我们，对于走向过疏化的乡土社会来说，积极老龄化似乎是一种更为现实的策略选择。因为在过疏村落里，老年人占据多数的情况短时间内不可能改变，故我们必须正视他们在地域振兴过程中的特殊作用。

有研究成果证明，老年人持续的社会参与对于提高其主观幸福感和社会地位具有重要作用。积极的社会参与使老年人仍然在社会上创造价值，同时老年人因仍然处于社会关系结构之中，得以获得真实的社会角色扮演。据日本学者研究，伴随着过疏地域人口老龄化的进程，老人的社会地位和权威角色发生了深刻的变化。在过疏化现象发生之前，在封闭的乡土共同体内，老人因其在生产和生活中的特殊地位而扮演着乡村家族家长和村落权威的角色。但是在经济高度发展和人口快速流动的背景下，村落昔日的经济生活和社会生活中都发生了剧烈的变化，突出表现便是乡村老人权威的衰落。老人权威地位的丧失使其社会地位下降，并迅速走向边缘化，其生活笼罩在浓重的孤独感之中。新潟县东颈城郡的6个町村以老人自杀率最高而闻名日本列岛，其老人自杀率达到全国平均数的5倍。据调查，该地域自杀老人多为中等以上家境的农家，值得注意的是，老人自杀的时间选择不是在子女外出打工的冬季，而多发生在5月或10月的农忙季节。据研究，"老人冬季自杀现象之所以很少发生，主要是因为此期间子女多外出打工，老人需要承担清雪等重任。而在农忙时节自杀事件频发，则主要因为在农业机械化时代，老人

---

① 〔美〕N. R. 霍曼、H. A. 基亚克：《社会老年学——多学科展望》，冯韵文、屠敏珠译，社会科学文献出版社，1992，第69页。

② 〔美〕N. R. 霍曼、H. A. 基亚克：《社会老年学——多学科展望》，冯韵文、屠敏珠译，社会科学文献出版社，1992，第69页。

在农业劳动中已无角色可以扮演，事实上已被排除在劳动体系之外，由此老人在生产和生活中的地位和价值很自然被消解"[1]。可见，过疏地域老人的自杀事件与过疏社会老人的孤独感有着密切的关联。

（三）文化对策：由重视物的开发到精神价值的重构

1. 地域自信心的重建

如前所述，地域过疏化背景下的地方空洞化、人口外流、资金缺乏、经济活动停滞等，固然是地域衰落的重要影响因素，但地域居民对地方长时期积淀起来的自信心的丧失，是其中更为重要的因素。在居民故乡意识衰退的情况下，政府有再大的公共设施和项目投入，也难以取得真实的发展效果。

2. 重视地域资源的开发利用

这里所说的地域资源，既包括基于自然环境和地理条件的自然资源，也包括植根于地域历史发展进程之中的社会资源和文化资源。重视地域资源的开发利用，就是实现由单纯地追求"物"的丰富性，到追求居民生活及其价值的丰富性。有的学者从"儒学下乡"的视角，强调地域传统文化复兴的作用，认为从"无主体熟人社会"中"熟人社会特征的周期性呈现"这一特征出发，农村社会的"主体"成员虽然常年离乡，但这不仅不妨碍反而是进一步激发了他们参与诸如元宵节、祭祖等乡村传统仪式性活动的热情。所以，今天的"儒学下乡"，可专注于推动符合儒学精神的宗族文化复兴、乡村重大节庆及家户婚丧嫁娶、祭祖认宗的礼仪文化建设，通过仪式的铺陈和对仪式的参与，以仪式现场的集体氛围而非个体式的道德自觉，唤起乡民对儒学所宣导的基本价值理念的敬重[2]。

（四）组织对策：村落组织重建

1. 激活过疏村落的自治传统，加强村落组织建设

与城市社会相比，乡村社会从来就是人口密度较低的社会。在政府和市场力量作用有限的情况下，乡村社会内部自治性力量一直就比较发达，表现出乡土文明超强的韧性。在城市化进程中，虽然乡村社会在逐步走向解体，但地域社会中人们的社会关联不可能完全丧失。为了更好地把握到这一社会

---

① 〔日〕安达生恒：《村落与人类社会的崩解》，三一书房，1973，第156页。
② 吴重庆：《农村空心化背景下的儒学"下乡"》，《文化纵横》2012年第2期。

联结的存在，我们有必要引入"共同性"概念，以发现日常生活中显在的和潜在的共同性的存在，重建过疏地域居民的社会联结。要注意加强地域特殊群体的组织建设。基于过疏村落中留守人群的主要构成，应加强老年协会和女性组织的建设，发挥其组织内部的互助功能。同时，鉴于过疏村落组织衰败和村民参与不足的现实，应注意发挥村落精英的统率和内聚作用。

2. 村落合并与组织重建

迄今为止，村落合并是各国应对过疏村落组织衰败的最常用的方法，即通过行政手段，对那些因人口外流严重，已难以正常维持运行的村落实施迁徙与合并，形成新的中心村落和居住区。由于合并后的村落人口密度大大增加，原来由过疏化而带来的问题似乎可以迎刃而解。但值得注意的是，过疏村落基本上是由留守老人、妇女、儿童等弱势群体构成的，其抗风险和持续性发展的能力极弱，故政府合并村落的政策选择应该格外慎重，以避免产生雪上加霜的意外后果。

总之，在反思过疏社会治理对策时，我们应深入理解其复杂性和总体性：①由乡村过疏化而带来的地域社会衰落为我们展示出一种特殊的社会衰落类型。人口中有效劳动力突然大规模地减少，使得过疏地域的社会关系、社会组织、群体文化发生剧变，最终提出了"过疏地域社会何以可能？"这一问题。②此种社会衰落的类型是在现代化进程中发生的，凸显了传统与现代之间的矛盾冲突，其变迁具有总体性，故过疏地域治理对策是一个综合作用的结果。我们在实施相关政策时，应注意各种力量之间的相互调适，不应简单冒进。③不能仅仅将过疏村落的治理看成是一个经济振兴的问题，而应发现其问题的复杂性。在乡村社会走向衰落和村庄公共性危机的背景下，政府责任之履行至关重要。政府是运用自身所拥有的权力和资源加速这一进程，还是逆向而动，努力减缓这一进程所产生的社会震动，已成为问题的关键。在国家—市场—社会三角力量关系中，既要发挥政府的支撑作用，同时也不能忽略社会和市场力量的存在。

2001年，哈佛大学经济学家爱德华·格莱泽出版了题为《城市的胜利：城市如何让我们变得更加富有、智慧、绿色、健康和幸福》的著作，认为城市是人类最伟大的发明，寄托着人们对未来最美好的希望，高度的城市生活不仅有利于保护环境，而且能够刺激创新与发展，推动人类文明的进程。[1]

---

① 〔美〕爱德华·格莱泽：《城市的胜利：城市如何让我们变得更加富有、智慧、绿色、健康和幸福》，刘润泉译，上海社会科学院出版社，2012，序言。

但在这里我们必须指出，所谓"城市的胜利"，并不意味着乡村将在衰落中退出历史舞台，而是应在城乡一体化的理念之下，实现人类文明空间结构的重建。诚如英国城市学家霍华德所言："城市磁铁和乡村磁铁都不能全面反映大自然的用心和意图。人类社会和自然美景本应兼而有之。两块磁铁必须合而为一。……这种该诅咒的社会和自然的畸形分隔再也不能继续下去了。城市和乡村必须成婚，这种愉快的结合将迸发出新的希望、新的生活、新的文明。"① 这是我们在理解乡村过疏化问题时所应该采取的立场。

---

① 〔英〕埃比尼泽·霍华德：《明日的田园城市》，金经元译，商务印书馆，2010，第 9 页。

中国乡村感性秩序崩解及其重构[*]

李远行　杨　勇　余聆溪[**]

摘　要：基于自然秩序的感性秩序，贯穿于人类社会变迁过程，无论是在传统社会还是现代社会，都是社会秩序的基本形态。对于中国传统共同体性质的乡土社会而言，感性特征更为明显。感性秩序传统形塑了转型期中国乡村的秩序形态。近代以来，在理性化、商品经济以及国家政权建设的现代化浪潮冲击下，中国乡村感性秩序趋于崩解：在社会结构层面，村落社区解构和家庭功能缺损破坏了乡村社会的伦理秩序基础；在社会行动层面，乡村感性秩序赖以存在的社会资源日益减少。因此，从感性秩序出发理解中国乡村社会结构和农民行动，充分发掘乡村感性秩序资源，形成国家与农民、市场与乡村社会以及城市与农村的良性互动，是实现中国乡村秩序重构的基本路径。

关键词：理性秩序；感性秩序；乡村秩序；现代化

一　感性秩序及其缘起

从社会思想的多个脉络看，大多隐含着社会行动者是理性还是感性的预设，而且往往习惯于从理性角度分析人们的社会行动。[①]然而，理性只是解释人类社会行为的一个维度。理性和感性的博弈过程历史悠久。从总体上看，理性长期占主导地位，延至当代，对理性的反思逐渐成为一种新的社会思想进路，理性和感性的博弈呈现理性占主导、感性占主流的态势。[②]

---

[*]　本文为国家社科基金重点项目"城镇化进程中的小城镇社区建设"（批准号：15ASH002）和北京市社科基金重大项目"城镇化进程中首都郊县小城镇社区建设"（批准号：15ZDA08）阶段性成果，原载于《中国农村观察》2016 年第 4 期，收入本书时有修改。

[**]　李远行，中央财经大学社会与心理学院教授；杨勇、余聆溪，中央财经大学社会发展学院社会学专业 2013 级硕士研究生。

① 丘海雄、张应祥：《理性选择理论述评》，《中山大学学报》（社会科学版）1998 年第 1 期。
② 刘少杰主编《当代国外社会学理论》，中国人民大学出版社，2009。

从"努斯"和"逻各斯"的主客对比，到"自知无知"、"可知的世界"和"质料因和形式因"，再到以"水"或"火"解释万物，以"四分法"强调信念和想象，在古希腊及其之前的社会思想中，理性和感性交织发展；从人本主义、伽利略对自然科学方法的推崇和普遍的怀疑论，到唯理论传统的确立，在近代西方社会思想中，理性逐渐具有了凌驾于感性之上的超然性和绝对性；至启蒙运动，从伏尔泰到狄德罗，均坚持感性认识是理性认识的基础。上述三个阶段正好体现了感性和理性博弈过程的正反合。

此后，这一逻辑一直体现在认识论发展过程中。法国大革命所强调的集体性、统一性和普遍性，彰显了理性的力量，并触发了唯理论和经验论旷日持久的论战。康德指出理性是人类认识能力的最高发展阶段，不过，他同时肯定了感性所具有的主观的、感性形式的整合功能。[1] 19世纪中叶以后，思辨哲学逐渐衰落，出现了各种直接面对社会现实的社会理论。迪尔凯姆基于孔德创立的实证主义传统，将社会事实当作外在的、客观的物来看待，并主张用科学的方法发现社会生活中客观存在的因果联系。此后，以帕森斯和默顿为代表的结构功能论、以米德和戈夫曼等为代表的符号互动论、以霍曼斯和科尔曼等为代表的理性选择理论，分别从各自独特的研究视角深化了实证主义社会学的理性倾向研究。与此同时，感性倾向也成为社会学研究的另一条进路。韦伯将工具理性视为"囚笼"，他所开创的解释社会学，通过对习惯、习俗、惯例和传统等行为方式或非正式制度的研究，强调感性行为或感性制度的真实性和普遍性。帕累托、格兰诺维特、加芬克尔、布迪厄、吉登斯分别从情感、社会网络、日常生活、惯习和实践意识等感性因素的角度对各种社会现象和社会问题进行的研究沿袭了这一传统。

至20世纪中叶，西方社会思想逐步呈现反思理性、重新认识感性的阶段性特征，并最终在当代社会思想中形成了重新认识与评价人类的感性意识、感性行为、感性存在和感性秩序的新趋势。

中国社会变迁相比于西方社会具有一定的特殊性，在中国传统的乡土社会中，感性特征尤为典型和普遍，乡村秩序本质上就是一种感性秩序。所谓感性秩序，是指这样一种自生自发的秩序，即产生于诸多未明确意识到其所作所为会有如此结果的人的各自行动，同时其形成乃是各种要素在应对即时性环境的过程中遵循某些规则所产生的结果，并且能为不同的个人实现各自

---

① 〔美〕撒穆尔·伊诺克·斯通普夫、詹姆斯·菲泽：《西方哲学史》，丁三东等译，中华书局，2005。

的目的提供有助益的条件。感性秩序具有无意识性、规则潜在性与较强的实用性。在中国传统乡村，乡村社会主要通过民间自发形成的习俗、乡约、宗族文化等非制度性的规范来实现治理。首先，乡村秩序的核心内容是无意识的，即其效力的产生是基于熟人社会长期发展而自然运行的，而非刻意计算或谋划的；其次，其效力的产生又是默会的，没有明确的意向性，应环境而生，即它作为一种行为规范抑或一种游戏规则是潜移默化的；最后，其效力或者助益性是现实可见的，即它对于乡村传统社会的生产生活的运行具有极强的实用性，是普通乡民赖以生存的极重要的心理机制与行为机制。感性秩序基于自然秩序，是内生自发的，贯穿于人类社会变迁过程，无论是在传统社会还是现代社会中都是社会秩序的基本形态。

感性秩序传统形塑了转型期中国乡村的秩序形态。近代以来，尤其是改革开放以来，现代化理论滥觞，一方面导致中国传统乡村的感性秩序解体，另一方面，虽然工具理性盛行，却没能形成理性秩序，导致乡村失序。因此，在当前形势下，重估感性秩序价值以及重构乡村的感性秩序，成为亟须解决的问题。

二　中国乡村的感性秩序

以往对乡村秩序的观察，多集中于乡村秩序的内生性与外生性的二分或者着重于乡村秩序的文化特征。吴思红将乡村秩序概括为农村社会诸结构要素之间平稳有序地互动，乡村社会处在相对稳定和均衡状态。他认为，传统乡村的运作方式是：国家赋权于乡村社会组织或乡绅，通过行政与自治的互济来实现国家的目的，而乡村民间组织尤其是乡绅则以地方共同体利益代表的身份对政府施加压力，利用国家权力体系与基层民众的分离和隔阂影响地方行政。① 段绪柱将这种国家与乡村社会之间复杂的双轨互动关系归纳为干预程度较低的乡村自我管理，即一种内生性的秩序。② 赵霞则更多地将乡村秩序的构建和发展与乡村文化所具有的独特的秩序意义联系起来，包括以生态智慧建设美好家园的"生活秩序"，以道德交往维系心灵家园的"精神秩序"和以约定俗成的非制度性规范促使人们形成"自觉秩序"。她认为，乡

---

① 吴思红：《乡村秩序的基本逻辑》，《中国农村观察》2005年第4期。
② 段绪柱：《超越制度建构与秩序内生：和谐乡村建设的路径选择》，《行政论坛》2010年第2期。

村文化自然、淳朴的特质，是乡民的精神原点。①

乡村秩序的合法性来源也是一种重要的视角。王妍蕾认为中国乡村秩序的发展依赖于乡村中存在的多元权威及其内在规则，主张推进农民组织建设来实现持续发展。② 韩鹏云、刘祖云则从中国乡村社会合法性建构的角度来分析"内生型"的乡村秩序的形成。在他们看来，连通"家国"的信仰和文化网络是乡村内生秩序的价值支撑，不同的地方性规范是乡村内生秩序的治理规则，"双轨政治"下的士绅和宗族治理是乡村内生秩序存在的现实基础，三者共同构成了乡村社会的合法性来源。③

针对转型期中国乡村秩序的内在运行机制，有学者提出"社会底蕴"的概念，认为村里人的生活智慧、"家本位"的文化、面子人缘等自发保存的"恒常"，不仅与新的历史条件相结合，而且由此不断生发出建设性和包容性的面貌。④

总的来看，现有的观察多从传统乡村的文化内核出发，强调其秩序的内生性特点与文化伦理特质，具有一定的概括力与解释力。中国传统乡村秩序所表现出来的无意识性、彼此互动所遵循的规则的潜在性及对于普通乡民的巨大助益性，无疑正是这样一种感性秩序的缩影。因此，用感性秩序来概括中国传统乡村社会的特点，更加具有说服力与可操作性。

中国传统乡村的感性秩序本质上源于自然秩序观的道德合法性，是乡民在长期的生产生活实践的互动中形成的，具有极强的伦理性质，并且其赖以运行的非制度性的规范是与乡村社会自身发展的经济、社会状况相契合的。在转型期，中国乡村秩序的确立，必然也经历了不同制度、不同规范之间的博弈和选择，这种秩序是经过历史考验的最适合乡村社会发展的秩序。极具感性特征的乡村秩序既符合学术思潮的感性回归主题，又是合乎转型期中国社会特征的自然选择的结果。

滕尼斯说过："人的意志在很多方面都处于相互关系之中；任何这种关系都是一种相互的作用……这些作用情况是这样的，它们或者倾向于保持另一种意志或另一个身体，或者破坏另一种意志或另一个身体：肯定的作用或者否定的作用。……关系本身即结合，或者被理解为现实的和有机的生命——这就是共同体的本质，或者被理解为思想的和机械的形态——这就是

---

① 赵霞：《传统乡村文化的秩序危机与价值重建》，《中国农村观察》2011 年第 3 期。
② 王妍蕾：《村庄权威与秩序——多元权威的乡村治理》，《山东社会科学》2013 年第 11 期。
③ 韩鹏云、刘祖云：《农村基层政治合法性建构与乡村秩序重塑》，《江汉论坛》2014 年第 10 期。
④ 杨善华、孙飞宇：《"社会底蕴"：田野经验与思考》，《社会》2015 年第 1 期。

社会的概念。"① 滕尼斯在这里试图对共同体和社会做出区分：共同体建基于感性秩序，社会建基于理性秩序。"关系"即"惯习"，是人们在长期的历史生活场域中形成的伦理、道德、风俗习惯等行为规则。滕尼斯的"共同体—社会"二分法对于分析中国乡村社会变迁及其秩序型构具有借鉴意义。

中国的传统乡村社会，最突出的地方就在于它是以血缘和地缘为内核的社区共同体。乡村里的人在进行决策和选择时，与所谓的理性逻辑推理相比，自身周围的错综复杂的联系往往更为关键。中国人以面子、关系立身，以亲情、圈子立世，而正是这些普遍的社会常态构成了中国乡村社会独特的感性特征，它实质上是基于人与人之间有机的和现实的感性联系的一种共同体性质的生存形态。因此，中国乡村秩序本质上是一种具有行为主体互动无意识性、互动规则潜在性，并对行为主体具有助益性的感性秩序。

梁漱溟深入分析过中国乡土社会人们的日常行为方式和行为选择所具有的感性特征。他认为，与西方社会的契约关系相比，中国社会缺乏带有契约性质的团体生活，因而在此过程中家庭的地位就得到了凸显。家庭伦理主导人伦关系乃至社会关系，久而久之形成了一种独特的运行规则，即"视其伦理关系之亲疏厚薄为准，愈亲厚，愈要共，以次递减"。而以情感为基础的家庭关系推及整个群体之间就构成了人与人之间普遍的人伦关系，推及社会之后逐步形成了人与人的广泛连接和错综复杂的社会网络。人们在伦理本位的社会关系网络中展现的以情感为依据的社会行为本质上正是一种基于感性的行为，从而使以家庭为根基、以伦理为本位的中国传统社会的社会秩序具有浓厚的感性特征。②

费孝通则提出了更加具有概括性的解释，他以形象的"差序格局"概念来解释中国传统社会的人伦格局。他认为，国人以家庭关系为行动基础，以家庭衍生的血缘和亲缘关系为路径，形成了以个体自身为中心、呈水纹状向外扩散的亲疏远近各异的差序格局。差序格局影响下，人们的行动以传统"礼法"为行动准则。他认为，礼是一种对行为和目的之间的关系不用逻辑推论和计算预测的传统准则，是对人们的行为具有示范和引导作用的符号与仪式。无须逻辑推论，只需直接作为经验模式去效仿，这恰好是感性活动的基本特征。③

---

① 〔德〕斐迪南·滕尼斯：《共同体与社会——纯粹社会学的基本概念》，林荣远译，商务印书馆，1999，第52页。

② 梁漱溟：《乡村建设理论》，上海人民出版社，2006。

③ 费孝通：《差序格局》，载于《费孝通选集》，天津人民出版社，1988。

甘阳指出："春秋大一统"是指在中国这个历史文明共同体内，人们具有共享的文化传统和习俗立法。没有这种共同的文化认同，也就不可能有任何历史文明共同体。"春秋大一统"同时是指中国这个历史文明共同体具有高度的历史连续性。中国社会变迁本身既有断裂性也有续接性，传统文化及其表现在乡村中的根基依然存在，并以隐蔽的形式长期发挥着作用。①

中国乡村秩序的感性特征在很大程度上保证了传统乡村共同体的延续和发展，中国乡村感性秩序也以血缘关系、亲情关系和地缘关系的联系塑造了乡村共同体的社会行动和社会结构，形成了独特的互动机制和运行机制。

转型期的中国乡村社会结构已非"礼俗社会"和"乡土中国"，社会行动也非基于"共同体"的"差序格局"。近代以来，商品经济和政权建设造成传统乡村社区（共同体）解体，导致感性秩序失去社会结构基础。与此同时，中国的社会转型并没有形成西方社会变迁过程中的现代性社会。鉴于此，国家通过政权建设建构了一个"国家共同体"。"礼俗社会"和"乡土中国"恰恰成了"国家共同体"现代化（"理性计划"）"改造"的对象。

三 二元叙事结构下中国乡村感性秩序的崩解

近代以来，在理性化、商品经济以及国家政权建设的现代化浪潮冲击下，中国乡村发生了剧烈的社会变迁。传统的乡村感性秩序大多被扭曲或被异化。

理性化和个体化是现代社会区别于传统社会的两个最重要的标志，现代国家的行政化和经济生活中的市场化两股力量所塑造的是完全不同于传统乡土社会的新社会。② 无论是国家行政职能的延展还是市场资本的扩张，都体现了滕尼斯所说的"社会"形态的关系。个体化社会以法治为基础建立了一套理性秩序，以确保行政效力和提高经济效率。但是，这种理性秩序的外生性（吉登斯谓之"抽离化"）同时也带来了个体责任与身份认同的不确定性，从而使个体处于风险之中。而在传统社会中，感性秩序所塑造的是有着鲜明界限和区隔的共同体（现实的和有机的），共同体成员拥有明确的责任与身份安排。理性化和个体化主导下的现代社会的运行逻辑无法保证这种确

---

① 甘阳：《通三统》，生活·读书·新知三联书店，2007，自序第1—2页。
② 李远行：《从社区走向组织：中国乡村秩序重构的结构基础》，《华中师范大学学报》（人文社会科学版）2013年第3期。

定性。理性化导致事实上的单一的个体，传统社会的原则、习惯和人与人之间的种种联系被隔绝和淡化了。所以在目睹了现代性带来的种种问题之后，人们将目光再次聚焦感性秩序，以对冲过度理性化带来的后果，20世纪30年代在先发国家兴起的社区复兴就是具体的应对措施之一。

在中国，由于对国外思想引进和吸收过程中存在盲目性，形成了独具中国色彩的"传统—现代"二元叙事。所谓现代化（又称社会转型），就是从自然经济走向市场经济，从农业社会走向工业社会，从伦理社会走向法理社会，从农村社会走向城市社会，从感性社会走向理性社会。① 现代性与现代化不是一个概念，现代性基于西方社会变迁的历史过程，现代化则是理论建构，是发达国家为发展中国家定制的意识形态，即西方社会及其变迁是所有国家的模板。这种二元叙事由于无视不同国家的历史文化传统和国情，破坏了社会变迁的连续性，导致中国传统乡土社会感性秩序所具有的良性互动机制和运行机制被悬置甚至被彻底否定了。

首先，传统乡村感性秩序支撑下的共同体对个体的庇护关系趋于解体，乡村逐渐失去了原来的约束力和向心力。在当下乡村，只剩下家庭是还能维持感性秩序的载体，但家庭也处于一种不稳定状态中，个体只能独自面对一切。这种状况的结果就是行为主体的失范和乡村社会的失序。

其次，传统乡村感性秩序能够确认的身份认同出现隐身化。身份认同对于共同体成员具有至关重要的作用。由这种身份认同带来的约束力和成员之间的联系感对于乡村感性秩序的维持的重要性是不言而喻的。然而，在现代化浪潮席卷乡村的情境中，行为主体缺乏归属感和位置感，其社会行动随波逐流，人与人的关系因理性算计产生陌生化、疏离化以及信任缺失，从而导致社会互动成本急剧升高。

再次，传统乡村感性秩序精神基础崩塌。传统乡村社会的感性秩序是一个完整的社会文化体系，包括风俗、习惯和礼仪等，它们共同形成了感性秩序持久、有效的精神基础。在《共同体与社会——纯粹社会学的基本概念》中，滕尼斯指出，精神共同体在与血缘共同体、地缘共同体相结合的过程中，"形成了真正的人的和最高形式的共同体"。"精神共同体可以被理解为心灵的生活的相互关系"，最终的成果是共同体的道德。② 而现代化理论浸染

---

① 李远行：《传统复兴？现代化？——现代化理论研究的主体视角与功能主义批判》，《安徽大学学报》（哲学社会科学版）2002年第2期。

② 〔德〕斐迪南·滕尼斯：《共同体与社会——纯粹社会学的基本概念》，林荣远译，商务印书馆，1999，第65页。

下的乡村文化无疑是缺乏这种道德或伦理元素的，更难企及精神共同体了，在村民身上的具体表现就是生活意义的缺失和日常行为的失范。

实际上，即使是在西方的个体化过程中，共同体所赖以存在的感性秩序也并没有消亡，而是作为传统资源积淀在社会之中。感性秩序（惯习）与理性秩序（法制）相辅相成，二者共同构成现代社会的精神基础，这是 20 世纪 30 年代在西方发生社区复兴的根本原因。传统社会结构的基本构成是共同体（社区），现代社会结构的基本构成是组织。前者的社会行动遵循惯习，后者的社会行动遵循法制。组织有利于利益获取，社区（共同体）有利于意义实现。

从 1840 年鸦片战争爆发至 1949 年新中国成立之前，随着商品经济的渗透，自然经济的农耕文明遭到破坏。自然经济是中国乡村社区的经济基础，农民家庭以社区为依托通过社区内部的协作和互济应对诸多的生产、生活风险。商品经济则是通过整合地方性社会甚或全球性社会诸生产要素以追求效益最大化，所以要求社区开放边界，实现市场配置资源，由此导致村落社区解体。社区解体可能会导致乡村失序。所以，最紧要的任务就是加强国家政权建设，重构乡村秩序。这种秩序凸显了"理性计划"，无疑是一种区别于传统感性秩序的理性秩序。清末的戊戌变法，维新派试图在政治上建立资产阶级君主立宪制，是建立现代国家的尝试。民国时期的乡镇体制改变了"皇权不下县"传统，国家权力通过乡镇公所和保甲向乡村全面渗透。20 世纪 30 年代的"乡村建设运动"则是通过自下而上和自上而下相结合的原则，实现对乡村社会的改造，以重构乡村秩序。但是，建立这样的统治成本过高，而当时生产力水平低下，加之军阀割据和日本发动侵华战争等内忧外患，结果是：一方面，乡村感性秩序趋于崩解；另一方面，国家理性秩序也没能有效建立起来。

新中国成立初期至人民公社时期，经济合作化运动和人民公社体制的建立，使得国家行政力量逐渐渗透至基层乡村，国家行政力量全面控制乡村社会，形成了实行计划经济的国家共同体。乡村秩序就是国家秩序。虽然乡村秩序得以重建，但是，乡村经济、社会生活也因此而缺乏积极性和主动性。

家庭联产承包责任制实行初期，国家放松了对农民生产活动的限制，激发了农民家庭的生产积极性。但是，所谓"交够国家的，留够集体的，剩下都是自己的"所产生的刺激作用只是表现在农业生产领域，而且是在农产品非商品化的条件下发挥作用的。此种制度设计有助于激发农民的生产积极性和能动性，却无助于提升乡村社会生活的积极性和主动性，并且生产单位退缩至家庭，导致乡村原子化。

村民自治制度就是在上述背景下推行的。中国第一个村民自治组织产生于广西宜州屏南乡合寨生产大队的果作屯。果作屯搞村民自治的最初意图非常简单，就是治安联防。随着分田到户，原生产队的约束力逐渐减弱，赌博、偷盗、乱砍滥伐集体山林等行为日益严重，所以屯里成立了一个村委会，领导成员通过村民选举的办法产生，制订"封山公约"和"村规民约"，取得了不错的效果。其他村庄开始仿效，不久便在整个合寨行政村乃至更大的地域推开。可以看出，村民自治制度设置源于人民公社制度解体后村民为应对村庄公共事务缺位而自发成立的自组织形式，是对国家政权后撤导致乡村失序以及集体行动匮乏后果的自救行为。① 这种乡村社会秩序主要来自乡村社会的内部权威，乡村作为行动主体参与了社会秩序的建构，并重新进入了乡村基层社会的互动结构。由此，乡村社会的感性秩序得以重新建立，大体上实现了乡村社会的稳定。乡村内部权威的复苏，在非市场化的条件下，与国家在乡村基层（乡、镇、行政村）的权威发生冲突是必然的，所以，国家很快将其体制化，赋予其行政管理色彩，导致乡村社会秩序的再国家化。这种再国家化消解了乡村尚在复苏中的感性秩序资源，导致乡村进一步原子化。

20世纪90年代后，市场经济浪潮和城市化浪潮对乡村内生的感性秩序产生了剧烈的冲击。随着市场经济体制的建立，经济理性思维占据了主导地位，农民的社会行动更趋于理性化。市场经济改变了农业在国民经济中的地位，同时也改变了中国乡村的社会结构和社会行动，最终改变了乡村秩序。

从社会结构的层面看，农业实现商品化生产后，受规模化和集约化条件的制约，农户家庭农业收入微薄，大量青壮年农民选择外出务工，乡村出现人口过疏化。留守老人、留守妇女、留守儿童成为村庄里的主力军，家庭功能被拆解。青壮年劳动力流失造成家庭生产功能失能，父母外出造成家庭教育功能缺失以及老人农业等。家庭被视为社会结构最后的堡垒，家庭功能残缺不全不仅降低了农民的生活质量，而且破坏了乡村社会的伦理秩序基础。

从社会行动的层面看，在商品经济的条件下，农民外出务工或兼业是理性选择。但外出务工带来的文化冲突以及市场导向下的利益追逐，使得乡村社会趋于陌生、疏离，人际关系的纽带渐渐松动。乡村社会原有的"熟人社

---

① 李远行：《从社区走向组织：中国乡村秩序重构的结构基础》，《华中师范大学学报》（人文社会科学版）2013年第3期。

会"支离破碎。乡村精英维护乡村秩序的作用开始减弱，老年人地位日趋下降，年轻人则将关注点置于村落之外，乡村感性秩序赖以存在的社会资源日益减少。

城市化浪潮也加重了乡村失序程度。众所周知，中国的城市化是建立在城乡二元结构基础上的，是城市中心主义的城市化。农民外出一般是到城市打工，作为产业化大军，但其身份依然是农民，难以分享城市发展的成果。农民进城只是出卖劳动力，丧失劳动力后还是要回到户籍之所，由此造成中国乡村大多数村庄衰而不亡。除去在城市扩张过程中被吞并的村庄，绝大多数村庄依然存留下来，只是大多数陷入"空心"状态。一个陷入衰落中的乡村如何形成秩序？

四　结论与讨论

如前所述，在当前乡村社会秩序中存在两种截然不同的秩序构建方式和运行逻辑。一种是基于现代化理论的理性化建构，其主导性的力量是国家和市场，其秩序基础是法制，其运行机制多是宏观的、外导性的、自上而下的顶层设计，其本质上是理性主义指导下的产物；另一种则是对应于"共同体"的感性秩序的重构，通过对传统乡村感性秩序的伦理道德、风俗习惯、宗教信仰、家族宗族等文化资源的挖掘，来重塑乡村共同体休戚与共的精神价值和现实集体意义。两种建构方式和运行逻辑并非相互对立，而是相互补充。理性小农和道义经济并非相互排斥的行动逻辑，斯科特—波普金论题在转型期中国的乡村社会都有体现。理性小农适应不断加深的市场经济和理性秩序，道义经济有利于规避现代社会风险，推进感性秩序建构。农村合作社就是一个例证。当前的农村合作社，主要考虑的是经济功能。实际上，在乡村社区普遍发生解构的情况下，合作社还具有社会功能——互助、守望、凝聚以及形成惯习。社区解构不同于社区解体。社区解体是指社区边界的开放导致社区功能渐失的过程，社区解构则是指村落社区形式还存在，功能却丧失的状态。合作社的经济功能满足了市场化条件下的农民理性利益诉求，它搭建了一个个体小农与市场对接的平台；合作社的社会功能则弥补了社区解构带来的安全、团结、意义和秩序的缺失。乡村感性秩序形成的标志是集体意识和惯习的形成，而集体意识和惯习只有在一个系统的平台上才能形成。因此，农村合作社的社会功能的拓展是当前合作社建设中的应有之义。

综上，在城市化浪潮下，中国仍然存在数量庞大的村落和乡村人口，这些村落和人口是乡土文明和伦理本位的感性秩序的根基和载体。中国乡村独特的集体活动空间、文化仪式以及村民间的信任关系等具有感性特征的社会行为传统在某种程度上依然存在。这些传统并非意味着过去，也并非意味着落后，它参与建构当下的中国乡村秩序，并可以作为积极有意义的将来的组成部分。因此，无论是顶层设计还是乡民自身的行为规范，从感性秩序理解中国乡村社会结构和农民行动，充分发掘乡村感性秩序资源，形成国家与社会、城市与乡村的良性互动，从传统中寻找资源，结合新的元素和新的时代特征进行创造性地融合，对于重构中国乡村新秩序是不可或缺的。

城市化过程中城郊农村社区治理结构变迁

——基于广州 A 区的研究 *

刘金龙　黄小慧　邓宝善 **

摘　要： 中国城郊农村正经历快速的城镇化过程。本文以广州市 A 区为例，从微观历史的视角探讨城市化进程中政府、社区及村民之间的关系，展示城市化过程中城郊社区治理结构的变迁。改革开放以来，政府是市场经济最积极的推动者，将社区土地配置到市场空间中。政府通过股改和股份固化，削减了社区经济管理权力；通过提供帮助渗入和资源介入，逐步接管了社区的民生事务、基础设施和治安管理等。城郊农村社区组织不断边缘化，并在"三旧"改造后基本解体。地方政府、社区与村民相互关系的变迁受到地方历史文化因素的影响。社会精英阶层对现代化城市社会管理的追求，事实上挤压了社区的生存空间。重建社区当是我国建设基层治理现代化必须攀登的高峰。

关键词： 地方政府；社区；村民；社区治理

一　引言

改革开放 40 年来，中国大量的城郊农村转化为城镇，大批流动人口在其中创业、工作和生活。通过释放市场活力、下放决策权、促进地方经济发展，中国成就了这一史无前例的城市化进程。①

西方传统理论认为，随着市场化改革的深入，原有威权政府会逐渐从民众日常生活中退出，让位于市场和基层自治组织。② 私有化与决策权力的下

---

　* 本文原载于《中国农村观察》2018 年第 3 期，收入本书时有修改。

　** 刘金龙，中国人民大学农业与农村发展学院教授；黄小慧，香港理工大学建筑与房地产学系副教授；邓宝善，香港大学城市规划与设计系教授。

① Wu, F., "China's Changing Urban Governance in the Transition towards a More Market-oriented Economy", *Urban Studies*, 2002, 39 (7): 1071 – 1093.

② Kjaer, A. M., *Governance*, Polity Press, 2004.

放重现了工商部门的活力，地方自治组织逐渐兴起。① 市场和基层自治组织发育壮大，承接政府在基层社会管理中撤出的职能。② 20 世纪 90 年代初期始，地方政府依靠税费征收、计划生育和粮食收购维系着对乡村管制的权力。③ 因此，少数学者担忧地方政府无法提供必需的公共物品和服务④，即产生"空心型政府"⑤。大量有关中国城郊农村城市化与治理的研究似乎证明了西方传统理论的观点。

然而，中国城郊农村社区的地方基层自治组织没有如西方传统理论预期的那样生长与壮大。相反，地方政府通过承担社区和村民的福利与公共服务供给，逐渐回到基层，重新影响城郊农村社区的社会经济生活。部分地区政府以股份制改造为切入点，加强了对乡村的治理。⑥ 现有研究多为针对现实基层社会经济问题的政策分析，或针对问题寻求更好的政策，而没有进一步分析其背后治理结构的变迁。⑦ 笔者认为，这段历程不应被孤立地看待，而是应该放在历史的链条和整个演变过程中予以综合考察，研究和解读基层政府、社区和村民三者之间关系的变迁，即基层治理结构的变迁。⑧

本文案例来自广州 A 区⑨的城郊农村社区。本文以土地征收、社区民生事务、社区公共事务为抓手，理解和诠释地方政府能动性的制度实践⑩，在城郊社区经济、政治和社会整体中诠释改革开放以来农民、社区与地方政府

---

① Huang，Y.，*Capitalism with Chinese Characteristics*：*Entrepreneurship and the State*，Cambridge University Press，2008.

② Pearson，M. M.，*China's New Business Elite*：*The Political Consequences of Economic Reform*，University of California Press，1997，pp. 122 – 125.

③ Göbel，C.，"Uneven Policy Implementation in Rural China," *The China Journal*，2011（65）：53 – 76.

④ Smith，G.，"The Hollow State：Rural Governance in China," *The China Quarterly*，2010，203（1）：601 – 618.

⑤ 华羽雯、熊万胜：《城郊"二元社区"的边界冲突与秩序整合——以沪郊南村为个案的调查与思考》，《上海城市管理》2013 年第 3 期。

⑥ Wong，S. W.，"Reconsolidation of State Power into Urbanising Villages：Shareholding Reforms as a Strategy for Governance in the Pearl River Delta Region," *Urban Studies*，2016，53（4）：689 – 704.

⑦ 张劲松、杨颖：《论城郊失地农民社区的治理》，《学习与探索》2013 年第 8 期；Pierre，J.，"Comparative Urban Governance：Uncovering Complex Causalities," *Urban Affairs Review*，2005，40（4）：446 – 462.

⑧ Chhotray，V.，and Stoker，G.，"Governance Theory and Practice：A Cross-Disciplinary Approach," Palgrave Macmiilan，2009，pp. 102 – 105.

⑨ 现已与 H 区合并，成为 H 区的一部分。为了叙述方便，本文仍保留 A 区的称谓。

⑩ 周黎安：《中国地方官员的晋升锦标赛模式研究》，《经济研究》2007 年第 7 期。

关系的变迁，用事实来回应学界关于我国市场化进程中政府与社区关系的争论，并将城郊农村社区治理变迁置于中国城乡关系史①乃至经济史和发展史更大的场域中考察。

二 研究方法和分析框架

广州 A 区是我国城市化速度最快的地区之一。2005 年，广州市政府将广州经济技术开发区（以下简称广州开发区）与当时的 A 镇合并，成立了 A 区。作为广州市的新行政区，A 区的面积约为 393.22 平方公里，2010 年人口为 373700 人。A 区是典型的城郊地区，下辖 5 街 1 镇，共 30 个居委会、28 个村委会。A 区的农民失去了农地，告别了农耕生活方式，村民收入主要来源于出租自有闲置住房的租金和集体股份合作社的分红，成为小业主和资产所有者。② 2003 年以来，A 区推动村改居，村民的农业户口变为非农居民户。然而，他们共同拥有集体用地和其他集体资产，受访者均认同自己是村民而非城市居民。

在研究方法上，笔者采用微观历史研究法。微观历史研究取向可以引领笔者进入社区内部，通过仔细观察村民的日常生活细节，以详尽叙事的方式来重构村民日常公共生活的历史变迁。从微观历史研究角度，A 区可看作中国城郊农村社区转型轨迹下地方治理结构调整与演进的缩影。A 区的城市化转型可追溯到 20 世纪 80 年代初期。当时，A 区的前身——广州开发区成为旨在探索中国市场化改革和城市发展政策的第一批国家级开发区。A 区的地方政府建设和"政府—社会"关系的演进，生动地展现了在社会主义市场经济制度下快速的城市化和治理转型是如何进行的。A 区还是一个内容丰富且发人深思的精彩样本，展示了在社会主义市场化改革中一个农业社会经历了怎样的令人惊叹的城市化进程。在 30 余年快速城市化的历程中，A 区在处理征地和农民安置方面拥有丰富的经验，为我们提供了有益借鉴。

本文还借鉴了 Hsing 的"城市边缘"和"农村边缘"的研究思路。③ 本文的研究对象 A 区 30 多年的发展过程已经包含了 Hsing 所概括的"农村边

---

① 黄小慧、刘金龙：《城与乡的关系史：新型城镇化思考》，《湖南城市学院学报》2014 年第 3 期。

② Sargeson, S., "Villains, Victims and Aspiring Proprietors: Framing 'Land-losing Villagers' in China's Strategies of Accumulation," *Journal of Contemporary China*, 2012, 21 (77): 757 – 777.

③ Hsing, Y., *The Great Urban Transformation: Politics of Land and Property in China*, 2010, Oxford University Press.

缘—城市边缘—城市中心"这一连续、完整的变迁过程。本文回顾 A 区从农村地区转变为经济开发区再转变为广州市新城区的历史，以此研究和剖析 A 区深刻的历史与文化内涵以及独特的转型轨迹。城郊社区作为基层社会的重要组成部分，发源于传统农村社区，承载和反映了底层民众的生活，其变迁过程能展示出城市化对传统农村社区不断塑造的画卷。

本研究采纳基层治理的分析框架。① 以征地为切入点，研究 A 区政府—社区—村民三个核心行动者的行动策略，在它们的冲突和相互妥协中分析不同行动者相互关系的变化，诠释基层治理结构的变迁。从图 1 可以看出，本文没有探究市场对政府和村民的形塑作用，尽管在行文中能够寻觅到无处不在的市场影响。

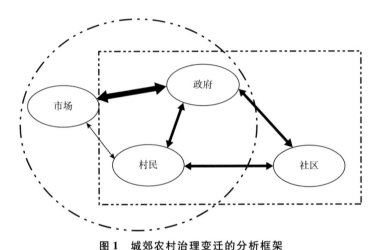

图 1　城郊农村治理变迁的分析框架

注：图中箭头粗细表示箭头所连接的关系的重要程度，越粗表示关系越重要。

笔者研究 A 区已有 14 年的积累。自 2003 年以来，研究小组在 A 区开展田野跟踪调查，广泛收集了来自政府和社区的二手数据，访问了广州市、A 区、乡镇、村组近百位干部、职工以及 200 位以上的农户和外来人员。在田野调查中，笔者运用扎根理论指导访谈和数据收集及分析。每次调研前，笔者总是心存疑惑，带着假设走访相关政府机构和社区；之后，对访谈内容进行整理和分析，形成新的疑惑和假设，这些新的疑惑和假设成为下一次田野调查的主要内容。笔者田野调查注重对同一个问题访谈不同的利益相关者或行动者，多次采用三角验证法以提高研究的效度和精度。通过一次次调研，多次比

---

① Rhodes, R. A. W., *Understanding Governance: Policy Networks, Governance, Reflexivity and Accountability*, Open University Press, 1997.

较和修正，获得假设和对假设的解释。笔者将形成的结论与走访的机构和社区分享，在分享中促进讨论，最终形成本文的结论。本文所引用数据，除标注为他人研究和官方资料外，均来源于田野调查。

三 征地和产权明晰政策执行及影响

（一）征地补偿

1983 年，广州市成立广州开发区，并成立了开发区管委会，管委会代表广州市政府征用集体土地，统筹开发区的建设和管理。开发区采取包干制上缴税收，1984 年向市政府包干上缴税收 2237 万元。这个税收基数一直没有变化，直到 1995 年全国实行新的税费征收制度。广州市创新性的财政政策激励了广州开发区管委会大规模征用农村土地，积极推动工业和服务业发展。广州开发区的财政收入从 1985 年的 1.92 亿元增加到 1995 年的 14.24 亿元，开发区管委会的财力大幅增长，有足够的财力为投资商、征地社区和农民让利，尤其是积极响应村民的需求，最大化减少村民的抵触，加快开发进程。

20 世纪 80 年代初，国务院颁布了《国家建设征用土地实施办法》，规范土地征用的补偿标准和农民安置办法。1983 年，广东省政府颁布了《广东省国家建设征用土地实施办法》。根据该实施办法，广东开发区征地补偿包括四类：土地补偿费；青苗补偿费；农田水利费；拆迁费。在实际操作中，因土地是集体所有，征地补偿归集体统筹，而不是直接发放给农户。受征地影响的村民可获得青苗补偿费，需要重新安置的农户则会获得拆迁赔偿。以 1988 年为例，每亩耕地征收补偿 40000 元，其中青苗补偿费 2500 元，占补偿款的 6.25%；村集体统筹 12000 元，占 30%；其余的 25500 元被乡政府托管，占 63.75%。乡政府和村集体将这些钱存入银行，获取的利息按月发给农民。在 80 年代末，被征地的村，每位村民每月可有 100 元的利息分配，而同期一个普通工人月收入为 36—60 元；仅靠利息分配，村民就可以过上富足的生活。另外，开发区需要雇用大量的劳动力，村民可优先获得以劳定酬的工作机会；开发区需要大量的沙石，村民和村集体优先开发集体河流和山场，多了获取另一份收入的机会。

对受到征地影响的村，开发区管委会还分配了一定数量的农转非指标。当时这个政策很有吸引力，因为非农户口是身份的象征，可获得定额的粮食供应和优先就业机会。但农转非数量十分有限，开发区管委会鼓励村镇想办法解决受征地影响村民的吃饭和就业问题。镇政府于是使用土地补偿收入购买粮食，分配给受影响的农户，并积极发展乡镇企业，为村民提供就业机会。在80年代，乡镇企业只要有资源和技术，就可办起来。这些乡镇企业业务领域广泛，涉及加工水果、制作家具、电镀产品等多种业务；似乎干什么都能挣钱，征地后，农民洗脚上田进厂。

（二）经济自留地

20世纪90年代初，开发区作为我国改革开放的前哨，外商投资大幅增长，规模企业应运而生。来自香港等地的中小投资者落户A区，租地建厂，为这些规模企业提供配套产品。1991—2000年，开发区实际利用外资31.35亿美元。① 曾经欣欣向荣的乡镇企业逐渐式微，村庄的精英们很快转换思路，关闭乡镇企业，采取租地收租这一低风险的获利模式，开始以地生财、以租获利。此时，一批国有企业破产，工人下岗；地方政府难以保障城镇职工的就业、住房。于是，竞争性的劳动力市场基本形成，除保安、企管等岗位本地人尚有优势外，本地城镇职工因习惯于养尊处优，少吃苦耐劳、勤勉奉献的特质，在劳动力市场中往往处于不利的地位。

如前所述，1990年前后，因非农居民可享受就业安置、福利分房、子女进城入学等方面的福利，农转非政策深受村民的欢迎。随着就业、住房、教育等福利市场化，农转非指标作为土地征收补偿的一部分逐渐不被村民待见。一位受访农民说："1988年，一个农转非指标公开拍卖可卖到2万元。1995年，降到了4000元。"一位村干部说，20世纪90年代后期，政府分配给该村10个农转非的指标，无村民愿意转，村里给接收指标的每位村民补贴5000元才把指标落实下去。而同意接收的村民均为老年人，青壮年农民多不愿意农转非。在广东，传统家庭偏好男孩意愿强烈。女方为非农户口的家庭必须严格实施一孩政策；而女方为农民户口，若第一胎为女孩，可以生二胎。村民说："农转非非但没有好处，转后女孩还不好嫁了。"

20世纪90年代早期，为解决被征地农民就业能力弱、收入少的问题，广州开发区推出了一套新的土地开发政策。作为征地补偿的一部分，政府划出预征土地面积的10%作为村经济自留地。这个政策将村集体和村民的利益

---

① 广州经济技术开发区志编纂委员会编《广州经济技术开发区志（1991~2000）》，广东人民出版社，2004，第7页。

与开发区发展捆绑到一起，与当地农民分享开发区发展的红利，大幅度降低了征地的财务成本。村集体通过土地开发获得持续的现金流，并以此改善村庄基础设施、村民福利和增加农民收入。[①]

（三）股份制改造和股权固化

面对迅速增长的集体资产，加强对集体组织和集体资产的规范化管理提上了政府的议事日程。1995 年，根据 1994 年广州市颁布的《广州市城镇集体所有制企业审计监督办法》，地方政府要求行政村和村小组清查并报告集体资产，包括集体土地、厂矿、物业、现金等。1996 年，在地方政府的协助下，按照成员权和成员的年龄折算股份，各村小组成立股份合作社，成员按股份分红。股份随成员数量增减和年龄变化每三年调整一次。按照宗族和乡土规则，属于本村人并拥有本村户口方可拥有 100% 的成员权；娶进来的媳妇和宗亲认同的入赘，均可拥有 100% 的成员权。年龄划分为三个阶段：1—29 岁，股份数随年龄增加而增加；30—60 岁，固定为 23 股；60 岁后，固定为 22 股。考虑到对本村的贡献，适当给予本村出生的外嫁女[②]和外地来的插队知青[③]少量股份。各村成立了股份合作联社，将村民委员会共同所有的资产注入其中。股份合作联社承担着村义务教育、养老、医疗、幼托等社会保障事务和道路修建、村庄卫生、治安等公共管理职能。

股改后，股权纷争等各种问题逐渐暴露出来：乡土规则在一定程度上主导了村庄成员权的裁定，村中的大家族拥有决定性的话语权；部分乡土规则不符合国家法律制度的规定，如外嫁女不迁出户口或将户口从婆家迁回原出生地，国家相关法律是承认她们拥有集体成员权的，而乡土规则不承认；合作社负责人拥有对集体资产的管理权，但部分负责人滥用职权，甚至肆意挥霍集体资产。2003 年，广州开发区管委会制定了《关于完善农村社区合作经济组织股份制的意见》，将股份分为成员股和社会股。对社区成员，采取"生不增、进不增、出不减、可继承"的政策，即年龄增长不增，增加人口不增，外嫁和去世不减，股份可继承；对曾经为集体作出贡献的人配给社会股，社会股不可继承，持有人去世后，股份合作社自动收回其股权；在股东

---

① Chung H., and Unger J., "The Guangdong Model of Urbanisation: Collective Village Land and the Making of a New Middle Class," *China Perspectives*, 2013 (3): 33–41.

② 因为外嫁女参与了集体时代的农业生产，出嫁前因享有成员权而分享了土地承包权，承担了国家分摊集体农业税费和公粮的责任。

③ 因为知青参与集体劳动，对集体资产积累有贡献。

大会中成员股拥有投票权，社会股没有投票权；修订股份合作社章程，需要在股东大会获得超过95%有选举权股东的投票支持。管委会要求每个合作社根据这些原则制定股份合作社章程，由股东代表大会通过，上报管委会备案。《关于完善农村社区合作经济组织股份制的意见》用正式制度厘清了产权结构和经济关系，限制了村庄领导人的自由裁量权，提高了合作社征地补偿款和自留发展用地管理的透明度和可问责性。

（四）"三旧"改造

为缓解建设用地指标紧张状况，2009年，广东省政府开始实施改造旧城镇、旧村庄和旧厂房的"三旧"改造政策。[①] 政策包括简化补办征收手续，允许按现状完善历史用地手续，允许采用协议出让供地，可简化手续将农村集体用地改为国有建设用地；为鼓励集体和开发商投入"三旧"改造，"三旧"改造的土地出让金专款专用，60%返还村集体，40%按照市、区政府8∶2分成；实施优惠政策，吸引、鼓励开发商参与旧城改造，如"拆一免二"或"拆一免三"，即根据旧村的区位，每拆1平方米的房屋，可免交2—3平方米建筑面积的地价，并减免相应的报建等费用。

到2015年年底，A区约20%的村庄完成了"三旧"改造的规划。其中2个村完成了整个"三旧"的改造。经过"三旧"改造后，杂乱的景观格局被破除，高矮不一的农民自建房、简陋的社区公共服务设施被拆除，原来的物理上的"村"完全消失，地理上的村完全融入城市新区中。在土地国有化基础上，原来社区承担的医疗、教育、环卫、安保等民生和社会服务被城市街道接管，合作经济联社解体。各小组合作社的资产得以壮大，所分得的高档物业必须经过招标方可出租，新的承租人多为银行、大型连锁企业和房屋中介等服务企业。过去与当地社区居民日常生活密切相关的从事餐饮、理发等行业的小业主被清除出去。过去的租户多为打工者，改造后，承租人多为白领。原来的社区精英在城市管理程式化、标准化的过程中，失去了人脉和地方文化代表的优势，他们与社区的普通社员一道被淹没在现代化城市中，唯有社区节庆时方能体味旧村的余韵。

能被改造是幸运的，不只是改造后这些社区居民财富大幅度增长（尤其在2016年下半年新的一轮房价上涨中，他们得益甚多），更重要的是社区精

---

① 参见广东省人民政府《关于推进"三旧"改造促进节约集约用地的若干意见》（粤府〔2009〕78号）。

英得到了地方政府和社区居民的共同认可。社区精英得不到地方政府的认可，就很难优先安排"三旧"改造的规划；"三旧"改造的规划即使批准了，签协议、搬迁、拆房都需要村民的主动配合才能落实。按照规定，"三旧"改造方案必须得到80%以上的拆迁业主同意方可批准。由于旧村中不同住户住房面积差异很大，补偿办法和具体标准很难达成一致，需要社区精英集体的智慧才能化解。广州某拟改造村，补偿标准出台后，5年都拆不动，反而造成社区彻底崩溃，家族与家族之间、户与户之间产生矛盾，甚至家庭中弟兄之间、父子之间闹到老死不相往来的程度。

在规划过程中，另一个关键是选择开发商。开发商的选择不只取决于开发商的实力、在当地社区和当地政府的影响力，还取决于村民的认可，尤其是社区精英的认可（其中不乏有人采用灰色手段以获取社区精英认可）。"三旧"改造中，规划区域容积率的高低决定了推进改造工作的难易。资本和地方政府在决策过程中起着决定性的作用，而村民和当地社区被边缘化，只能参与分配方案的部分决策。[①]

四 国家权力重新进入社区

落实家庭联产承包责任制后，国家权力逐渐退出了一些农村事务的管理。然而21世纪初以来，A区地方政府逐步重新进入社区。本文从产权制度、民生事务以及基础设施、治安和环境管理三个方面来分析国家权力如何重新进入社区。产权制度决定了如何运用市场和管制机制，以改善资源的配置效率；民生事务以及基础设施、治安和环境管理关乎政府与社会治理的边界。市场经济条件下，民生托底能力、基础设施的条件和依法治国水平关乎基层政权的合法性。

（一）产权制度

产权制度是治理的基础，农村最重要的资产是土地。在实行家庭联产承包责任制之前，和全国其他地方一样，A区的农村土地属于集体，为"三级所有，队为基础"。生产队是基本的核算单元，通过大队、公社承接国家生产和分配计划。这个体系融合了国家权力和社区自治，在这个体系中，国家

[①] Lin, G. C. S., "The Redevelopment of China's Construction Land: Practising Land Property Rights in Cities through Renewals," *The China Quarterly*, 2015 (224): 865 – 887.

权威、家族和精英力量相互斗争和妥协。[1] 在三级治理体系中，公社偏向于国家权力，而生产队更多地控制在家族和社区精英手中，偏向于社区自治。人民公社时期形成的三级所有制，在法理上共同拥有集体土地的所有权，但其所带来的不明晰的土地产权安排深刻影响了以后的农村改革。20 世纪 80年代早期实施家庭联产承包责任制后，国家权力部分撤出了生产队和大队。家庭成为经济活动的基本决策单元，在生产、投资和消费中的重要性急剧提升。80 年代中期，公社、大队和生产队改为乡镇、村委会和村民小组。乡镇为基层政府组织，三级产权治理体系终结，农村产权变成"村—小组"两级产权治理体系。

然而，在 90 年代中期前，A 镇继承了人民公社时期积累起来的集体资产，且与村组分享被征收集体土地的利益。当时，镇政府缺乏财政收入来源，却要履行超出财政能力的公共服务职能。镇政府工作人员的收入主要靠绩效奖金，绩效奖金来源于镇政府的创收。人民公社时期留下的不明晰的土地产权制度，为镇政府索取部分集体土地利益提供了一定程度上的合法性的基础。[2] 镇政府作为重要的信息通道和协调纽带，连接着开发区管委会和被征地社区，这有利于镇政府为被征地村民提供农转非、就业等服务，为分享征地利益提供了制度上的可能性。

20 世纪 90 年代的经济自留地政策，意味着 A 镇集体资产"三级所有，队为基础"制度的终止。[3] 镇政府放弃了集体土地共有人的权利，使得 A 镇集体土地所有权变为村委会和村民小组两级所有，村民小组为土地所有者的基础。1996 年的股份制改造和 2003 年的股权固化，实施农村集体股份制，在一定程度上明确了集体资产的私人属性。农村集体土地是具有集体成员权的个人共同拥有，土地承包强调了集体土地人人有份，而产权固化把农村集体土地的使用权明确到个人。

2009 年的"三旧"改造，改变了集体土地的属性，将其全部转变为国有土地。村社集体告别了土地所有人的身份，自此，人民公社时期建立起来

① Wong, S. W., "Land Requisitions and State-Village Power Restructuring in Southern China," *The China Quarterly*, 2015（224）：888 – 908.

② Ho, P., *Institutions in Transition：Land Ownership，Property Rights，and Social Conflict in China*, Oxford University Press, 2005, pp. 80 – 92.

③ 人民公社改为乡镇人民政府后，逐步退出集体土地、资源管理和收益分配领域。例如，在湖南省洞庭湖地区，因跨村或跨乡镇共同防洪的需要，部分集体土地在乡镇所属林业站、水利站管理之下。在长三角、珠三角、环京津等城郊农村，乡镇依赖从集体土地中获得的分成和经营收入，拥有并积累了庞大的集体资产。

的农村土地集体所有的产权安排瓦解了。

（二）民生事务

在人民公社时期，政社一体化的治理体系为村民提供了基础的医疗和教育服务。改革开放以后，政府从这些关键民生事务中退出，出台了残疾人救助、五保户赡养、拥军优属等各项政策，但费用由村委会承担。这为村委会和基于村委会设置的股份合作联社分享土地征收利益提供了合法性。合作联社承接了这些职能，成为部分民生事务的提供者。20世纪90年代，各行政村建立了社区诊所，为村民提供基础的医疗保健服务。一些富裕村盖起了设施先进的小学、中学、幼儿园，并为村民子女升学、青年入伍、孤寡老人和为集体作出贡献的村民提供福利和奖励。

21世纪以来，A区政府逐步加大了民生投入，从行政支持转向财政配套，逐步接收了社区的民生事务。农村义务教育纳入政府管理，村学校要么停办，要么转交区教育系统，基础教育费用全部纳入财政供给。社区诊所只能给村民提供基础的医疗服务，但是，村民因病致贫时有发生，这为地方政府积极介入推动合作医疗、建立医疗救助制度提供了依据。从2007年开始，区政府逐步建立起三级医疗卫生服务体系：第一级是通过建造新的社区诊所和翻新已有的村级诊所，成立社区卫生服务中心，向居民提供预防、医疗、康复和健康促进为内容的卫生保健服务，建立基层的社区诊疗网络；第二级是在街道，每个街道诊所有一个大约2000平方米的医疗服务中心，医疗中心的管理和运作被外包到县级或市级医院；第三级是社区医疗中心和大型医院之间签订协议，将社区无法医治的重病病人送往签订协议的大型医院做进一步治疗。据A区统计年鉴介绍：2011年，全区卫生事业财政拨款1.74亿元，城乡公共卫生经费标准统一为人均35元，新农合参与率达到99.9%，筹集合作医疗基金4665.21万元，其中区镇财政补助3609.6万元，约占合作医疗基金总额的77.4%。

2005年，广州经济开发区与A镇合并，成立A区。社区居民就业成为民生工作的一项重要内容。区政府鼓励企业为本地居民提供就业机会，还为本地居民提供培训，支持他们创业。2006年，区政府建立了职业培训中心，补贴本地居民参加职业技能培训。2007年，成立了总额为2000万元的专项资金，补贴本地居民创业。此外，区政府逐步建立起社会保障制度，从村委会接手了农村养老、孤寡老人赡养、拥军优属等事务。政府还参与了社区服务中心建设，把文化、体育、托儿、养老等事务承接下来，这为"三旧"改造、实质性推动"村改居"提供了基本条件。

（三）基础设施、治安和环境管理

A 区曾是典型的传统农村，道路、水利等农村基础设施建设、维护和改善依托集体的积累和社员的劳动。路不拾遗，夜不闭户，家庭内部和邻里间纠纷自有宗亲来裁决。大队或村委会干部也可裁决村民间的冲突。随着大批企业的兴建，大量外来人员涌入，供水、供电、道路等基础设施和社会治安、环境卫生等事务越来越成为问题。于是，在 A 区，各村党支部、村委会依托雄厚的集体资产，新建、维护和管理社区用水、供电、道路、体育、文化等基础设施，建设并管理不断扩大的城管和环卫队伍，以及社区内的公共空间。

地方政府通过支持社区基础设施建设，介入或接管环卫和城管事务。区政府积极参与股份制改革，以在集体资产管理中获得更多的发言权，遏制村干部在股权分配和股份分红中的腐败行为。为了提高集体资产管理的透明度和可问责性，区政府开发了新的村级财务系统，监督村集体的实际开支和交易情况。

五　农民渐变为"拆农民"①

在 A 区，农民是希望被征地的。在征地少或未征地的社区，受访的村民强烈渴望被征地，因为被征地越多，人均股份分红越多。如永和街与东区街征地多，2015 年人均分红超万元；镇龙村和浦心村征地较少，2015 年人均分红只有数百元。地被征得越多，外来人口越多，如 A 区征地面积占总面积75% 以上的 10 个社区，2016 年外来人口平均约为 12756 人；征地面积小于25% 的 26 个社区，平均外来人口只有约 279 人。村民房屋租金收入随着外来人口增加而增多，这也是村民渴望被征地的重要原因。

在征地事务上，村民对政府的信任度越来越低。以水村为例，20 世纪80 年代末，建设广深高速无偿征地 400 亩，得到村民认可，因可改善交通，方便农产品销售。90 年代初，A 区开发区按照标准征地 4000 亩，用于经济技术开发区建设，村民没有讨价还价。90 年代中期，征地 700 亩用于广州东二环高速建设，征地 4000 亩用于工业和商业发展。此时，村民认识到征地

---

① 本文中的"拆农民"指拆迁的农民群体。这些生活在一线、二线城市中或城市周边的农民，一旦拆迁，可获得巨额赔偿，一夜暴富，于是心态发生巨大变化，变得唯利、自私、猜疑、算计，不顾亲情。这个群体具有"三无"特征：种田无地、就业无岗、社保无份。

补偿款是可以与政府讨价还价的，只要策略得当，就可以多得补偿款。各村村民和经济合作社之间相互学习策略，包括抗争措施，以获得更高的补偿款。信任度下降的过程也是村民对发展的认知从参与者变成分享者乃至尽可能获取更大的份额的过程。

20世纪90年代以来，越来越多的A区村民建房是为了出租，获取租金。基层政府规定，村民与村委会签订宅基地使用合同，向镇政府申请宅基地证，镇政府收取每平方米70元即每户6300元的办证费用。有的农民交了钱，盖了房，没有拿到宅基地使用权证和房产证。有的农民没有交钱，得到村组干部的默许，盖起了房。90年代末期，A区开发区发展很快，区内村庄影响了开发区的形象，政府决定搬迁开发区内的村庄，规定：宅基地证是唯一的房屋合法凭证，且不能超过3.5层，否则非法。此举遭到村民的强烈抵制，有村民说："这就是我的房子，村里人都知道，怎么会是非法？""这7层楼的房子，大白天建的，没人说非法。"地方政府十分为难："拆迁通知发出后，有一个村实际建筑面积一个月内翻了一番。"为遏制这种局面，地方政府封堵了进村道路，严禁建筑材料进村。村民动员了所有的资源，采用一切可采用的策略，增高楼层和新建房屋。有人反映：有村民将水泥放在宝马车后备厢中运进村里。面对来自村民的压力，A区开发区政府被迫推出新的政策：清零旧账，杜绝新账，即2000年12月底前的违建，提供合法建筑赔偿额度的60%，之后的违建，一律拒绝补偿；启动居者有其屋计划，对于多子女家庭，因结婚等原因新组建家庭需要新的住房者，政府提供安置房，以每平方米1000元的价格出售给符合政策的村民。

2003年的集体产权股份固化和2009年以后的"三旧"改造，瓦解了农村集体所有制。每一个参与其中的村民均意识到这是"最后的盛宴"，村民对"三旧"改造的要价之高，到了政府所能承受的极限。地方政府减税让利的空间十分有限，也无力单独面对千家万户，遂将拆迁的主体责任交给开发商。能够推动"三旧"改造的村，村民往往比较团结，村党支部和村委会深受村民的信任，并能得到基层政府的支持。这些村就家庭拆迁补偿、宗祠等宗族事务以及股份合作社增资等容易达成一致，拆迁所需时间短，可大幅度降低村民临时安置成本。

既然是"最后的盛宴"，在利益面前，邻里之间、兄弟姐妹之间，甚至父子之间、母子之间、夫妻之间，部分人会为了利益而决裂。改得动的，形成了巨额财富，家庭内部分配不均的现象普遍存在；而改不动的，主因还是村民家庭内部谈不拢。"三旧"改造的负面效应，超出了政府部门和当地人民的预期，摧毁了家庭、宗族和社区其他的力量，推动成年人成为"拆农民"。在巨大的利益面前，有的村民一再突破道德底线，人性的阴暗面暴露无遗。拆前，视觉上，他们的物理性住所与这座城市极不协调；拆后，他们在灵魂上与这座城市难以相容，社区秩序和精神文化价值几近崩溃。其实，拆前看上去与城市格格不入的非正式景观，本来就是城市的重要组成部分，为城市低收入阶层提供庇护所，是外来人员融入并适应城市生活的场所。[①]而拆后，以拆二代为例，新入社会的 80 后和 90 后分享了父辈积累下来的财富，却失去了集体和宗族的庇护。他们既不能像外地农民工那样不辞辛劳且接受低薪，又没有规划有钱有闲人的闲情逸致生活方式的能力。他们中的多数人没有良好的教育背景，不能成为白领踌躇满志地徜徉在本村的高档写字楼中。社区想方设法给他们安排就业岗位，他们中的一些人甚至开着奔驰车去扫地。

六　社区渐行渐远

社区是在一定地域内的人们共同的精神家园，以共同的权利、义务、安全、兴趣、爱好、价值、精神和文化凝合成员，并以一定的规则约束成员。[②]这个定义强调了社区的内生性和其成员的相对封闭性，社区反映的是基层社会自组织化的程度和能力。传统乡村的家族、宗族，政社一体化时期的生产小组和大队，改革开放后的村和小组，股份合作社和股份合作联社等，都属于社区范畴。A 区建村历史可以追溯到宋代，宗祠、乡贤和功成名就人士返乡，维系着乡村礼治和文化。新政权建立以后，形成了公社—大队—生产队三级组织的社区治理结构。生产队是基于传统村落而组建的，传统宗族和礼仪发挥着重要的社会维系和控制功能。人民公社政社一体化时期，通过把党支部建在大队实现了党和政府对农村政治的治理。公社通过科层制、组织化的外生力量限制宗族势力，推动社会主义现代化国家的建设。

实行家庭联产承包责任制后，外生组织弱化，乡村宗族势力迅速反弹。1989 年后，国家推动村委会选举，在一定程度上为基层宗族势力的兴起创造了新的空间。一些具体农村政治事务，包括拥军优属、民兵、青年、妇女等

---

① Roy, A., "Urban Informality: Toward an Epistemology of Planning," *Journal of the American Planning Association*, 2005, 71 (2): 147-158.

② 刘金龙、翟福生、张明慧、孙旭东:《农村社区建设有待进一步破题》,《中国国情国力》2015 年第 5 期。

工作，改由村委会负责。由于宗族势力抬头，党和政府在农村基层政治事务中的影响力降低。家族和宗族力量基本控制了村民小组和股份合作社。一个生产小组或村民小组的生产决策和公共事务，一个家族主要成员或几个家族的族长们坐在一起议一议就可确定。社区在决策和合作劳动的过程中自然产生了意见领袖和管理人才，并形成了关于成员资格认定和收益分配的规则。这为改革开放以后集体经济的发展尤其是股份合作社的成立和管理提供了人才、制度和文化基础。

改革开放以后，A区政府通过加强党建，发动青年、妇女，推动合作社的财务公开等一系列措施来管理社区事务。

经济自留地成了地方政府和社区利益纠纷的来源之一。20世纪90年代早期，村集体需要向开发区政府支付一定的配套费用，用于改善道路、水和照明等基础设施建设，以开发经济自留地。1994年到1995年间，征地补偿款约每亩8万元，扣除青苗补偿费和20%社会福利支出的提留，村小组剩下约4万元。补偿款剩余不足以支付基础设施建设配套费，有的村小组不得已将一部分经济自留地以每亩6.7万元卖给政府，以筹集资金支付配套费，这引起了村民的不满。90年代后期，迫于村民的压力，A区开发区停止收取配套费，但承诺给村民的经济自留地，政府又不能兑现。开发区政府只能临时向村小组支付经济自留地的高额租金，缓解社区的不满，期待上级分配更多的建设用地指标。

在经济高速增长中，有些村积累了巨额的集体资产。征地资金在法律上归属于被征地农民，90年代中期，部分村通过票决的方式将征地补偿款直接分配给农民。有些村民拿到巨额的征地补偿款后，任意挥霍甚至赌博。2000年后，当地政府规定村集体持有超过70%的补偿款，为村民提供包括社保、医保在内的各种福利。这一政策的顺利实施说明村民认可股份合作联社是可以信任的社区资产管理组织。

迅猛增长的集体财力保障了部分村能够改善基础设施和社会、民生服务。一些做大的社区成为开发区的"特区"，经济实力超强、关系网络复杂且封闭管理，修建了幼儿园、小学、诊所、养老院、足球场、篮球场、网球场、小型图书馆、社区活动中心等公共服务场所，免费向本村村民开放。90年代中期后，行政村成为环卫和治保的主体。如水村，高峰期建立了100人的治保队，年开支150万元。这些社区散落在开发区中，在不同的社区，因集体收入水平的差异，教育、医疗、文化、体育等社会保障和公共服务水平差距很大。这制约了基层政府开展统一的城市规划。

2003 年后，A 区推动村改居，村委会只是在名称上改为"居委会"。居委会成立社区服务中心，名义上是社区，实质上成为地方政府的组成部分，承接上级政府的各项职能。居委会人员和履职开支越来越依赖地方政府的财政资源。2009 年，实施"三旧"改造后，传统意义上的村消亡了。部分村庄的宗祠得以保留，但主要功能是守护家族历史、文化和精神。

七　结论和讨论

本文试图摆脱现有城镇化理论和解释框架的束缚，忠实于田野，以扎根理论为指南，用心触摸 A 区社会经济发展的脉动，以微观历史的视角，展示城镇化过程中基层治理结构的变迁。

（一）基层治理结构变化激烈

图 2 展示了政府、社区和村民力量消长的过程。政府是市场经济的最积极推动者，最终实现了将土地配置到市场，村民从主要依附于宗族和社区转变为主要依赖市场寻求生计。政府与村民的关系从社会事务上的管理者和被管理者的关系逐步走向民生事务和公共服务提供者与消费者的关系。他们之间的关系因具体事务的不同，在发展的不同阶段也不一样。

A 区村民可理解为小农，但更像小资，即有抱负的创业者，他们同时还是社区事务的发动者、参与者。A 区村民从拥护支持政府征地、共谋发展、共享发展，逐步演变为用土地尽可能地换取更大份额的发展成果。村民不是政府征地的牺牲者，而是共享发展成果。

A 区曾是传统乡村，家户是经济生活和民生事务的基本单元，附属于家族、宗族和地方宗教为主要内核的社区中，通过乡绅、士大夫维系着与政府的联系。社区为家户提供了庇护，通过乡贤、礼仪、节庆等渠道和仪式，延续道德和文化、教化乡里、增进认同和维护乡村秩序。地方政府基本不介入乡村民生、社会和政治事务。在人民公社时期，国家通过政社一体化的三级治理体系代替了传统社区，承担了乡村经济发展、社会管理和政治事务，为家庭提供了基础教育和医疗等民生服务，压缩了宗族传统的社区空间。改革开放以后，村委会、村小组成为社区的治理主体，承接了政社一体化体系解体后留下的基础民生、社会和集体经济事务管理。1996 年以后，股份合作社—合作联社成为社区的核心，随着集体经济力量的不断增强，社区不断开发民生内涵，提供经济、民生、社会管理等各项服务，适应 A 区社会经济的快速发

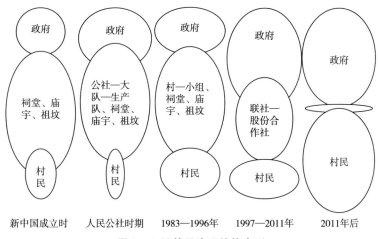

政府	政府	政府	政府	
祠堂、庙宇、祖坟	公社—大队—生产队、祠堂、庙宇、祖坟	村—小组、祠堂、庙宇、祖坟	联社—股份合作社	政府
村民	村民	村民	村民	村民

| 新中国成立时 | 人民公社时期 | 1983—1996年 | 1997—2011年 | 2011年后 |

图2　A区基层治理结构变迁

注：圆圈的大小表示对社区事务的权力和责任的大小。

展。政府通过股改和股份固化削减了社区经济管理权力，逐步接管了社区的社会和民生管理。通过国有化农村土地，政府接管了区域内政治、经济、社会和文化事务。社区组织不断边缘化，并在"三旧"改造后基本解体。

本文没有讨论市场在基层治理中的作用，改革开放以来，市场在基层治理的力量一直在上升。

（二）基层治理结构变化受地方历史文化传统和外部政治因素的共同影响

基层政府、村民与社区相互关系变迁嵌入当地历史文化中。在传统社区中，村民不是以个人理性者的角色组合在一起的，而是以家庭、宗族和乡村文化有机地联系起来的。新中国成立后，他们被组织在合作社、生产队、村民小组和经济合作社下，这些组织在一定程度上代替了家族和宗族成为他们的庇护者。通过土地改革和人民公社运动，建立起政社合一的农村治理体系，国家权力渗透到农村经济、社会、文化和政治事务中。集体化时代的生产组织和分配机制为人民公社解体后乡镇、村、组集体经济尤其是股份合作社的发展提供了人才、制度和文化基因。坚持中国特色社会主义市场经济的要求，实现共同富裕的价值体系，提供均等化的民生服务和专业化的社会管理服务，形塑了当今政府、社区和村民之间的关系。

（三）充满弹性的社区是中国渐进式改革的密码

在不到40年的时间里，A区经历了从传统农业向现代工业再向高端服务业迈进的变迁，在这个过程中农民变成了市民，传统农村变成了现代化城市。西方学者难以理解在如此巨大的变化中，中国社会竟没有出现激烈的社会动荡，他们提出了"中国为什么危而不倒"的疑问。对此，A 区可以给出部分答案。不可否认，A 区作为我国改革开放的前哨，勇于创新、敢于试验，全心全意搞改革，一心一意谋发展。A 区的历届政府摸着石头过河，针对发展中不断出现的新问题，实事求是地寻求解决办法。

在激烈的社会经济转型中，各村的发展差异极大，合作社、合作联社等社区组织能够及时捕捉村民差异化的公共需求和民生需求，通过灵活策略及时提供这些公共服务。社区还为村民提供了庇护和安全保障，并创造条件鼓励他们勇敢地投入市场经济中。随着财力的增长，政府逐步渗透到农村的民生服务和农村社会事业中，社区为国家权力的再进入提供了路径线索，这就是中国渐进式改革的密码。

（四）重建社区，任重道远

精英阶层所理解的现代化与当地村民需求脱钩，作为精神家园的社区在消亡之中。精英们为人民描绘了现代化中国的形象，中国会像西方一样，科技先进、企业国际化、高楼大厦、人民富裕，政府为每一个公民提供从"摇篮"到"坟墓"的全能服务。然而，在欧美国家，非政府组织发达，承担着不少社区事务，对社会稳定和民生服务作用巨大，政府在地方社会管理、民生和政治事务的作用是极其有限的。我国政府应当保护和发展乡村社区，承担乡村社会管理和民生服务的部分职能，注重发挥家族和宗族在教化、礼仪等方面的功能，维系中华民族的传统文化。借鉴欧美国家非政府组织发展和管理的经验，让非政府组织介入难以用政府力量推动的公共事务，例如参与式规划、学习型社会建设、城市垃圾管理等。重建社区当是我国建设基层治理现代化必须攀登的高峰。

农村贫困治理

精准脱贫与社会建设的有机衔接：
理论逻辑、实践困境与路径选择*

叶敬忠　豆书龙　张明皓**

摘　要： 在决胜全面建成小康社会的关键时刻，探讨精准脱贫与社会建设之间的关系及其衔接路径，具有重大的理论和现实意义。价值诉求的一致性、现实要求的互需性以及具体内容的耦合性构成了精准脱贫与社会建设有机衔接的逻辑起点。从衔接实践上看，精准脱贫与社会建设的衔接困境主要体现在部分未脱贫地区社会秩序紊乱、社会建设培育缺乏长远动力和社会建设整体布局有待优化等方面。为此，应该着力在非贫困户和非贫困村政策倾斜、长远规划落实和社会建设整体布局优化三个层面精准发力，推动精准脱贫与社会建设的有机衔接。

关键词： 精准脱贫；社会建设；有机衔接；乡村振兴

一　问题的提出

精准扶贫自 2013 年提出以来，始终以消除农村绝对贫困为目标，脱贫的数量和质量，事关全面建成小康社会的成败和第一个百年奋斗目标的达成与否。在习近平新时代中国特色社会主义思想的指导下，精准扶贫精准脱贫政策体系和实施机制不断完善，配置性的财政资源和权威性的组织资源大量下移，农村贫富差距逐步得以缩小。截至 2018 年末，农村贫困人口由 2012

＊　本文系国家社会科学基金重点项目"城乡一体化进程中的农村变迁研究"（13ASH007）研究成果，原载于《南京农业大学学报》（社会科学版）2019 年第 5 期，收入本书时保持原文当时的样貌，未根据当前最新经济社会形势修改相关概念与表述。

＊＊　叶敬忠，中国农业大学人文与发展学院教授；豆书龙、张明皓，中国农业大学人文与发展学院农村发展与管理专业 2017 级博士研究生。

年底的 9899 万人减少到 2018 年底的 1660 万人①，减贫成效显著。精准脱贫作为重大的民生建设工程，充分体现了以人民为中心的发展理念，农村社会建设整体上取得巨大进步。然而伴随着全面建成小康社会决胜时刻的到来，精准脱贫的压力不断加大，精准脱贫可能异化为过于重视单向的物质脱贫，而在一定程度上忽视农村社会建设，从而引发诸多问题，比如贫困户主体性阙如和内生动力缺失、贫困村与非贫困村发展的倒置问题、基层政府"单向度"扶贫和社会力量参与匮乏等问题②，脱贫的质量和可持续性将遭受重大挑战。因此，在此背景下，探讨精准脱贫与社会建设之间的关系及其衔接路径，具有重大的理论和实践意义。

"社会建设"作为一种具有本土性和中国特色的概念，最早可见于 2004年《中共中央关于加强党的执政能力建设的决定》③ 文件中。从实践层面上看，中国社会建设发展经历了由社会建设服务经济发展、社会建设列为社会主义"四位一体"和社会建设列为"五位一体"总体布局三个阶段。④ 在不同的历史时期，社会建设的内涵和领域具有不同的时代特征。十八大以来的社会建设以"以人民为中心"的发展思想为价值依归⑤，内涵不断聚焦，区别于经济建设、政治建设、文化建设、生态文明建设，是一个独特的领域，具体内容可包括社会治理、民生建设和公共安全三个层面。⑥ 然而，在具体的精准脱贫与社会建设衔接过程中，精准脱贫是以"五个一批"为主要内容的帮扶措施和以党建扶贫、驻村帮扶、第一书记和社会力量参与扶贫等为特定的实施机制，决定了其作为集政治、生产、生活、生态和文化为一体的系统性战略。精准脱贫的综合性，决定了社会建设内涵的包容性，社会建设也

---

① 陆婭楠：《2018 年农村减贫 1386 万人》，《人民日报》2019 年 2 月 16 日，第 1 版。

② 张志胜：《精准扶贫领域贫困农民主体性的缺失与重塑——基于精神扶贫视角》，《西北农林科技大学学报》（社会科学版）2018 年第 3 期，第 72—81 页；薛刚：《精准扶贫中贫困群众内生动力的作用及其激发对策》，《行政管理改革》2018 年第 7 期，第 51—55 页；原贺贺：《贫困村识别的基层政府治理理性解构——以中原 M 县为例》，《南京农业大学学报》（社会科学版）2019 年第 3 期，第 18—28、155—156 页；周晶晶、朱力：《精准扶贫视野下的农村社会治理研究》，《云南民族大学学报》（哲学社会科学版）2018 年第 5 期，第 98—105 页。

③ 2004 年 9 月 26 日，《中共中央关于加强党的执政能力建设的决定》发布。该文件中首次使用了"社会建设"这一概念，明确提出"加强社会建设和管理，推进社会管理体制创新"。

④ 李永芳：《中国社会建设的改革进程、特点和经验》，《深圳大学学报》（人文社会科学版）2018 年第 3 期，第 24—34 页。

⑤ 杨宜勇、黄燕芬：《十八大以来中国社会建设的新思路、新成就》，《社会学研究》2017 年第 6 期，第 35—43、242—243 页。

⑥ 程国花：《十八大以来我国社会建设的新理念、新实践与新方向》，《社会主义研究》2017 年第 4 期，第 15—21 页。

应该具备经济、政治、文化和生态各子系统的综合建设意蕴。为此，本文致力于构建系统性的精准脱贫与社会建设的衔接机制。具体而言，本文的研究问题是：精准脱贫与社会建设衔接机制构建的机理是什么？如何实现精准脱贫与社会建设的有机衔接？具体来看，首先，从理论层面，应该明确精准脱贫与社会建设两者有机衔接的可行性；其次，从实践层面，具体分析精准脱贫与社会建设衔接实践中所存在的问题；最后，提出两者有机衔接的路径。

二　精准脱贫与社会建设有机衔接的理论逻辑

精准脱贫作为国家权力和资源再分配的干预形式应整体性内嵌至乡村社会系统之中，而非脱嵌于乡村社会[①]，任何破坏乡村社会基础和损害乡村社会长远发展的扶贫干预形式都应得到合理纠偏，这构成精准脱贫与社会建设有机衔接的逻辑起点。精准脱贫与社会建设有机衔接的逻辑展开表现为精准脱贫与社会建设价值诉求的一致性、现实要求的互需性以及具体内容的耦合性三个方面。

（一）价值诉求的一致性

改革开放以来，扶贫长期被视为政府的"一线工作"，在体制改革推动扶贫、"八七"扶贫攻坚、集中连片和整村推进以及精准扶贫四个国家扶贫阶段的演化过程中均内含改善民生的中心思想，特别是力图消除中国农村绝对贫困的精准脱贫更加贯彻"贫困户一个都不能少"的底线思维。[②] 可以说，精准脱贫是对社会主义本质要求即"解放生产力，发展生产力，消灭剥削，消除两极分化，最终达到共同富裕"的价值自证。[③] 而社会建设作为服务民生最为基础的领域，主要集中于对社会系统内部诸要素如经济、政治、文化、生态等关键领域的补缺和各要素关联效应的提升方面，目标是提升人民群众的主体地位，回应人民群众日益增长的美好生活需要，提高人民群众的社会生活质量和获得感。无论是以"消灭两极分化"为目标的精准脱贫抑或是"服务民生"的社会建设，二者共同统一于中国特色社会主义现代化建设的总体布局，均是对广大人民群众根本利益的理想表达，因此在"以人民

---

①　孙兆霞：《脱嵌的产业扶贫——以贵州为案例》，《中共福建省委党校学报》2015 年第 3 期，第 14—21 页。

②　左停、徐卫周：《改革开放四十年中国反贫困的经验与启示》，《新疆师范大学学报》（哲学社会科学版）2019 年第 3 期，第 92—99 页。

③　《邓小平文选》（第 3 卷），人民出版社，1993，第 373 页。

为中心"的价值理念立场上具有根本一致性。

（二）现实要求的互需性

目前精准扶贫已经进入脱贫攻坚期，面临脱贫任务重和脱贫难度大的现实困境，而精准脱贫现实困境形成的深层机制在于国家驱动下的政策资源配置逻辑与乡村社会理性存在内在抵牾，精准脱贫因此陷入"内卷化"的空转状态，形成资源分配型、政策配给型、程序参与型以及扶贫不可持续性的现实困局。[①]精准脱贫一系列现实困局宣示出囿于内部的政策资源分配体系调整难以突破精准脱贫的内生性矛盾，因此，在理顺精准脱贫与社会建设关系的基础上，以社会管理水平提升和社会体制机制创新克服精准脱贫的内生困境成为脱贫攻坚阶段国家扶贫运作的必然逻辑选择，这要求精准脱贫从侧重物质化和个体化的扶贫转化为综合性的社会建设。同时，社会建设是包含经济、政治、文化和生态各子系统的综合建设，需要调动充足的配置型资源和权威型资源满足社会建设全方位和多领域的需求，以提升社会整体的发育程度，增进社会建设动力的可持续性。而作为国家资源大规模下移的精准脱贫可以满足社会建设的资源基础性要求。可以说，精准脱贫的现实困境要求以综合性的社会建设作为破解方案，而社会建设则需要精准脱贫的资源条件作为发育社会和增进社会建设持续性的内置条件。因此，精准脱贫与社会建设在现实要求方面存在互需性。

（三）具体内容的耦合性

精准脱贫已经以"五个一批"即"发展生产脱贫一批、易地搬迁脱贫一批、生态补偿脱贫一批、发展教育脱贫一批、社会保障兜底一批"的制度设计在中国贫困农村普遍推行，精准脱贫是集生产、生活、生态和文化于一体的系统性战略，精准脱贫内容的全方位性和包容性与综合性社会建设的具体内容存在耦合性。"耦合"表明的是两个变量间相互作用以形成合力的过程和状态。[②] 首先，从经济维度来说，精准脱贫与社会建设的耦合机制表现

---

① 刘磊：《精准扶贫的运行过程与"内卷化"困境——以湖北省 W 村的扶贫工作为例》，《云南行政学院学报》2016 年第 4 期，第 5—12 页；葛志军、邢成举：《精准扶贫：内涵、实践困境及其原因阐释——基于宁夏银川两个村庄的调查》，《贵州社会科学》2015 年第 5 期，第 157—163 页；邓维杰：《精准扶贫的难点、对策与路径选择》，《农村经济》2014 年第 6 期，第 78—81 页；汪三贵、Albert Park、Shubham Chaudhuri、Gaurav Datt：《中国新时期农村扶贫与村级贫困瞄准》，《管理世界》2007 年第 1 期，第 56—64 页。

② 徐明强、许汉泽：《新耦合治理：精准扶贫与基层党建的双重推进》，《西北农林科技大学学报》（社会科学版）2018 年第 3 期，第 82—89 页。

为精准脱贫为社会建设提供经济基础，而社会建设为精准脱贫效果的延续性提供长效保障。精准脱贫依托国家资源下移的契机为农村植入本土适应性的扶贫产业结构和合理的资源分配机制，以使社会建设具备发育和长效发展的资源条件和经济基础，而社会建设长效机制的构建也有利于巩固精准脱贫成果，增进精准脱贫效果的持续性。其次，从政治维度来说，精准脱贫与社会建设的耦合机制表现在精准脱贫为社会建设释放制度供给优势，而社会建设则为精准脱贫的顺畅运行提供内生秩序条件。糅合标准化项目制和动员式科层制的精准脱贫体现出国家意志的控制逻辑和分级运作的形式特征①，精准脱贫依托制度干预可以实现对社会的精细化管理②，社会建设可以借助精准脱贫的权力、资源和信息供给优势提升治理的制度化和专业化水平，而社会建设制度化和专业化水平的提升有助于活化乡村内生秩序，发育基层社会组织载体，推动广大群众实现对精准脱贫的多元参与，增进乡村社会对精准脱贫的制度认同，促进精准脱贫在乡村社会顺畅运行，最终形成精准脱贫制度供给和社会建设内生秩序的联通机制。再次，从文化维度来说，精准脱贫与社会建设的耦合机制表现为精准脱贫强化社会建设的人才智力支撑，而社会建设增进精准脱贫实施的彻底性。精准脱贫将扶贫、扶智和扶志相结合，通过贫困户的教育扶贫和意识能力培训，增进贫困户的生计资本和生计技能，改变贫困户自我弱势的局面，增进贫困户脱贫自觉和脱贫自信，使社会建设具备坚实的人才智力支撑。而社会建设的长效机制可在一定程度上消除乡村贫困亚文化长期存在的社会土壤，增进贫困户参与社会建设的主动意识，因此，社会建设水平的提升有助于实现贫困户精准脱贫的彻底性。最后，从生态维度来说，精准脱贫与社会建设的耦合机制表现在精准脱贫为社会建设改善生态存量，而社会建设倒逼精准脱贫的绿色化。精准脱贫可以通过相应的体制机制设计有效改善贫困人口因生计压力而破坏生态环境的情况，消除"穷人无环保"现象存在的自然社会条件，通过生态补偿和异地扶贫搬迁改善生态脆弱性地区的生态存量，使社会建设具备永续发展的生态基础。③ 而社会建设以满足人民群众日益增长的优美生态环境需要为基本条件，倒逼精

---

① 折晓叶、陈婴婴：《项目制的分级运作机制和治理逻辑——对"项目进村"案例的社会学分析》，《中国社会科学》2011 年第 4 期，第 126—148、223 页。

② 王宇、李博、左停：《精准扶贫的理论导向与实践逻辑——基于精细社会理论的视角》，《贵州社会科学》2016 年第 5 期，第 156—161 页。

③ 王晓毅：《绿色减贫：理论、政策与实践》，《兰州大学学报》（社会科学版）2018 年第 4 期，第 28—35 页。

准脱贫实现绿色化的提质升级，为精准脱贫中环境友好型的产业安排和污染产业的合理淘汰提供内在条件。总之，精准脱贫与社会建设可以表现为理论逻辑上的耦合状态，在经济、政治、文化和生态维度上可以实现精准脱贫和社会建设二者的相互作用和互相强化，精准脱贫和社会建设的有机衔接实质上是乡村物质文明、政治文明、精神文明和生态文明的逻辑统一。

三　精准脱贫与社会建设有机衔接的实践困境

党的十八大以来，中国脱贫攻坚取得显著成效，农村贫困发生率从 2012 年末的 10.2% 下降至 2018 年末的 1.7%，累计下降 8.5 个百分点。[①] 与此同时，随着脱贫攻坚进入后半程，部分地区脱贫实践过程中存在由于过于注重短期扶贫绩效，倚重物质脱贫，而在一定程度上忽视了社会建设的现象。这将给社会建设的有序推进带来潜在风险。具体困境表现在如下三个方面。

（一）在精准脱贫中存在过度扶贫倾向，可能诱发部分未脱贫地区基层社会秩序混乱

从政治维度上看，精准脱贫中过度物质扶贫阻滞社会建设的表现主要集中在基本社会秩序紊乱层面。主要表现在如下三个方面。首先，过度物质扶贫导致"养懒汉"风气。一些地方为了快速完成脱贫任务，产业扶贫异化为单纯的资产收益扶贫，贫困户未能参与产业发展。例如，吉林省某镇针对全镇 50 多个贫困户采取资产收益扶贫方式，即用 35 万元的产业发展扶持资金购买了 2 台玉米收割机，租给机械种植专业合作社使用，然后每年按照产业发展资金的 10% 的比例即租金 3.5 万元发放给贫困户。[②] 这类做法导致贫困户内生发展动力难以激发，不仅造成较为普遍的"养懒汉"风气，而且引起非贫困户特别是边缘贫困群体争抢贫困户的问题。据调查，在某地非贫困户因为争抢贫困户资格上访，能占到接访量的 80% 以上。[③] 其次，过度物质扶贫可能导致某些贫困村社会秩序紊乱。在脱贫攻坚实践中，扶贫资源的大量下移如果不能与村两委服务、组织能力相适应，将会引发严重的村庄治理危

---

① 陆娅楠：《2018 年农村减贫 1386 万人》，《人民日报》2019 年 2 月 16 日，第 1 版。

② 资料来源于 2018 年 7 月 15 日至 24 日笔者在吉林省某村所开展的案例调研。

③ 孙志平、李亚楠、李鹏、刘怀丕、孙清清：《非贫困村喊饿，非贫困户叫屈——"两个不平衡"拉响脱贫攻坚新警报》，《半月谈》2018 年第 2 期，第 28—30 页。

机。具体表现为如下三个方面。① 一是物质扶贫资源可能发生错位，"人情保"现象难以避免。四川省某贫困村，2018年低保人员只有49人，然而村委会上报的低保名单有67人，据调查，低保名单中多出的18人都是村委会主任的朋友和亲属。二是基础设施建设方面，该村由于村委会质量把控不严，水渠灌溉、村民饮水等扶贫工程多为豆腐渣工程，几乎不能使用；水泥路修建工程偷工减料，降低标准，一立方混凝土就少下水泥146公斤，存在重大安全风险。该村被村民称为"豆腐渣村庄"。三是扶贫产业发展方面，在政府支持下，该村积极发展农业生产性服务业助力脱贫。但是村委会与合作社互相推诿，导致该村6组村民35亩水稻无人收割，烂在地里，该组村民已经两年没有获得土地承包收入，极大损害了村民的利益。因此，村民联合起来多次去乡、县上访，严重影响了当地社会稳定。最后，过度扶贫导致贫困村与非贫困村之间发展失衡。在一些欠发达地区，贫困村与非贫困村在人均收入、基础设施和产业发展方面差距并不是很大。但在扶贫过程忽视贫困村与非贫困村之间发展的平衡，过度强调对贫困村的物质投入，致使两类村庄在获得政府投入方面存在巨大差距。据调查，西部某市2017年每个贫困村平均投入600余万元，深度贫困村可获得每年1000万元的投入，而非贫困村基本没有这些投入。② 由于连续数年的集中投入，部分"吃好了"的贫困村整体条件已经超过临近的非贫困村，导致"吃不着"的非贫困村干部和群众心态的极大不平衡，意见较大，有的联名上访，要求享受同贫困村相当的基础设施投入和产业支持政策。综上，过度物质扶贫可能引发贫困户与非贫困户之间、贫困村内部秩序以及贫困村与非贫困村之间的秩序紊乱，进而成为威胁社会稳定的潜在因素。

（二）在精准脱贫中践行"一脱了之"的思维，缺乏充分培育社会建设的长远动力

社会建设需要精准脱贫的资源条件作为发育社会的基础。因此，从经济维度上看，如果精准脱贫存在"一兜了之"或"一脱了之"，只要完成扶贫任务便大功告成的短视思维，社会建设的培育将缺乏长远动力。具体表现在如下方面。首先，精准脱贫未充分重视贫困户的意识能力建设，从而缺失社

① 资料来源于2019年1月23日至2月2日笔者在四川省某村所开展的案例调研。
② 刘书云、张斌：《脱贫攻坚中，"给"出来的社会矛盾不容忽视》，半月谈网，2018年8月9日，http://www.banyuetan.org/jrt/detail/20180809/100020003313499153377547311080545_1.html。

会建设的群体动力。精准脱贫未有效培育贫困户实现可持续生计的能力，贫困户难以主动承担社会建设的责任。目前的精准脱贫措施往往只能使贫困户的生活水平在短期内浮动到贫困线以上，具有极大的返贫风险，贫困户依然要为子女教育和老人赡养而担忧，难以调动其参与村庄社会建设的积极性。其次，在精准脱贫中只重视先期扶贫产业或基础设施设计，而忽视后期的扶贫产业或基础设施的维护。在前期集中大量资源和项目营造乡村扶贫产业或基础设施，但因缺少相应的管理维护制度，造成后期扶贫产业或基础设施废置，加剧村级债务和不良风险向贫困户转嫁的局面，制约基层社会建设。山东省某贫困村发展旅游产业，需要市、镇和村按 1∶1∶1 进行基础设施资金配套，在基础设施修建完成后，由于后期资金短缺和缺乏维护而导致基础设施损坏和废弃，未能有效发挥扶贫效益，村级债务不断积压，已经到了村集体难以偿还的地步，只能依靠向村民摊派解决村级债务。[①] 最后，精准脱贫中未充分统筹贫困户和集体经济的发展。在精准脱贫中只重视贫困户个体收益，而未从长远上积累集体经济组织发育的物质资源，造成集体经济统筹能力较低，难以应对扶贫产业可能出现的经营风险，无法有效实现对贫困户长远的社会保障。在地方扶贫指标的设计中，是否给予贫困户定期和足量的分红是硬性指标，但扶贫产业的收益并不能在短期内显现，在贫困户分红压力下难以为村庄集体经济的发育和积累留下足够的弹性空间。

（三）在精准脱贫中忽视社会建设的整体布局，加剧乡村不平衡不充分发展的矛盾

社会的政治、文化和生态建设均是社会建设中的重要内容，在精准脱贫中，如果忽视这些方面，将会加剧乡村不平衡不充分发展的张力。具体表现在如下方面。首先，在精准脱贫中重视个体的物质脱贫，忽视社会的政治建设。扶贫资源直接对户对人，未充分发挥村两委在扶贫资源统筹分配、贫困户识别管理和鼓励贫困户参与社会建设的引导功能，造成部分贫困户对扶贫资源依赖以及集体意识弱化的局面，同时缺失外部社会力量在扶贫和社会建设中的有效参与。调研发现，普遍存在贫困户只希望自己得到股份分红，而对村级治理事务不管不问的现象。其次，在精准脱贫中未充分考虑社会的文化建设。精准脱贫过于倚重短期性的实效成果，极大忽视贫困户的人力资本建设，未将扶贫与扶志扶智有机结合，从而产生贫困户虽已脱贫但仍不断滋

---

① 资料来源于 2018 年 8 月 1 日至 15 日笔者在山东省某村所开展的实地调研。

生贫困文化伦理，可能会造成贫困户返贫以及社会对贫困户污名化的现象。陕西省某贫困村选择以养猪作为贫困户脱贫的措施，但猪苗发放给贫困户后，很多贫困户并不饲养，而是选择直接卖掉或吃掉，这些贫困户被扶贫干部视为"脱贫钉子户"，他们在村庄中名声很差，脱贫难度极大，扶贫干部对此也无可奈何。① 最后，在精准脱贫中忽视社会的生态建设。产业扶贫设计仅考虑到贫困户的物质保障，未充分重视乡村社会的生态要求，盲目上马"散乱污"的扶贫产业，从而加剧农村生态污染，破坏农村人居环境，造成农村产业发展和生态环境的不协调。例如河北省某贫困村选择养猪业作为扶贫产业，但未配套相应的禽粪综合处理设施，结果导致恶臭四溢，禽粪直排河流，污染农民生活用水。② 总之，精准脱贫未纳入社会的组织、文化和生态建设的整体布局，将会强化乡村不平衡不充分发展的矛盾，加剧乡村振兴战略的实施难度。

四　精准脱贫与社会建设有机衔接的路径选择

可以预见，在后期的精准脱贫实践中，重物质脱贫轻社会建设现象还将继续存在，这将对农村社会稳定、社会建设长远动力培育和社会建设整体布局优化造成极大挑战。为此，应该从以下三个层面进行改进。

（一）精准脱贫中应该重视非贫困户和非贫困村发展，维护基层社会秩序

精准脱贫政策不应过度关注贫困户和贫困村发展，而应协调推进非贫困户和非贫困村发展，维护相对公平，促进社会和谐。首先，在协同推动非贫困户与贫困户同步发展层面，对于贫困村内的非贫困户，特别是边缘贫困户，在特色产业发展、住房安全保障、金融贷款和社会帮扶等方面加大扶持力度，逐步缩小两类人群的补助标准。其次，在协调推进非贫困村与贫困村共同发展层面，对贫困区域内非贫困村，在基础设施修建、公共服务提供、产业发展扶持、易地移民搬迁、社会帮扶和人才政策方面提高标准，缩小与区域内贫困村的差距，实现区域内整体脱贫。再次，加强顶层设计，鼓励基层政府创新。明确出台有针对性的协调推动非贫困户和非贫困村发展的政策

---

① 资料来源于2018年5月8日至15日笔者在陕西省某村所开展的案例调研。
② 资料来源于2018年6月18日至25日笔者在河北省某村所开展的案例调研。

措施，赋予基层一定的灵活度，因地制宜探索解决办法。最后，无论是贫困村，还是非贫困村，均应该加强基层村两委建设，推进扶贫资源的大量下移与村两委服务、组织能力提高相适应。

（二）精准脱贫应该着眼于长远规划，培育社会建设长远动力

精准脱贫应该着眼于长期规划，培育社会建设长远动力。具体表现在如下方面。一是精准脱贫中应该着力开展贫困户的意识能力建设，培育主体意识；通过创新自助扶贫方式提高其自觉意识。在产业发展上，无论是产业规划设计阶段，还是规划实施阶段，抑或是产业绩效测评阶段，都应该创新农户参与机制，保障农户的知情权和参与权，提高农户参与村庄产业发展的积极性、主动性和创造性。① 二是科学规划，建立可持续的政策扶持机制；坚持农业农村优先发展原则，针对已有一定基础的扶贫产业或基础设施修建工程，应该优先配置项目、人员和政策，建立产业后续维护机制，完善产业支持政策，实现从"产业扶贫"到"产业兴旺"的过渡。三是统筹贫困户精准脱贫与集体经济的发展相衔接。在坚持"三变"改革的思路下，通过建立股份合作、保底＋分红等利益联结机制密切贫困户与村集体的关系，实现贫困户与集体经济的共同发展。

（三）将精准脱贫纳入社会建设整体布局，促进精准脱贫和社会建设协调统一

精准脱贫应通盘考虑社会建设的各个方面，实现精准脱贫与社会的政治建设、文化建设和生态建设的有机统一。首先，实现个体的精准脱贫与社会的政治建设相统一。引导政策和资源下移充实村两委的力量，发挥村两委在扶贫资源分配、贫困户识别管理以及调动贫困户参与社会建设的积极功能，同时大力鼓励外部社会力量如返乡人才、社工团体和企业等参与扶贫和社会建设。其次，实现精准脱贫与社会的文化建设相统一。积极创新教育扶贫形式，对贫困户进行职业技术教育和优先就业安置，增强贫困户可持续生计能力，让贫困户实现劳有所得、劳有所乐，彻底消除贫困文化和贫困户污名化滋生的社会土壤。最后，实现精准脱贫和社会的生态建设相统一。扶贫产业设计应充分考虑乡村社会的生态环境承载力，鼓励布局诸如有机种养殖的环

---

① 豆书龙、叶敬忠：《乡村振兴与脱贫攻坚的有机衔接及其机制构建》，《改革》2019 年第 1 期，第 19—29 页。

境友好型扶贫产业，对扶贫产业外溢的环境污染应进行综合治理，有步骤地淘汰一批"散乱污"的扶贫产业，实现扶贫产业发展和生态环境改善的有机协调。总之，精准脱贫应设计一揽子的措施实现与社会建设各个方面的有机衔接，为乡村社会高质量发展和乡村振兴战略的实施奠定基础。

五　结论和讨论

党的十八大以来，扶贫开发和精准脱贫上升到治国理政的高度，事关全面建成小康社会全局。精准脱贫政策实施以来，减贫成效显著，村民贫困差距缩小，社会建设整体上取得巨大进步。然而在决胜全面建成小康社会的关键时刻，精准脱贫可能异化为过于关注物质脱贫，而忽视社会建设，进而引发诸多问题。因此，研讨精准脱贫与社会建设之间的关系及其衔接路径，具有重大的理论和现实意义。从理论上讲，精准脱贫和社会建设有机衔接的逻辑总体呈现为以精准脱贫嵌入乡村社会为条件，而"以人民为中心"价值理念的一致性、现实要求的互需性以及具体内容的耦合性构成了精准脱贫与社会建设有机衔接的具体理论逻辑内容。从衔接实践上看，部分地区脱贫实践过程中存在由于过于倚重物质脱贫，可能诱发部分未脱贫地区基层社会秩序紊乱，社会建设培育缺乏经济基础、可持续发展动力缺失、社会建设整体布局有待优化、乡村发展不平衡不充分矛盾加剧等问题，进而威胁社会建设的有序推进。据此，精准脱贫与社会建设有机衔接的路径在于重视非贫困户和非贫困村发展、着眼于长远规划和优化社会建设整体布局三个层面。

然而，需要特别指出的是，精准脱贫和社会建设的有机衔接并非意味着精准脱贫和社会建设二者具有同样的实施序列。在二者的关系中，精准脱贫作为阶段性的政府行为只具有程序意义上的合理性，重在以精准脱贫的工具理性推动社会建设，社会建设是精准脱贫的实质目标。因此，精准脱贫应转变思路，从侧重个体化和物质化的扶贫深入综合性社会建设的底层。而在新时代背景下，党的十九大提出"实施乡村振兴战略"，乡村振兴战略通过农业、农村、农民和农地等系统的优先性和综合性部署改造农村社会结构，推动城乡社会结构和关系的总体性变革。[①] 社会建设与乡村振兴在某种程度上具有内容共融性和方向一致性，或者说乡村振兴是当下社会建设的"时代反

---

① 叶敬忠、张明皓、豆书龙：《乡村振兴：谁在谈，谈什么？》，《中国农业大学学报》（社会科学版）2018 年第 3 期，第 5—14 页。

映"。据此，在迈向乡村振兴的历史抉择关口，如何实现精准脱贫与乡村振兴的"同频共振"成为亟须探讨的时代命题。具体而言，一方面需要回答乡村振兴如何利用精准脱贫的有益经验实现其稳步推进，另一方面需要回应精准脱贫如何借助乡村振兴所带来的重大机遇、政策和资源实现其真正可持续脱贫等问题。这些都是未来值得深入探讨的理论和实践问题。

贫困治理：从技术精准到益贫发展[*]

王晓毅[**]

摘　要： 贫困治理的核心问题是提高扶贫资源的使用效率，这包含三个要素：精确的目标瞄准、明确的扶贫责任和有效的扶贫措施。中国从 1986 年开始大规模反贫困以来，已经逐渐形成以贫困群体为目标、政府主导、开发式扶贫的贫困治理机制。精准扶贫完善了中国特色的贫困治理机制，并为 2020 年实现现有标准下贫困人口脱贫提供了坚实的保障。然而，这种贫困治理机制也面临一系列问题，如目标群体识别困难以及目标群体与收入相近群体之间在扶贫资源获取等方面的不平衡，扶贫中贫困人群主体意识不强和贫困人群的标签化，以及在扶贫攻坚中巨大的人力物力投入的可持续性和扶贫效果难以评估，等等。在 2020 年现有贫困标准下的贫困人口实现全部脱贫以后，中国的扶贫政策需要深化精准扶贫中的"五个一批"策略，完善以解决社会问题为导向的公共政策，强调以发展增进社会公平，通过贫困影响评估等手段，推动益贫发展。

关键词： 贫困治理；精准扶贫；益贫发展

在中国实施专项扶贫的背景下，贫困治理所关注的是建立有效的机制以解决"帮扶谁、谁来扶和怎么扶"的问题。中国 30 多年的扶贫实践中，扶贫治理在技术层面的进步明显，目标瞄准机制逐步完善，越来越多的机构负有明确的帮扶责任，帮扶措施日益成熟，这为 2020 年实现全部农村贫困人口同步进入小康社会提供了有力保障。随着农村绝对贫困问题的解决，贫困治理机制的内在问题也逐渐显现出来，如目标群体识别困难以及目标群体与

---

[*] 本文系教育部哲学社会科学研究重大课题攻关项目"贫困治理效果评估机制研究"（项目批准号：16JZD025）和中国社会科学院哲学社会科学创新工程所级研究项目（2016）"农村公共事务治理"的阶段性成果，原载于《宁夏社会科学》2017 年第 5 期，收入本书时有修改。

[**] 王晓毅，中国社会科学院社会学研究所研究员。

收入相近群体之间在扶贫资源获取等方面的不平衡，扶贫中贫困人群主体意识不强和贫困人群的标签化，以及在扶贫攻坚中巨大的人力物力投入的可持续性和扶贫效果难以评估，等等。在 2020 年现有贫困标准下的贫困人口实现全部脱贫以后，中国的扶贫政策需要深化精准扶贫中的"五个一批"策略，完善以解决社会问题为导向的公共政策，强调以发展推动社会公平，通过贫困影响评估等手段，推动益贫发展。

一　中国特色的贫困治理机制

随着精准扶贫的深入，贫困治理的概念在多重意义上被越来越广泛地使用。概括起来，贫困治理的研究大体上循着三个方向进行：第一，贫困治理相当于反贫困，治理的对象是贫困，那么贫困治理的结果也就是消除贫困。比如林闽钢、陶鹏早在 2008 年在对中国 30 年的反贫困进行回顾和前瞻的时候就使用了贫困治理的概念。① 第二，贫困治理是在扶贫过程中形成的机制，典型的如黄承伟和覃志敏在讨论贫困治理体系时更多地关注了目标瞄准机制的转变②，覃志敏在讨论民间组织参与贫困治理时比较多地分析了民间组织是如何参与扶贫的③。第三，将贫困治理看作反贫困的战略、目标和方式的集合，如张琦结合未来中国农村贫困格局的变化，指出中国需要从战略、目标和反贫困措施等方面重新建构新型的反贫困治理体系。④ 第四，将社会治理的概念引入扶贫中，强调贫困治理的多元主体参与，批评扶贫中政府主导的自上而下扶贫方式。如王春光认为开发式扶贫的扶贫效果不明显是因为自上而下的扶贫策略忽视了多方社会主体的参与和共享的社会治理⑤，而高飞、向德平等人强调将多元治理的概念引入精准扶贫⑥。

贫困治理概念的提出反映了中国扶贫的特殊性。20 世纪 80 年代，中国

---

① 林闽钢、陶鹏：《中国贫困治理三十年回顾与前瞻》，《甘肃行政学院学报》2008 年第 6 期，第 51—56 页。

② 黄承伟、覃志敏：《我国农村贫困治理体系演进与精准扶贫》，《开发研究》2015 年第 2 期，第 56—59 页。

③ 覃志敏：《民间组织参与我国贫困治理的角色及行动策略》，《中国农业大学学报》（社会科学版）2016 年第 5 期，第 89—98 页。

④ 张琦：《减贫战略方向与新型扶贫治理体系建构》，《改革》2016 年第 8 期，第 77—80 页。

⑤ 王春光：《社会治理视角下的农村开发扶贫问题研究》，《中共福建省委党校学报》2015 年第 3 期，第 5—13 页。

⑥ 高飞、向德平：《社会治理视角下精准扶贫的政策启示》，《南京农业大学学报》（社会科学版）2017 年第 4 期，第 21—27 页。

开始专项扶贫，经过 30 多年的扶贫实践，扶贫对象、组织机构和帮扶方式都形成相对独立且完整的体系。贫困治理关注这一体系如何更有效地发挥作用。在中国的扶贫实践中，贫困治理体系中目标人群的确定、帮扶力量的配置和帮扶措施的完善三个方面形成了中国经验。

（一）形成以贫困线界定扶贫对象的规模、多种机制并存的目标瞄准机制

中国从 20 世纪 80 年代开展大规模的专项扶贫，先后三次制定和更新了贫困线。第一次公布的贫困线是在 1986 年，通过农民人均纯收入 206 元的标准这条贫困线，确定了农村贫困人口规模为 1.25 亿。这条贫困线的确定是基于农民每天维持生存的最基本食物需求制定的，非食物消费只占 15%。2000 年，在测算贫困线的同时公布了低收入线，低收入线是在降低食品支出比例的基础上测算的，非食品支出高于绝对贫困线 25 个百分点。2008 年，将低收入线作为中国农村的贫困线（1196 元）。贫困线的提高增加了贫困人口的数量，如在 2007 年，按照原有的绝对贫困线标准，农村贫困人口还有 1479 万，但是按照新的标准，贫困人口则增加到 4320 万。2011 年，农村贫困线提高到 2300 元，这比原有的贫困线提高了 92%，并使农村的贫困人口从 2600 万增加到 1.28 亿。

尽管通过贫困线确定了贫困人口的规模，但这是基于抽样调查推算的结果，并不能确定具体的扶贫对象，而要实施目标瞄准必须将扶贫的投入集中在贫困人群并将非贫困人口从受益对象中排除。保障贫困人群受益是贫困治理中最重要的内容之一。因为贫困人群无法被精确确定，那么将扶贫资源投放到贫困人口相对较多且社会经济发展水平较低的地区可以最大可能地提升目标瞄准精确度，增加贫困人群受益的可能。在实施专项扶贫之初，扶贫资源主要投向了贫困程度较深的中西部地区，特别是 18 个集中连片的贫困地区。但是由于区域所覆盖的面积较大且缺少执行能力，国定贫困县或扶贫重点县很快取代了连片贫困地区，成为扶贫投入的主要目标。

1986 年，中国基于农民人均收入 150 元的标准确立了 331 个国家级贫困县，对这些贫困县实施了特殊的扶持政策。1994 年实施《国家八七扶贫攻坚计划》，国家重点扶持的贫困县增加到 592 个。八七扶贫攻坚计划首次明确提出中央的财政、信贷和以工代赈等扶贫资金集中投放到国家重点扶持的贫困县。2011 年，国家公布了《中国农村扶贫开发纲要（2011—2020 年）》，确定了以 14 个集中连片贫困地区为主要扶贫目标的扶贫策略，国定贫困县和

片区贫困县合计达到 832 个。① 贫困县集中了大部分的贫困人口，国家以贫困县为目标实施反贫困政策，这至少有两个优势：首先，便于操作。县一级政府机构具有较完整的行政职能，在政府主导的反贫困中，以贫困县为目标的政策设计和政策执行可以更好地与现有的政府体制相结合。其次，由于贫困县农民人均收入较低且贫困人口比例较高，将扶贫的投入主要集中在国定贫困县可以提高贫困人口受益的可能。但是由于扶贫资源高度集中于贫困县，且随着中央政府在扶贫方面的投入增加，贫困县与非贫困县之间的扶贫资源差距继续扩大，由此导致争抢贫困县的帽子，已经进入贫困县名单的县希望继续成为贫困县，而非贫困县则努力加入贫困县的行列。

随着国家在扶贫重点县持续的扶贫投入，贫困人口分布发生了变化，在进入 2000 年以后，只有 55% 的贫困人口集中在扶贫重点县，如果扶贫仍然以国家级贫困县为目标就意味着 45% 的贫困人口不能得到来自中央政府的各项扶贫政策和扶贫资源的支持。因此，《中国农村扶贫开发纲要（2001－2010 年）》中提出了整村推进的战略。② 整村推进有两个含义。首先是识别出 14.8 万个贫困村，国家的扶贫资源将优先投入这些贫困村。其次，在贫困村中要整合不同的资源，基于自下而上的村级扶贫规划，对贫困村的特色产业发展、基础设施改善、公共服务水平提高进行整体的帮扶。整村推进是对扶贫重点县体制的进一步深化，改善了扶贫的目标瞄准机制。据测算，当时 80% 的贫困人口集中在贫困村中，整村推进不仅可以覆盖到非贫困县的贫困人口，而且避免了贫困县内非贫困人口享用扶贫资源。然而，在整村推进的实施过程中，由于资金的限制，许多贫困村虽然实施了整村推进，但是贫困问题尚未解决，在贫困村的发展中如何使贫困户受益，仍然存在问题。③

不管是国定贫困县或整村推进都在于扶持贫困人群，采取切实措施保障扶贫资源落实到贫困户一直是中国扶贫的目标。《中国农村扶贫开发纲要（2001－2010 年）》强调扶贫到村到户，特别是扶持贫困户生产的资金、金融扶贫的小额信贷资金、对贫困户的培训和产业支持要落实到户。将统计学意义上的贫困人口转变为扶贫目标，是一个颇为复杂的过程，因为通过全部

① 檀学文、谭清香：《贫困县发展评价与退出策略》，载于李培林等主编《中国扶贫开发报告（2016）》，社会科学文献出版社，2016，第 228—251 页。

② 田永胜：《以"整村推进"提高扶贫成效——访国务院扶贫办主任刘坚》，《光明日报》2005 年 5 月 30 日，第 5 版。

③ 财政部农业司扶贫处：《整村推进实施过程中绝对贫困人口扶持问题》，《农村财政与财务》2005 年第 6 期，第 5—8 页。

农户的收入普查识别贫困户，至少在目前还无法做到。贫困户的识别基本是在村庄的层面上，通过乡村干部和村民协商产生贫困户名单。早在21世纪的第一个十年就提出了建档立卡的工作安排，但是由于任务繁重且缺少相应的经费支持，农村贫困人口建档立卡的工作直到进入精准扶贫时期才完成。建档立卡不仅最终实现了对贫困户的精确识别，而且分析了贫困户的贫困原因，设计了帮扶措施。

通过确定贫困线以确定贫困人口规模，并通过在连片贫困地区以及国家级贫困县、贫困村和贫困户的识别，保障扶贫资源最大限度地惠及贫困人口，是中国贫困治理的首要机制，在此基础上，形成了政府为主、社会力量广泛参与的扶贫动员机制和以开发式扶贫为主、多种扶贫手段综合发挥作用的扶持机制。

（二）形成了政府主导、各部门和各地区配合、广泛社会动员的扶贫责任机制

中国扶贫开发的重要特点是政府主导，各级政府承担了扶贫的主要责任。为了统一协调贫困地区发展，1986年成立了国务院贫困地区经济开发领导小组，1993年改名为国务院扶贫开发领导小组，成员单位也从16个增加到28个。领导小组及其下设的办公室承担了全国扶贫的政策制定和项目协调工作，在扶贫领导小组协调下，扶贫领导小组的成员单位从本部门工作出发，制定了相应的扶贫政策和扶贫纲要，比如教育部门针对贫困家庭的学生出台了相应的政策，残联组织针对残疾人的贫困问题制定了相应的帮扶措施。在扶贫行动中，各级政府承担了不同的责任，并通过《脱贫攻坚责任制实施办法》将"中央统筹、省负总责和市县落实"原则明确下来。中央政府多次承诺解决中国的绝对贫困问题，如在"八七扶贫攻坚计划"中承诺用7年时间解决8000万贫困人口问题，在建设全面小康社会中承诺在2020年解决现行标准下贫困人口脱贫问题。为了实现上述承诺，中央财政的扶贫资金不断增加，仅在2010年到2016年间，中央财政扶贫资金就增长了2倍，从220亿增长到670亿。[①]

除了从中央政府到地方政府这样一条纵向的扶贫机制以外，我国还建立了横向的"对口帮扶"机制，即国家部委、军队和社会团体、国有企业以及东部经济比较发达的省市与中西部贫困地区的贫困县或地区结成对口帮扶关

---

① 国务院新闻办：《中国的减贫行动与人权进步》（白皮书），2016年10月17日。

系，提供资金、技术、人力的支持，帮助被帮扶地区实现脱贫。"对口帮扶"的策略也被地方政府所借鉴，形成了贫困地区内部的对口帮扶关系，大量贫困村和贫困县都有对口帮扶机构，通过帮扶机构扩展了扶贫资源。据《中国的减贫行动与人权进步》，320 个中央单位均承担定点扶贫任务，所有 592 个国家扶贫开发工作重点县都有相应的帮扶单位。"十二五"期间，中央单位共向 592 个重点县选派挂职干部 1670 人次，投入帮扶资金（含物资折款）118.6 亿元，帮助引进各类资金 695.8 亿元，组织劳务输出 31 万人次。在东西部对口帮扶中形成了许多扶贫经验，例如受到广泛关注的闽宁经验，福建省从 1996 年到 2015 年援助资金超过 10 亿元，投资 800 多亿元，对宁夏的扶贫发挥了重要作用。

中国的扶贫具有广泛的社会参与性。在中国扶贫过程中出现了一些影响较大的以扶贫为目标的社会组织，它们有的从事某一领域的扶贫工作，如以解决贫困家庭青少年教育问题为目标的青少年发展基金会，也有从事综合减贫的社会组织，如扶贫基金会。同时，也有许多草根民间组织和国际非政府组织的参与。随着中国经济发展，许多企业通过捐赠或直接参与的方式，也大量介入扶贫中。民间组织在扶贫中发挥了三个方面的作用：第一，资金动员，通过向社会筹集资金支持扶贫。第二，推动扶贫手段的创新，在提供资金支持的同时也提供新的扶贫方式，比如在农村发展中广泛应用的参与式扶贫和小额贷款是通过许多民间组织在基层的扶贫实践推广的。第三，民间组织发挥专业优势，在一些扶贫领域做出了重要的贡献，比如在教育扶贫、金融扶贫、医疗扶贫等领域，都有许多民间组织从事专业的工作，典型的如青少年发展基金会开展的贫困地区学校营养餐的计划。

政府主导的扶贫开发具有两个特点：第一是明确的责任制。从中央到地方，以及参与扶贫的部门，扶贫的责任越来越明确。通过层层的目标责任分解，扶贫的任务被分解到各级政府，以及每一个参与扶贫工作的干部身上。这为扶贫任务的评估和问责奠定了基础。第二是扶贫模式的可复制性。由于政府承担了扶贫的主要责任，因此一些有效的扶贫模式可以被迅速地复制，从而加快了扶贫和脱贫的速度。

（三）形成了以产业发展和劳动力外出务工为主要内容的扶贫开发模式

在目标瞄准、政府主导和社会广泛参与的基础上，中国形成了开发式扶贫的扶贫方式。开发式扶贫就是"以经济建设为中心，支持、鼓励贫困地区干部群众改善生产条件，开发当地资源，发展商品生产，增强自我积累和自我发展能力"①。实现开发式扶贫，需要解决资金投入、基础设施、劳动力技能以及市场进入等一系列复杂的问题。政府主要通过增加财政扶贫资金、提供优惠的信贷资金支持农村贫困群体发展生产，包括发展种植和养殖业，以及从事运输、贸易等非农产业。比如为了支持贫困户发展生产，政府采取了补贴利息、提供担保等手段，鼓励金融机构向贫困农户发放小额贷款。为了改善贫困地区的生产生活条件，政府提供资金改善贫困地区的道路、水利、通信等基础设施，并对农户提供技术培训，提高农户自我发展能力。对于一些经济作物的种植和养殖，政府提供直接的资金支持，典型的如一些地方发展温室蔬菜生产，政府为贫困农户建设温室提供资金支持。为了推动贫困地区的农业与市场相连接，政府推动了多种农业组织形式的发展，如合作社等。以扶贫为目标的农业组织必须具有扶贫的效果，使贫困户受益，才能得到扶贫的政策优惠，比如只有贫困户达到一定的比例，扶贫资金和扶贫贷款才会对这些组织提供支持。

推动农民发展非农产业和实现非农就业也是扶贫的重要手段。特别是在农业发展机会有限的西部地区，外出打工是农村贫困人口迅速脱贫的有效手段，为此，政府提供了大量针对贫困农户的技能培训和劳务中介服务。

多数研究将扶贫的措施区别为两类：一类侧重发展生产，也就是开发式扶贫，这是以扶贫办为主的政府机构所从事的主要工作，通过各种有效手段促进贫困家庭通过开发式扶贫增加收入。一类侧重保障，由教育、医疗、民政等部门负责，主要是通过有效的社会保障手段解决贫困农户的教育、医疗、残疾和社会保障问题。所有这些措施在精准扶贫时期被归纳为"五个一批"，即发展生产、异地搬迁、生态补偿、发展教育和社会保障，不同的贫困户致贫原因不同，需要采取有针对性的扶贫措施。

二　贫困治理机制的完善及挑战

从 1986 年公布贫困线开始，中国的扶贫开发经过了 30 余年，包括目标瞄准机制、帮扶责任机制和扶贫资源动员与使用在内的贫困治理机制逐渐形成并完善。2013 年 11 月，习近平总书记首次提出精准扶贫重要思想。2014年 1 月，中共中央办公厅和国务院办公厅联合印发《关于创新机制扎实推进

---

① 国务院新闻办：《中国的农村扶贫开发》（白皮书），2001 年 10 月 15 日。

农村扶贫开发工作的意见》明确提出"建立精准扶贫工作机制"。2015 年底，中共中央、国务院颁布《关于打赢脱贫攻坚战的决定》，确定精准扶贫精准脱贫是打赢脱贫攻坚战的基本方略，中国进入精准扶贫时期。

精准扶贫实现了有效的扶贫动员，完善了扶贫治理机制，解决了过去扶贫中许多尚待解决的问题，实现了最大程度的扶贫动员。首先，建档立卡工作的完成实现了贫困户的最终锁定。扶贫系统早就有建档立卡的建议，但因为信息复杂和投入过高而一直没有实现，在精准扶贫时期投入了大量人力和物力，使每一个贫困户的情况都清楚地记录在扶贫的信息系统中。建档立卡的完成使扶贫资源集中于贫困户成为可能。其次，通过精准扶贫，各级政府被充分动员起来，责任制进一步明确，形成了贫困地区党政主要领导亲自抓、各级政府和部门全面参与的扶贫格局。大量企业、事业和行政部门通过"驻村帮扶"方式承担了扶贫的责任，大量党员干部通过"联系贫困户"的方式投入扶贫工作中。最后，在高度的政治动员下，投入扶贫的资源也在不断增加，不仅有更多的政府财政资金投入扶贫中，各种社会帮扶资金也在大量增加。

精准扶贫最大限度地发挥了政府主导的扶贫优势，通过层层传导、各级政府主要领导签署"军令状"的方式，各项扶贫措施被迅速落实，比如长期以来扶贫部门就希望通过整合贫困地区的各项资金以更好地发挥扶贫的作用，但是成效并不理想。开展精准扶贫以来，政府各个部门都承担了扶贫的责任，到 2017 年，贫困县涉农资金整合试点推广到全部 832 个国家扶贫开发工作重点县和连片特困地区县。再比如，过去的扶贫实践中有许多地区曾经派驻干部驻村帮扶，但仅限于部分地区，实施精准扶贫以后，各级组织部门和扶贫部门携手实现了对 14.8 万个贫困村驻村帮扶工作全覆盖。

但是这种以政府主导的贫困治理在扶贫实践中也遇到许多困难，一些深层问题也逐渐显现，实践中面临许多挑战，这些挑战主要体现在四个方面，即目标瞄准的准确性与合理性，贫困农户的标签化与主体性，脱贫的稳定性与投入的可持续性，数字化脱贫与扶贫效果监测。

（一）目标瞄准的准确性与合理性

准确地将贫困户识别出来是贫困治理的基础，为此在建档立卡中采取了村民参与、干部调查和外部监督等多种方式保证贫困户识别的准确性。尽管通过详细的调查以及回头看，建档立卡中人为的错误已经大大减少，通过人情和关系进入建档立卡的一些非贫困户被排除，但是这仍然不能解决两个问题。一是规模问题。由于一个村庄有多少贫困户是由上级扶贫部门下达的指标所决定的，而指标又是基于抽样调查的数据推算的，这必然与村庄的实际贫困情况存在差距，无论指标过多或过少，都会给村庄识别贫困户带来困难。调查中一些村庄反映，由于贫困户的数量是给定的，除了容易识别的绝对贫困户以外，还有许多与一般村民收入差别不明显的相对贫困户，且随着家庭收入的多元化，农民家庭的经济状况越来越不透明，因此对于贫困户的精准识别存在诸多困难。这是第二个问题。

农民的收入往往是不稳定的，很难被截然分为贫困和非贫困两组，在贫困与非贫困之间存在很大的模糊空间。特别是在贫困地区，农民的收入相差不多，且农户每年的收入会发生变动，但是精准扶贫要将扶贫的资源瞄准建档立卡的贫困户，防止扶贫资源惠及非贫困户。因此在现实中就出现经济状况相近的一部分农户因为被列入贫困户而获得强有力的支持，而另一部分被划入非贫困户则不能得到支持，造成村庄内部的不公平。在扶贫资源有限的情况下，这种不公平造成的影响还比较有限，但随着扶贫的力度增大，这种不公平感变得越来越强烈。过去村庄层面可以采取一些措施进行调整，比如一些情况相近的农户轮流做贫困户，但是随着精准扶贫的监督和检查更为严格，村庄层面的调整空间被大大压缩了。

在过去的 30 多年中，中国农村扶贫成就巨大，但是社会不平等在加剧，特别是收入不平等在扩大，农村居民内部的基尼系数在上升[1]，且低收入群体的收入增长乏力，这种状况表明，现有的贫困治理机制尽管有效地增加了贫困群体的收入，保障了他们的基本生存权利，但是因为非贫困户没有被惠及，造成低收入农户的收入增长乏力。

（二）贫困农户的标签化与主体性

清楚划定贫困户可能造成贫困户的标签化：一方面可能会造成贫困户的依赖心理，大家争抢做贫困户；另一方面可能会造成贫困户的污名化，形成与非贫困户的对立。

扶贫强调瞄准，只要进入扶贫的瞄准范围就意味着扶贫资源的自动进入，许多地方政府争抢进入贫困县。农户层面也同样，村民希望进入贫困户的名单，只要进入名单就可以得到帮扶。比如一般农户都面临贷款困难，但

---

[1]　徐勇、邓大才、熊彩云、佘纪国等：《中国农民状况发展报告 2012（经济卷）》，北京大学出版社，2013。

是进入贫困户就会有小额贷款支持；贫困户在孩子上学、就医等各方面都有优惠的政策。现在一些地方进行资产扶贫，就是将扶贫款以贫困户入股的名义投入公司中，公司定期给贫困户分红，只要公司不破产，贫困户就会有持续的收入。有如此多的优惠政策，不管是贫困县或贫困村，乃至贫困户，不愿意退出贫困的名单，也就是很自然的。部分贫困人群产生了"等、靠、要"的思想，被动地等待政府帮助脱贫，缺少主动脱贫的积极性。

对于贫困户来说，政府承担了扶贫的责任并设计了扶贫策略，自己在其中并没有太多的决策权，只能被动地接受政府的决策，有些贫困户坐等政府的支持，也有一些贫困户不相信自上而下的产业发展项目，不参加政府支持的产业项目，尽管表现不同，但都是"等、靠、要"思想。

当社会越来越多地将导致贫困的结构性因素归结为个人因素，如贫困户的懒惰、酗酒、不善于家庭计划等，就形成了贫困群体的污名化。在一些地方甚至将懒惰与贫困户直接联系起来，只要被认定为贫困户，那么不管他怎样的行为方式都会被解释为懒惰，比如外出打工不从事农业被解释为懒惰，留在家里不外出打工也被解释为懒惰，甚至妇女留在村庄中照顾子女也被认为是懒惰的表现。[1] 美国社会学家、人类学家奥斯卡·刘易斯就提出过贫困亚文化的问题，将贫困的原因归结为独特的生活环境和生活轨迹所形成的价值、信仰和行为方式。[2] 将贫困人口从主流社会中独立出来，变成一个被帮扶的群体，这很容易造成贫困群体的标签化。我们早年的一些调查发现许多农民并不喜欢被称为贫困户[3]，但是随着帮扶投入的增加，越来越多的人更乐于接受贫困户标签所带来的利益。

（三）脱贫的稳定性与投入的可持续性

大量资源的投入保证了扶贫目标的实现，但是难以持续。首先，大规模的人力资源投入难以形成可持续的机制。比如驻村帮扶中将近50万的党员干部投入扶贫第一线，并且通过严格的监督检查制度使他们认真做好扶贫工作。在这个过程中，一些驻村帮扶干部发挥了重要作用，但是也有一些干部缺少扶贫经验和扶贫资源，在驻村帮扶中作用有限。一些地方建立的党员干

---

① 张劼颖：《非农就业、劳务派遣与非正式劳动》，载于王晓毅等《生态移民与精准扶贫——宁夏的实践与经验》，社会科学文献出版社，2017，第207—210页。
② 董华、童星：《警惕"贫困亚文化"——江苏泗洪西南岗地区贫困问题的文化研究》，《生产力研究》2008年第16期，第124—125页。
③ 王晓毅、马春华主编《中国12村贫困调查（理论卷）》，社会科学文献出版社，2009。

部联系贫困户制度也面临同样问题，一些党员干部利用自身的优势帮助贫困户发展生产，解决贫困户面临的实际问题，切实帮助贫困户脱贫；但也有一些党员干部自身缺少扶贫能力，仅能给贫困户送去一些慰问品，并没有持续的扶贫效果。大量干部的驻村帮扶和党员干部联系贫困户产生了较高的成本，这些成本或者由帮扶单位承担，或者由党员干部自己承担，都面临可持续的问题。扶贫过程中的一些政策明显带有阶段性特点，比如"贫困县党政正职不脱贫不调整、不摘帽不调离"对于在实施精准扶贫过程中稳定干部队伍发挥了重要作用，但是这项政策也具有明显的时效性，即到脱贫摘帽为止。

其次，除了人力以外，扶贫的资金投入也是巨大的，仅"十三五"期间的易地搬迁扶贫约 1000 万人就需要 9000 多亿元的投入，这笔资金除了来自中央财政和农户自筹以外，还需要大量融资，并以政府债务的形式体现出来。而如此巨大的资金投入主要满足住房和安置区建设，要发展产业还需要更多的资金投入。许多中西部地区将精准扶贫看作一次"弯道超车"的机会，希望在大扶贫的基础上推动区域的经济发展，因此大规模推动贫困地区的基础设施建设和城镇化，并寄希望于土地财政可以偿还城镇化过程中的融资。有些地区将投向贫困户的信贷资金集中投向企业，通过政府的政策和信贷资金支持来发展产业，其中一些产业会因为缺少市场竞争力而不可持续。所有这些给扶贫的可持续性带来不确定性。

（四）数字化脱贫与扶贫效果监测

准确评估脱贫效果也面临许多困难。精准扶贫制定了严格的目标，要在 2020 年实现现行贫困线以下的贫困人口全部脱贫，关于贫困县、贫困村和贫困户的退出机制都做了明确的规定①，并建立了严格的第三方评估机制，但是由于农户脱贫的不确定性和监测技术很难实现完全精准监测，因此精准地评估脱贫效果也面临许多困难。

贫困农户的脆弱性和周期性导致脱贫的不稳定。开发式扶贫的核心是推动农民进入市场，但是小农的生产具有很大不确定性，因为市场波动和自然灾害而导致重新返贫的现象经常出现，脱贫并不意味着不再返贫。此外，贫困还具有周期性。对于低收入的农户来说，劳动力多的时候相对收入会比较高，劳动力较少的时候收入会相对较少，因此家庭的贫困也呈现周期性的特

---

① 张琦、史志乐：《我国农村贫困退出机制研究》，《中国科学院院刊》2016 年第 3 期，第 296—301 页。

点。这些不确定性带来了贫困监测的困难，短期的脱贫，甚至持续数年的脱贫并不意味着贫困家庭不会重新陷入贫困。除了贫困户会返贫，非建档立卡户也可能会陷入贫困。

在扶贫效果的监测方面也存在许多困难，如人口的流动、贫困户收入的不确定和不透明。村民之间相互熟悉是基于乡土社会，乡土社会被人口流动打破后，村民的收入越来越多样化，外出务工农民收入主要来自村庄之外，村民参与的评估并不能准确反映村民的生活状况。现在的监测技术仍然停留在从贫困户和社区成员获取信息，监测方法的不完善就会造成监测的不准确。比如第三方组织所聘请的评估人员往往不熟悉当地语言，无法将调查问卷的语言转化成贫困农户熟悉的语言，农民的不理解和隐瞒都会导致评估的不准确。

上述这些问题的存在并不能通过强化现有的贫困治理机制而得到解决，贫困治理在解决目标瞄准、责任、资源动员和投入的同时，也面临公平、主体性、可持续性和可监测性等问题。从上而下推动的扶贫需要详细的数据作为制定政策、采取扶贫行动和实施效果监测的依据，但是复杂的脱贫被简化为数字以后，在数据的采集和加工过程中可能会出现数字的失真。数字的采集和加工甚至可能脱离扶贫实践，成为一个抽象的指标，进而出现单纯的数字脱贫。①

三　贫困治理与益贫发展

中国贫困治理机制在资源动员和目标瞄准两个方面效果显著，提高了扶贫的效率，在解决农村绝对贫困问题方面发挥了重要作用。但是经过 30 多年的大规模扶贫，特别是精准扶贫的实施，以解决温饱问题为主要内容的扶贫攻坚任务已经完成，扶贫的宏观背景和目标都发生了改变，贫困治理的机制也面临巨大的创新需求。

（一）将扶贫纳入更广泛的公共政策中

作为世界最大的发展中国家，中国农村贫困问题长期表现为温饱问题，也就是收入低和食品不足。在 20 世纪 80 年代，反贫困的主要目标是增加粮食产量，解决贫困人口的吃饭问题。在 21 世纪之初提高了贫困线，已经将

---

① 王雨磊：《数字下乡：农村精准扶贫中的技术治理》，《社会学研究》2016 年第 6 期，第 119—142 页。

农民吃饭之外的部分消费需求包括进去。到 2011 年新的扶贫规划，提出"两不愁三保障"的目标，解决低收入家庭的教育问题、医疗问题、生态脆弱地区的生产条件改善等问题。

针对贫困的复杂成因，精准扶贫提出了"五个一批"的扶贫战略。"五个一批"战略将一般性的贫困问题进行精细划分，使贫困的概念超越了一般的收入和消费指标，指向了贫困家庭的特殊需求。比如收入相近的家庭，由于人口构成不同，一些家庭需要支付子女教育费用，一些家庭需要支付医疗费用，还有一些家庭可能存在残疾人口，那么即使他们的收入差别不大，生活状况却相差甚多，他们需要不同的公共政策覆盖，比如教育政策、医疗政策和残疾人保障政策，而不是一般的扶贫政策。

针对不同人群的公共政策可以更有效地解决目标人群所面临的困难。比如，针对贫困地区的学生营养餐的提供对于改善低收入家庭儿童的营养和教育，远比一般的扶贫措施能更好地发挥重要作用。再比如，促进残疾人的就业和社会保障，对于残疾人生活状况的改善会发生很大作用。在中国经济进入新常态以后，农民工的就业遇到很多困难，如果我们有促进农民工就业的政策，就会使农民工家庭避免因为失业而陷入贫困。

同时，针对不同群体的公共政策可以避免基于贫困线而形成的目标群体和非目标群体，避免因为目标瞄准而形成的不公平。当某些特殊群体的利益被保障且其困难得到有效克服，这些特殊群体也就获得了平等的发展权利。比如如果有相对完善的残疾人就业政策的保障，残疾人的医疗和康复得到保障，就可以让残疾人避免因为残疾而陷入贫困。

在温饱问题普遍得到解决以后，我们需要进一步深化"五个一批"扶贫策略，厘清贫困所产生的特殊原因，并采取更有针对性的公共政策以避免特殊群体陷入贫困。

（二）从以生存权为目标的扶贫到以发展权为目标的扶贫

长期以来，中国扶贫的目标首先是保障贫困人口的生存权，同时关注贫困人口的发展权。在过去 30 多年中，扶贫成果显著和收入差距扩大两种现象并存，这与高度瞄准目标群体、以解决生存问题为首要目的的扶贫策略有着内在的联系。随着以温饱为目标的扶贫任务完成，扶贫要更多地关注弱势人群的发展权，关注弱势人群如何从发展中更多地受益，推进社会公平。

首先，要关注社会弱势群体如何分享经济发展的利益，推动益贫的经济增长。益贫的经济增长意味着在经济增长过程中，贫困人群的收入增长速度要快于其他人群，这样才能逐步缩小差距，提高社会公平程度。① 而要提高公平程度，就不仅仅要关注经济增长过程中的收入分配，更要对于那些直接有助于增加弱势群体就业和收入的产业加以保护和发展，如手工艺产品开发、城镇的非正式就业和劳动力密集型产业是弱势群体的重要就业渠道，要使这些产业不会因为产业升级而被压缩或淘汰。在农业领域则要充分考虑外出打工困难的农村劳动力就业问题，保护他们不会因为农业现代化而形成新的失业。对于低收入人群从事小商小贩要加以保护，避免因为电商的大规模进入而瓦解农村的市场。

其次，要综合发挥公共政策的扶贫作用。随着中国进入中等收入国家，公共政策对社会的影响越来越大。大部分公共政策并非以扶贫为目的，但是如果有适当的政策设计，许多公共政策可以发挥扶贫的作用。比如草原生态奖补政策的目的在于保护环境，在政策设计之初并没有扶贫的目的，草原奖补完全按照牧民家庭的草原面积发放。但是在执行过程中发现，草原面积大的牧户的家庭状况通常比较好，且可以得到较高额度的补贴，而草原面积比较小的牧户通常比较贫困，却只能拿到很少的补贴。以草原面积为衡量单位的草原奖补政策拉大了牧户之间的差距。随后在部分省区第二期项目的实施过程中做了适当的政策调整，增加了小牧户的补贴额度，对草原面积很大牧户的补偿额度作出适当限制。经过政策的微调，小牧户的受益明显增加。②

最后，要发挥公共政策的扶贫作用，需要有效的"贫困影响评价"。《中国农村扶贫开发纲要（2011—2020 年）》提出，要对那些对扶贫工作可能产生较大影响的重大政策和项目进行贫困影响评价，但是这项任务一直没有完成。从世界银行等国际援助机构的经验来看，贫困影响评价有助于不断完善发展项目和公共政策，从而使经济发展和公共政策惠及更多贫困人群。③

精准扶贫的成效为扶贫政策的转型提供了可行性。随着贫困人口实现"两不愁三保障"的目标，贫困问题将会越来越显示出其多样性和复杂性，在这种背景下，需要经济发展和公共政策共同作用于反贫困，而不是将反贫困作为一个单独的政府工作目标。

---

① 周华：《益贫式增长的定义、度量与策略研究——文献回顾》，《管理世界》2008 年第 4 期，第 160—166 页。

② 张浩：《草原生态保护补助奖励机制的贫困影响评价——以内蒙古阿拉善盟左旗为例》，《学海》2015 年第 6 期，第 50—56 页。

③ 王晓毅、张浩、占少华、荀丽丽：《发展中的贫困与贫困影响评价》，《国家行政学院学报》2015 年第 1 期，第 79—85 页。

从生态贫困到绿色小康

——生态脆弱区的乡村振兴之路[*]

陈阿江　闫春华[**]

摘　要： 生态脆弱区过度放牧和滥垦滥伐致使生态退化，进而陷入"生态恶化—贫困加剧"的恶性循环。村庄精英依托血缘关系和亲缘关系组织村民用地方性知识开展植树造林，成功阻断了生态的恶化，利用农业技术集成，实践"高产饲料＋舍饲养殖"的新型农牧相结合模式，重建"生态—经济"系统的良性循环。最终，形成"林—农—牧"相互促进的生态农业，走上了生态、经济与社会良性运行的乡村绿色发展之路。

关键词： 生态脆弱区；生态贫困；绿色小康；农牧结合；乡村振兴

一　导言

2018 年秋冬，笔者在陕甘宁晋蒙等多省区实地考察，发现沿长城一线的农牧交错地带林草植被已有了较好的恢复，生计状态也比预期的要好，与此前生态环境恶劣、民众贫困的印象有比较大的反差。在几次出入毛乌素沙漠时，笔者发现，因大量的沙地被禁牧休牧，沙地植被逐渐恢复，少量的耕地被高强度开发后生产出了高产出的作物。这与笔者在科尔沁地区的研究似乎可以对接起来，促使笔者进一步深入研究农牧交错地带的生态与发展议题。

沿着 400 毫米等降水量线，中国大致可以分为西北游牧和东南农耕两个

　＊　本文系河海大学中央高校基本科研业务费项目"环境问题及其演变态势的社会学研究"（2019B34914）阶段性研究成果，原载于《云南社会科学》2020 年第 1 期，收入本书时有修改。

＊＊　陈阿江，河海大学公共管理学院教授；闫春华，河海大学公共管理学院社会学专业 2015 级博士研究生。

地区，长城（包括秦长城、汉长城和明长城）恰好是农牧交错的分界线，沿线是生态脆弱区。农牧交错生态脆弱区北起大兴安岭西麓呼伦贝尔，经内蒙古东南、冀北、晋北，直到陕北、鄂尔多斯高原，是中国半湿润农区与干旱、半干旱牧区接壤的基本上沿着 400 毫米等降水量线及向外延伸的过渡地带。因为是两种不同类型生态系统的交界过渡区域，农牧交错带对各个生态因子的变化极为敏感，具有典型的生态脆弱特性，主要表现在波动性强、敏感性高、适应性低和灾变性多等方面。① 不难看出，农牧交错生态脆弱区的乡村发展，最主要和最基本的问题是生态问题。相关研究也显示，中国脆弱生态环境与贫困之间有一定的相关性。特别是在地理区位、交通条件等较差的西部地区，脆弱生态环境与贫困之间高度相关，二者几乎为因果关系。②

生态脆弱区的贫困问题是生态、经济与社会交织的综合性问题。1987 年，世界环境委员会对撒哈拉以南地区的相关研究表明，没有其他任何一个地区更悲惨地承受着这种由贫困引致的环境退化的恶性循环痛苦，而环境退化又进一步导致了贫困。③ 几乎在同一时期，费孝通在内蒙古赤峰地区进行考察时也关注到了当地的生态失衡影响了地区经济发展。他认为，当地生态失衡主要源于"四滥"行为，即滥砍、滥牧、滥垦和滥采。滥砍：森林的砍伐量远远大于其生长量；滥牧：草场的载畜量超过其承受能力，超载放牧现象十分严重；滥垦：移民开荒耕种、广种薄收，陷入"越垦越穷、越穷越垦"的恶性循环；滥采：燃料和资源短缺促使人们砍树刨根、乱挖乱采药材等。④ 随后，费孝通在甘肃定西地区考察时也注意到植被破坏、水土严重流失等生态环境的恶化是地区贫困显而易见的原因。⑤ 马戎等人更是直接地指出：中国北部和西北部许多贫困地区之所以贫困，非常重要的一个原因就是当地的生态环境遭到严重破坏，导致自然资源匮乏，当地经济因此陷入恶性循环；为了维持生计，加大利用自然资源的力度，生态的进一步恶化又导致减产和贫困。⑥

从整体上来看，中国贫困地区普遍面临产业发展水平低、乡村发展动力不足、生态环境问题突出等问题。对此，学者们尝试提出一些解决策略。如赵曦在系统分析中国西部贫困地区可持续发展面临困难的基础上，提出了创

① 孙武：《人地关系与脆弱带的研究》，《中国沙漠》1995 年第 4 期。
② 赵跃龙、刘燕华：《中国脆弱生态环境分布及其与贫困的关系》，《人文地理》1996 年第 2 期。
③ 〔英〕戴维·皮尔斯、杰瑞米·沃福德：《世界无末日——经济学、环境与可持续发展》，张世秋等译，中国财政经济出版社，1996，第 313 页。
④ 费孝通：《费孝通文集》（第 9 卷），群言出版社，1999，第 496—497 页。
⑤ 费孝通：《费孝通文集》（第 10 卷），群言出版社，1999，第 157—158 页。
⑥ 潘乃谷、周星主编《多民族地区：资源、贫困与发展》，天津人民出版社，1995，第 2 页。

新扶贫制度、控制人口数量与提高人力资本投资水平、推进生态治理、强化社会服务等战略措施。[①] 义旭东、徐邓耀、曹明明、高云虹等人也从政策扶持、生态治理、社会保障等层面提出了西部地区可持续发展的对策。[②] 陈润羊等人基于西部地区的新农村建设问题，探讨了乡村建设该如何正确处理经济发展与环境保护关系的可行途径与模式，提出了整体上以"环境优先"为目标，以农村城镇化、重点区域、关键产业、农村空间"四位一体"协同推进的发展模式。[③]

综上所述，关于贫困地区该如何实现乡村绿色发展的问题，学者们大都从政治、经济、生态、社会等宏观层面提出了相关的解决策略，具有一定的价值，但总体而言缺乏针对性。对此，本文从相对宏观与微观相结合的层面入手，以科尔沁沙地这一典型生态脆弱区为例，采用经验研究与文献研究相结合的方法，分析这一地区贫困问题的生态根源，进而探讨该地区是如何突破生态恶性循环，并重新建立起"生态—经济"系统的良性循环的。

笔者对生态脆弱区环境与发展之间的关系问题关注已久。自 2001 年以来，陆续在内蒙古呼伦贝尔、集宁等地承接各类经济与社会发展项目，对当地的生态环境、社会、文化等较为了解；2018 年对阿拉善、毛乌素沙地等地进行实地考察，体会到生态脆弱区的最新进展情况。同时，选择科尔沁沙地辖区内一个村庄的生态治理为研究点，先后于 2015—2018 年在科尔沁沙地及其周边地区进行了 5 次田野调查，并采用参与观察及深度访谈等方法搜集到了大量的第一手资料。

二 生态维度的"贫困恶性循环"

讷克斯在讨论不发达国家的贫困问题时发现，资本形成不足是一个关键问题。就像个体一样，一个穷人因吃不饱饭而身体弱，身体弱导致他的工作效率低，然后就会变穷；反向来看，因为穷，就吃不饱饭，吃不饱饭就难以有效工作，如此循环往复。对于一个国家而言，也存在一组会起循环作用的力量，这组力量能使不发达国家永远处于贫困状态之中。如果把国家作为一

① 赵曦：《中国西部贫困地区可持续发展研究》，《中国人口·资源与环境》2001 年第 1 期。
② 义旭东、徐邓耀：《生态—经济重建：西部贫困山区可持续发展之路》，《青海社会科学》2002 年第 6 期；曹明明：《西部贫困地区可持续发展的模式初探》，《人文地理》2002 年第 4 期；高云虹：《我国西部贫困农村可持续发展研究》，《经济问题探索》2006 年第 12 期。
③ 陈润羊等：《西部地区新农村建设中环境经济协同模式研究》，经济科学出版社，2017。

个整体来看，也可以归纳出"一个国家因为穷所以穷"①，这就是不发达国家普遍面临的"贫困恶性循环"。

讷克斯认为，资本形成不足造成的"贫困恶性循环"，具体体现在资本形成的供给和需求两个方面。从供给方面来看，形成"低收入—低储蓄能力—低资本形成—低生产率—低产出—低收入"的恶性循环。从需求方面来看，形成"低收入—低购买力—低投资诱惑—低资本形成—低生产率—低产出—低收入"的恶性循环。② 不难看出，两个子循环系统的起点和终点均为"低收入"，核心是"低资本形成"。两个子循环的交织构成了贫困的恶性循环，呈现了贫困的生产与再生产过程。

"贫困恶性循环"理论主要指向的是不发达国家，认为在制度、经济、资源等总体情况变化不大的情况下，这些国家的贫困具有恶性循环的特点。贫困的恶性循环理论从"资本形成不足"这一核心要素出发，总结出了不发达国家之所以贫困的一般性规律，具有一定合理性和普适性。但就若干个具体的区域或人群而言，可能存在"贫困恶性循环"的特殊环节。比如，笔者在对三门峡移民贫困问题的研究中发现，移民贫困的主要根源是搬迁导致的问题。因为搬迁，移民失去了较为优质的土地，却没有因此而获得相应的补偿，随之出现了发展动力不足问题；因为搬迁，移民对迁入地的生产生活适应能力较差，这在一定程度上限制了他们的发展；因为搬迁，特别是多次返迁，原有的对移民生活起重要作用的血缘关系、亲缘关系和其他社会关系减少了，"未能随迁的乡土关系"③ 的减少导致移民的社会关系网络逐渐破碎，社会支持系统也随之变得越来越弱甚至消失了。总之，移民因搬迁而出现了发展资源匮乏、社会适应能力弱、社会关系网络断裂、社会支持系统消失等问题，最终陷入了贫困的恶性循环，即笔者所称的"移民贫困综合症"④。

从过去若干年的发展实践来看，生态脆弱区也陷入了"贫困恶性循环"，但这一区域普遍性贫困的主要原因是生态环境的恶化。对这一地区因环境恶化而引发的贫困恶性循环，笔者称之为"生态贫困"。图1展示了科尔沁地区"生态贫困"的演绎逻辑：第一，在放垦等政策的驱动下，大量外来农耕

---

① 〔美〕讷克斯：《不发达国家的资本形成问题》，谨斋译，商务印书馆，1966，第6页。

② 谭崇台主编《发展经济学概论》，武汉大学出版社，2001，第37—38页。

③ 陈阿江、朱启彬：《未能随迁的乡土关系——锦镇搬迁对商贸活动影响的分析》，《中国农业大学学报》（社会科学版）2016年第3期。

④ 陈阿江：《土地资源约束条件下的农村经济发展——三门峡库区个案研究》，《学海》2001年第2期。

人口集中移入牧区。人口增加以后，过度放牧和滥垦滥伐行为加剧，林草等原生植被遭到破坏，随之引发了土地荒漠化等一系列生态失衡问题。第二，生态环境的恶化致使农牧业产出下降，经济发展动力不足导致低收入，人们普遍陷入贫困状态。第三，为了养活不断增加的人口并维持基本生活需要，民众只能向自然界过度索取，增加开发强度，结果引发了严重的生态失衡问题。生态的恶化进一步约束经济发展，进而加剧贫困，最终陷入"生态恶化—贫困加剧"的生态贫困怪圈。

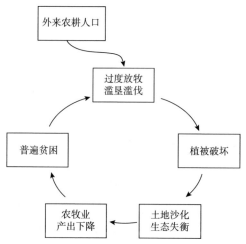

图1 科尔沁地区"生态贫困"的演绎逻辑

生态脆弱区的环境恶化，表面上看是人口增加所致，实质上是农牧系统之间的不协调造成的。传统的游牧是在大空间范围内实现生态良性循环的。牧民会根据水草等资源的分布情况划分出春夏秋冬不同营地，通过"四季游牧"方式维持草原生态系统平衡。可以说，在游牧传统中，对整体性的把握和调和的原则，自然地孕育了一套"人—草—畜"关系的生态哲学，而这种生态哲学又在一定程度上促使人们维护与自然的平衡。[1] 与游牧不同，农耕可以在村落甚至更小的空间范围内运转，追求的是定居、稳定。在相对封闭的小空间范围内，农耕人口的增加意味着需要开垦更多的土地。但受生产力水平和科学技术的限制，同时缺乏在使用中加以保护的意识，农民开荒耕种更多为一种广种薄收的对土地的掠夺方式。比如，农民将草场开垦为耕地以后，只能靠天吃饭，而恰恰"十年九旱"又是生态脆弱区的主要气候特征。

---

① 麻国庆：《草原生态与蒙古族的民间环境知识》，《内蒙古社会科学》（汉文版）2001年第1期。

受降水量、气候、温度等自然条件的影响以及不断的风蚀和侵袭，这块土地的地力很快就会被耗尽，而后开始沙化，最终演变成寸草不生的流动沙丘。于是，农民只能丢弃沙化土地、重新开辟新地，陷入"越垦越穷、越穷越垦"的恶性循环。

科尔沁沙地、毛乌素沙地等生态脆弱区的实际情况充分地展现了农牧系统之间的冲突。本文以科尔沁沙地为例进行说明。科尔沁沙地属于温带半干旱大陆性季风气候，沙地地带性和非地带性土壤交错分布，植被属于草原带的沙地植被。[①] 清朝中后期，随着陆续放垦，大量移民集中移入内蒙古东南部和南部地区[②]，其中科尔沁地区为一个重要的迁入地。以科尔沁沙地的主体区通辽市为例，乾隆三十五年（1770 年）地区总人口（主要为蒙古族）为 18.3 万[③]，而到了清末，地区总人口已经达到了 249.3 万[④]。这也就是说，经过百余年，跨越边界到达通辽地区的移民已高达 230 万。截至 1996 年，通辽地区总人口为 348.02 万。相应地，耕地面积也出现了近 810 万亩这一高峰值。[⑤] 村民开荒耕种的同时也在扩大养殖规模，超载放牧情况十分严重。如通辽地区草场的合理载畜量为每只羊占有草场面积 15 亩左右，1949 年每只羊可利用的草场面积为 30 亩左右，但到了 1991 年已经不足 4.5 亩。[⑥] 此外，为了解决燃料短缺问题，农民砍树刨根。总之，过度开垦、超载放牧以及滥砍滥伐等行为严重地破坏了科尔沁沙地的原生植被，植被盖度的降低引发了土地荒漠化[⑦]、沙尘暴[⑧]、旱灾与涝灾[⑨]等一系列生态失衡问题。生态的恶化严重影响了村民生计，从根本上限制了地区发展，造成贫困。而为了维持基本的生活需要并尽可能实现利益最大化，村民加大了开发力度，结果造成了植被破坏、气候变化、土地沙化等一连串生态问题，进一步影响了村民生计，加剧了贫困。1996 年，针对科尔沁沙地严重的生态恶化状况，国家考

① 吴正主编《中国沙漠及其治理》，科学出版社，2009，第 536—537 页。

② 宋迺工主编《中国人口（内蒙古分册）》，中国财政经济出版社，1987，第 178 页。

③ 王龙耿、沈斌华：《蒙古族历史人口初探（17 世纪中叶—20 世纪中叶）》，《内蒙古大学学报》（人文社会科学版）1997 年第 2 期。

④ 王士仁：《哲盟实剂》（复印本），哲里木盟文化处，1987，第 126 页。

⑤ 乌兰图雅：《科尔沁沙地近 50 年的垦殖与土地利用变化》，《地理科学进展》2000 年第 3 期。

⑥ 常学礼、鲁春霞、高玉葆：《人类经济活动对科尔沁沙地风沙环境的影响》，《资源科学》2003 年第 5 期。

⑦ 乌兰图雅、包玉海、香宝：《科尔沁地区的垦殖与荒漠化》，《中国草地》1998 年第 6 期。

⑧ 袁国波：《21 世纪以来内蒙古沙尘暴特征及成因》，《中国沙漠》2017 年第 6 期。

⑨ 包红花等：《科尔沁沙地近 300 年旱涝时空分布特征研究》，《干旱区资源与环境》2008 年第 4 期。

察队实地考察后提出了"沙化严重地带不宜继续居住，村民需要搬迁"的建议。河甸村①位于科尔沁沙地沙化严重地带，被列为首批生态移民村。

农牧系统之间的不协调实际上是社会系统和生态系统之间的冲突。在没有人为过度干预的情况下，生态系统内部可以进行有效的能量转换和物质循环，实现系统的动态性平衡。如果人们为了获取最大的经济收益过度扰乱生态环境，就会使生态系统恶化，进而影响人类的生存与发展。

三　阻断"生态—贫困恶性循环"

生态环境不仅是地方经济发展的重要依托，更是人们生存的首要基础。生态脆弱区生态环境的恶化直接影响着当地人及其后代能否在本地继续生存下去。因此，恢复植被进而恢复生态系统平衡是切断生态脆弱区贫困问题的优先之策。从前文的分析可知，过度放牧和滥垦滥伐等行为是造成科尔沁沙地等农牧交错区生态恶化的直接原因。按照常规理解，只要停止这些行为就会实现生态好转。但由于植被被过度破坏，仅停止这些行为已无法实现生态系统的自我修复，需要主动干预，以此来加快生态系统的恢复。科尔沁地区的实践显示，在控制过度放牧和过度开垦行为的同时，可以将植树造林作为突破生态恶性循环的关键。

河甸村是科尔沁沙地辖区内通过植树造林突破生态恶性循环的典型村庄。2018 年统计数据显示，村庄共有 305 户 836 人。村庄总面积 66150 亩，其中耕地 13300 亩，占土地总面积的 20.1%，草地与湿地 14850 亩，占土地总面积的 22.4%，林地 38000 亩，占土地总面积的 57.5%。村民以种植业和养殖业为生，种植业以玉米等粮食作物为主，养殖业为舍饲养殖。历史上，村庄所在的科尔沁沙地为水草丰茂的科尔沁草原。清末放垦以来，大量外来农耕人口移入，随着盲目开垦、过度放牧、过度樵采等人为因素及自然因素②的影响，村庄所在地区土地荒漠化面积不断扩大。到 20 世纪 90 年代中期，地区生态系统呈现整体性的衰退迹象。恶劣的生存环境使区域内的广大百姓深受其害，牧业日趋衰落，种植业收入微薄，村民生活日渐贫困。

1996 年，在科尔沁沙地生态环境十分恶化的情况下，为了免于因风沙

---

① 依据学术规范，村名已经过技术处理。

② 自然因素主要体现为降水减少。内蒙古通辽市若干旗（县）年降水量曲线显示，1950—1982 年降雨趋势以每年 8‰—23‰ 的速率减少。具体参见吴正主编《中国沙漠及其治理》，科学出版社，2009，第 539 页。

覆盖而迁移外地，河甸村村干部决定带领村民开展植树造林工作。根据村会计提供的信息，1996 年村内林地面积仅有 3307 亩，森林覆盖率不足 5%。虽然草地和湿地面积高达 35671 亩，占总土地面积的近 54%，但此时大部分草地已沙化，湿地面积也在不断缩小。经过长达 20 余年的植树造林工作，截至 2018 年，村内共有林地面积 38000 亩，森林覆盖率高达 57.5%（见表 1）。

表 1　河甸村不同时期不同类型土地使用情况

单位：亩，%

类型	1996 年	占比	2018 年	占比
耕地	19332	29.2	13300	20.1
林地	3307	5.0	38000	57.5
草地与湿地	35671	53.9	14850	22.4
荒地	7840	11.9	0	0
总面积	66150	100	66150	100

注：表中数据由河甸村村会计提供。村庄及道路等其他用地面积约 200 亩，1996 年村庄受风沙影响较大，所以这部分面积被统计在荒地面积内。到了 2018 年，农户房前屋后以及村内道路两旁都栽满了树，这部分面积被统计在林地内。由于其他用地面积占地很小，所以不再单独列出。

河甸村植树造林的整个过程并不是一帆风顺的。1996 年，国家考察队建议进行生态移民，但遭到了村民的拒绝。此时，村干部必须在中间予以调和，以做到既能妥善回应政府的意见又能有效安抚村民的情绪。就当时情况来看，摆在村庄面前的首要问题是选择"留下"还是"搬走"。对此，村干部进行了如下追问和思考：如果选择近距离搬迁，迁入地的土地等资源是否比迁出地丰富？村民的生存基础能否得到保障？如果村民继续沿用已有的生计模式，未来的某一时刻他们自己或子孙后代或许还会因为生态的恶化而不得不继续搬迁，那么搬迁的尽头在哪里？如果选择留下，他们首先要改善村庄的生态环境。当地村干部十分清楚，森林是村民赖以生存的基础和农牧业发展的保障。可是植树造林、改善村庄生态环境的成功概率又有多大？

针对河甸村村民强烈要求留下来的愿望，村干部随后对植树造林能否成功这一问题进行了探讨。探讨的重点是本地能否满足树木成活的基本条件。基于长期的本地生产生活经验以及以往的生态实践经历，村干部确信：村庄生态环境虽然在不断退化，但仍具备树木成活的基本条件。具体表现为：①原有植被生长茂盛。20 世纪 80 年代之前，草、乔灌木等植被生长茂盛，说明地区生态环境可以满足植被生长的基本条件。②水资源相对充足。20世纪80年代之前，人们挖10—20厘米深土坑便能见到地下水，由自然降水累积而成的水泡子水量也十分充足。到90年代末期，即使村内大水泡子面积在逐渐缩小，但小水泡子仍然能发挥浇灌树木等用水功能。③土壤条件良好。虽然流沙含水性较差，但刮掉表面20厘米左右浮沙后便可以见到湿土层，见到湿土后再挖坑栽树可以提高树木成活率。④本地树种的成活率较高。本地杨树具备耐寒、耐旱、耐贫瘠等特点，较为适合当地的降水量、温度、湿度、土壤等条件，不会出现"水土不服"问题。

判断植树造林具备较大成功概率后，村干部带领村民改善生态环境的信心增强了。综合权衡以后，河甸村村支书、村主任和村会计选择了以合作方式进行植树造林，并就如何动员村民植树造林达成共识。同时制定了植树造林的具体动员方案，即一亩荒山每年承包费用为2元，期限50年，所栽树木全部归村民所有。为了动员更多村民加入，村干部又通过熟人社会中的血缘关系、地缘关系、人情、面子等本土性资源开展了差序化动员工作，最终形成了包括三位村干部及其亲朋好友①共计12户家庭为主的植树造林"先锋团体"。而后，在国家退耕还林政策的推动下，大部分村民陆续加入退耕还林行列。

针对科尔沁沙地干旱少雨、土地严重沙化、沙尘暴肆虐等十分脆弱的生态条件，河甸村村民在实现积极的主体性参与②的基础上，充分挖掘生产生活中积累的"地方性知识"，并在植树实践中逐步总结出一套适合于当地生态条件的本土技术。具体内容为：①苗木选择与培育。村民重点选择两年或两年生以上的壮苗，移栽时根部带够湿土，提高成活率。②整地与挖坑。村民先刮掉表层浮沙，见到湿土后再挖坑栽树。③栽种与浇水。村民先往坑内浇一桶水，待水渗透到一半左右的时候，将树苗插入泥浆里，填土并踩实，而后再浇足水。④固定流沙。流沙容易加快水分蒸发，村民把秸秆、树枝等杂物抛撒在树苗周围，起到防护作用。

从科尔沁地区来看，持续性的生态治理工作取得了显著成效。第五次荒

① 村民的加入并不仅仅是受道德层面约束的结果。作为理性小农，他们更在乎并精于算计成本和收益问题。此时，他们非常确定的是：栽树成本不高。2元钱一亩荒山，树苗为本地杨树，剩余的人力可以忽略不计；栽树长远收益可观。如果将时间段拉长，少则5—8年，多则10—20年，树苗便都能陆续成材，潜在收益可观。

② 唐国建、王辰光：《回归生活：农村环境整治中村民主体性参与的实现路径——以陕西Z镇5个村庄为例》，《南京工业大学学报》（社会科学版）2019年第2期。

漠化和沙化监测结果显示，截止到 2014 年底，科尔沁沙地植被覆盖度 50% 以上的面积增加了 396 平方公里，沙地的扩展势头初步得到了遏制，沙漠化现状呈现整体逆转的良好态势。[①] 就河甸村来看，通过 20 余年坚持不懈的努力，目前，村庄土地面积的一半以上被森林所覆盖。大面积森林挡住了流沙，改善了区域内的湿度，调节了温差。生态环境的改善，夯实了生存基础，稳定了民心。由于森林的防护作用，湿地系统恢复，草场的沙化退化得到了有效遏制，村内的耕地也得到了保护。当民众明确意识到生态环境对经济发展具有促进作用时，他们更加积极地植树造林，并有意识地保护生态环境。

四　重建"生态—经济"系统的良性运行

对于生态脆弱区而言，生态环境保护与经济发展是交织在一起的。不同于一般地区，农牧交错生态脆弱区的经济发展既要以提升民众收入为目标，也要以保护环境为前提。因此，探索"环境友好型"的生计模式是解决贫困问题的根本之策。如果想实现生态和经济的互利耦合，需要全面转型这一地区的生计模式，进而实现农牧系统之间的有机结合。经过长期的实践，当地探索出了一种新型农牧相结合的"舍饲养殖"模式，以此代替延续已久的滥垦和滥牧行为。

仍然以河甸村为例加以说明。为了便于读者对当地有一个概略的了解，我们把河甸村 6 万余亩土地的功能加以区分，图 2 呈现了村庄功能区划的基本状况。约占总面积 80% 的是林地、草地和湿地，它们主要承担生态功能，为村民的日常生活和村庄的农牧业生产提供生态保障。耕地错落于林间，约占总面积的 20%。其中约 2/3 的耕地面积生产粮食，除少量食用，主要为村民提供现金收入，约占农牧业收入的一半；约 1/3 耕地的农产品作为牛羊饲料，最终以商品牛、商品羊的方式外销，养殖业收入约占村庄农牧业收入的另一半。在 1/3 的饲料地中，约 1/6 的耕地提供牲畜的精饲料（玉米），另 1/6 的耕地提供粗饲料（青玉米秸秆）。

舍饲养殖的发展具有革命性的意义。依托 4000 亩左右土地的作物产出，解决了全村牲畜（1500 余头牛和 2000 余只羊）饲料的需求，而这部分耕地

---

① 国家林业局：《中国荒漠化和沙化状况公报》，2015。

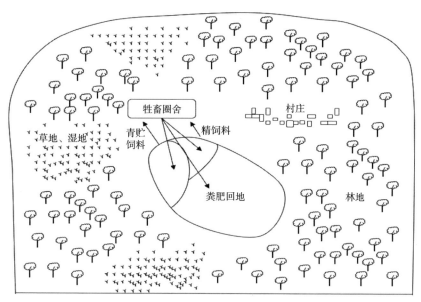

图 2　河甸村功能区域

仅占村庄总面积的 6% 左右。① 即使耕地依然对环境有一定的负面影响，但因为所占的比例很小，所以耕地对环境的总影响非常有限。这一小比例的面积替代（甚至超过）了早期草场的草料供应，使占总面积一半以上的草场得以休养生息，进而恢复其生态功能。

河甸村为何用较少的土地便可以解决所有牲畜的饲料问题？实地调查中了解到，近年来，为治理不断恶化的草原生态环境，科尔沁地区加大了禁牧和休牧等工作的力度。② 但为了实现"禁牧不禁养"的目标，当地也积极鼓励农户发展新型农牧相结合的"舍饲养殖"产业。从河甸村的实际情况来看，农户之所以能在少量土地上实现增产增收并较好地发展养殖业，是综合使用现代农业技术的结果。

首先，高产饲料地的培育。①发展电力灌溉技术。村民可以使用较为完

---

① 调查中了解到，2 亩土地（1 亩青贮玉米和 1 亩籽粒玉米）产出的饲料可以喂养 1 头牛，村内 1500 头牛需要配 3000 亩土地。另外，村内 2000 只羊需要配 2000 亩土地。由于还兼喂豆类作物秸秆、干草、豆粕等饲料，所以村内实际种植的喂养牲畜的青贮玉米和籽粒玉米的面积约为 4000 亩，占总面积的 6% 左右。

② 禁牧指长期禁止放牧，一般以年为期限。在科尔沁地区，禁牧区为严重退化或中度、重度沙化、盐渍化的草地。休牧又称季节性禁牧，指在一年的特定季节内禁止放牧。休牧是从牧草返青期（4 月初）开始到结实期（10 月初）结束。具体休牧时间各旗县据当地情况而定，但休牧期一般不少于 3 个月。

善的灌溉系统浇灌土地，摆脱了地区"十年九旱"和"靠天吃饭"的困境。②平整土地，广泛采用大型农机具。标准化的大面积平整土地为大型机器的使用（耕种、收割等环节）提供了便利，提高了劳动生产率。③有机肥的使用。目前村内所有牲畜的粪尿混合物几乎全部流回了农田系统，土地肥力随之增强。④高产种子的使用。村民专门购买生物产量高、纤维品质好的玉米种子，青贮玉米的亩产量可达 5000 斤左右，籽粒玉米的亩产量为 1200 斤左右。

其次，推广运用了青贮技术。通过将青玉米秸秆切短、压实和封严三步处理，可以将原本适口性差、质地粗硬的青玉米秸秆转化为柔软多汁、气味酸甜芳香、适口性好的粗饲料。经过发酵的青贮饲料为牲畜提供了丰富的蛋白质等营养元素。同时，饲料耐储存，保障了饲料一年四季的均衡供应。

此外，牲畜饲养技术也在不断提高。科学配比粗饲料和精饲料，促进牲畜生长；防病防疫等技术，则极大地降低了舍饲养殖的风险。

现代农业技术的运用促进了农牧业发展，实现了村民增产增收。以 2018 年为例，村内种植业和养殖业总收入约为 1469 万元。其中，养殖业的年总收入约为 725 万元[1]，占农业总收入的 49.4%，种植业的年总收入约为 744 万元[2]，占农业总收入的 50.6%，两者比例基本持平。按人口平推，农业人均纯收入约为 17572 元，但由于一部分年轻人外出务工，所以实际的人均收入是不均衡的。一般的中年夫妻，如果两人都从事农牧业生产的话，年收入在 10 万元左右。从生态系统恢复的层面来看，农牧充分结合以后的一个非预期效果是减缓了草场压力，保护了环境。

新型农牧结合的"高产饲料 + 舍饲养殖"模式是当地人因地制宜地利用和改造环境的创造性实践。其要点是：村民通过在少量土地上集中产出粗饲料和精饲料的方式为养殖业提供大量饲料，而牲畜的粪尿混合物则作为有机肥料流回大地，在农牧系统内部实现物质与能量的高效利用和转化，重新建立起了农业循环。[3] 在更大的尺度上看，村庄形成了"林—农—牧"相互促进的生态农业发展格局：大面积树林为种植业和养殖业的发展提供了基础和

---

① 2018 年村内共有 1500 头牛、2000 只羊。每头牛的年纯收入约为 3500 元，每只羊约为 1000 元。因此，养殖业的总收入为 1500 * 3500 + 2000 * 1000 = 725 万元。

② 村内共有耕地 13300 亩，其中约 4000 亩土地产出的粗饲料和精饲料喂牲畜，剩余 9300 亩土地产出的玉米基本出售。平均每亩玉米的纯收入为 800 元左右，种植业的总收入为 744 万元左右。

③ 陈阿江、林蓉：《农业循环的断裂及重建策略》，《学习与探索》2018 年第 7 期。

保障；受到林带保护的种植业发展较好，这不仅为养殖业提供了充足饲料，也为扩展养殖规模提供了资金基础；养殖业的发展增加了村民收入，同时为种植业提供了肥料。反之，种植业和养殖业得到有效发展后，村民生活水平不断提高，这又强化了当地人保护树林的认知、态度和行为。村内林业、种植业和养殖业三者相互促进、良性循环。

综上所述，河甸村经过长达 20 余年的探索与实践，成功突破了生态恶性循环，建立起了"生态—经济"系统的良性循环。"生态—经济"系统的良性循环具体包括生态系统内部的良性循环和经济系统内部的良性循环，以及两者相互交织的耦合循环。从生态系统内部的循环情况来看，森林、草原等植被逐渐恢复后，乔灌木层、草本层等组成的多元结构逐渐建立了起来，随之，由植物、动物、微生物等形成的生态系统逐渐趋于动态性平衡。从经济系统内部的循环情况来看，农牧充分结合以后降低了农户的生产成本，增强了村庄产业发展的内生动力，实现了村民增产增收。最终形成了"高收入—高储蓄能力—高资本形成—高生产率—高产出—高收入"和"高收入—高购买力—高投资诱惑—高资本形成—高生产率—高产出—高收入"两个子循环系统，实现了经济系统内部的良性循环。从两者之间的耦合循环情况来看，"林—农—牧"相互促进的生态农业既发展了经济也保护了环境，实现了"生态—经济"系统之间协同性、一致性和同步性的良性发展目标。

五 结论

西北、东南区域发展差异及人口的流动构成中国历史的重要议题。长城内外的游牧和农耕地区，交织演替着冲突与融合。从长时段看，当气候变干、变冷时，北方游牧族群不断南下，农耕线随之南移；当气候湿润、温暖时，特别是在南方人口大规模扩大的情况下，南方农耕族群则不断北上，农耕线随之北移。晚清以降，农耕区人口增加，加之朝廷政策放宽，大量农耕区人口北移西迁，农耕线也随之不断地北移西进。农耕人口移入以后过度垦伐，致使农牧交错地带的生态更加脆弱，形成生态性的贫困问题。

打破"生态的恶性循环"是解决问题的第一步。突破的办法可以归结为三个方面。首先是"禁"。"禁"主要指禁垦、禁牧和禁砍。目前生态脆弱区都严禁开荒、砍伐森林，部分牧区实行禁牧措施。其次是"休"。"休"分为两种情况。一是"生态自觉"的休歇。如内蒙古大部分地区积极践行国家出台的季节性休牧政策，草原生态得到恢复。二是"非农化的非预期后果"，主要是农村人口外流从事非农工作以后，缓解了人口对土地的压力，使土地得以休歇。最后是"植"，主要是植树、种草。从国家层面来看，陆续启动的三北防护林、退耕还林还草等工程已经取得了十分显著的成效。从民间实践层面来看，类似于河甸村的一些地方主动地开展了植树造林工作，改善了生存环境的同时也夯实了农业发展基础。此外，一些地区基于经济理性的考量，发展沙棘、甘草等产业，在增加经营者收入的同时，也收到了非预期的绿色外部性。

光有绿色还不够，还必须实现小康，只有绿色小康才是生态脆弱区的振兴之道。改革开放40多年来，国家的工业化、城市化不断推进，一部分劳动力转移到非农产业上，家庭收入显著增加。与此同时，一部分乡村劳动力的转移，使留在本地人口的人地矛盾大大减缓。相对于中原及东南沿海地区，农牧交错区的人均土地资源还是比较丰富的，如河甸村人均土地面积达79亩，人均耕地面积近16亩。因此，对于这一地区而言，只要有生态保障，发展农牧副业还是有较大潜力的。如一些地区利用农业技术集成发展了农牧相结合的舍饲养殖业，一些地区依托大面积的森林发展林下经济，一些地区利用沙漠资源打造并发展了以"沙文化"为主的沙疗、沙漠旅游等产业，等等。由此可见，这些地区只要利用好外部的优惠政策，根据地区优势匹配好特色产业，就可以实现既美丽又富裕的发展目标。

乡风民俗

"借礼行俗"与"以俗入礼":
胶东院夼村谷雨祭海节考察[*]

张士闪[**]

摘　要：近半个多世纪以来，胶东院夼村谷雨祭海节大致经历了从"借礼行俗"到"以俗入礼"的过程。借礼行俗，是指村民自觉地将地方传统贴近国家意识形态，形成"礼化之俗"以获得合法性；以俗入礼，则指国家通过对地方传统的甄别、遴选与调整，赋以不同层级的名誉和资助，纳入社会公共文化系统之中。二者发生的社会背景不同，操持方式各异，但均可视为中国传统社会中"礼俗互动"的延续。院夼村谷雨祭海节游走于地方之俗与国家之礼之间，是渔民因应国家历史进程，基于生计、信仰和民俗传统而发生的时移世易之变，其社区调谐功能与自身调适机制值得关注，或可借此推进对中国"社会性"的理解。

关键词：借礼行俗；以俗入礼；胶东院夼村；谷雨祭海节

观诸海内外关于中国之"社会性"传统的研究脉络，英国人类学家弗里德曼可谓里程碑式的人物。在他之前，注重"国家一统"者往往过于强调"礼制下行"的社会流向，而注重地方社会者则过于强调地方自治系统的发育过程与自主运行，由此形成了关于中国社会观察的某种偏狭。其极端者，在处理官与民、集权与民意之关系时，生硬切断两者关联，甚或着意强调两者之间的对抗，而轻忽中国社会中曾有的社会事实、政治智慧与话语形式。①

---

*　本文系山东省社会科学规划研究优势学科项目"中国文化的民间传承机制研究"（项目号：19BYSJ32）的阶段性研究成果，原载于《开放时代》2019 年第 6 期，收入本书时有修改。本文在写作过程中曾得到赵世瑜、耿波等先生的指点，并在与王加华、龙圣、李海云、朱振华等先生的讨论中受益良多，在此一并致谢。

**　张士闪，山东大学儒学高等研究院教授。

①　张士闪：《礼俗互动与中国社会研究》，《民俗研究》2016 年第 6 期。

弗里德曼从高延和葛兰言关于中国宗教体系的论争①中，看到"在表面的多样性之背后"，"存在一个中国宗教体系"②，而试图超越上述关于中国社会的两极化判断，寻找贯穿于中国社会各阶层的总体特征。

中国传统社会作为超复杂系统，其存在与运作必然不是"家天下"之集权专制的结果，而是自成一体的生活—文化系统，这应该成为中国"社会性"研究的立论基础与核心问题。在弗里德曼以后，史华兹、科大卫循此路径持续推进。史华兹不仅同意弗里德曼关于中国的精英宗教和农民宗教"都建基于共同的基础之上，代表着同一种宗教的两种版本"的说法，而且强调二者之间是"习惯用语式的互译"式的紧密关联，而且仅就文献记载中的民间宗教而言，"民间宗教的内容既不是简单同一的，也不是长期缺乏发展变化的，甚至也不缺乏自觉的反思……在'高层文化'和'民间文化'之间存在着经常性的、迁移性的相互作用"。由此，他对中国传统社会与文化的复杂性保持敬畏，甚至断言"迄今为止，关于中国民间文化的研究很难说已经真正开始起步"③。科大卫长期致力于中国本土田野调查，他将地方宗教、祖先祭祀、社区节日、民众文字传统、庙宇建筑等视作"有意义的礼仪标签"，试图以此"重建地方社会整合到中华帝国的过程"④。他在新近研究中特别强调从"地方社会与国家机构打交道的形式"认知中国社会历史进程：

　　　　国家对地方社会的影响，不一定是控制，也可以是地方社会很主

---

① "高延和葛兰言，每个人以自己的方式，指出了一种方式，使我们理解存在广大等级制的中国近代社会如何可能被认为在多种宗教形象之下潜存着一个单一的基础的宗教……都寻求中国宗教不同形式的根源，讨论其在中国社会不同阶层中的传播，但是高延在他成熟的著作中，是从一个精英—经典的视角开始的，从这一视角来看，其他的都是低劣的变异（精神性的宗派性运动除外），然而葛兰言是从所谓的农民起源出发建立起精英—经典版本……一个贬低了大众，另一个贬低了精英。"〔英〕莫里斯·弗里德曼：《论中国宗教的社会学研究》，李华伟译，载于金泽、李华伟主编《宗教社会学》第 1 辑，社会科学文献出版社，2013，第 246、236—237 页。

② 〔英〕莫里斯·弗里德曼：《论中国宗教的社会学研究》，李华伟译，载于金泽、李华伟主编《宗教社会学》第 1 辑，社会科学文献出版社，2013，第 232—233 页。

③ 〔美〕本杰明·史华兹：《古代中国的思想世界》，程钢译，江苏人民出版社，2004，第 9—10 页。

④ "在不同时间不同空间，尽管人们都同样追求大一统，但他们用来定义大一统的标签往往不一定相同。在把地方传统纳入大一统范畴的过程中，尽管他们总是会努力把对自我的认知与对大一统的认知之间的距离拉近，他们建构的大一统样式与其他人建构的大一统样式在概念和行为上仍然可以有很大的差异，问题不在于这种差异有多大，而在于他们对正统的理解和定义是否有规律可循。"科大卫、刘志伟：《"标准化"还是"正统化"？——从民间信仰与礼仪看中国文化的大一统》，《历史人类学学刊》2008 年第 6 卷第 1、2 期合刊，第 16 页。

动、很巧妙地把国家制度引入来处理地方上的问题。所谓地方整合到国家，就是一种认同的过程。我们在田野考察的基础上注意到，这种认同跟地方社会与国家机构打交道的形式很有关系。①

在科大卫看来，一统的国家建构与地方社会发展之间的互动过程即是"形成中国的历史"，而在这一互动过程中形成的"礼仪标签"，则使得"理解中国"成为可能。

笔者在长期的田野调查中发现，地方社会对于这类"礼仪标签"的制造与使用，普遍存在以礼、俗为表征的不同话语流向②，并呈现多主体交互建构的特征。这与国家一统进程中的两大特征（即国家政治"地方化"与地方社会"国家化"）的同时发生有关。笔者将之概括为国家政治的"以俗入礼"与地方社会的"借礼行俗"：以俗入礼，是指国家通过对地方传统的甄别、遴选与调整，赋以不同层级的名誉和资助，纳入社会公共文化系统之中；借礼行俗，则指民众自觉地将地方传统贴近国家意识形态，以获得合法性。二者均作为中国社会"礼俗互动"③传统的常规表现，促成了国家政治与地方社会之间双向互动、相互嵌套的关系。在"礼俗互动"中理解中国，或许是值得尝试的学术路径。

在笔者长期关注的诸多村落中都有着"礼俗互动"的丰富表现。如山东省荣成市人和镇院夼村④，在20世纪70年代"集体化时期"，当地政府贯彻国家制度精神，允许渔民将谷雨节这天的海上捕捞所获留归私有，虽然各户渔民的反应不尽相同，但绝大多数会在改善伙食、欢度谷雨节的同时，还以"家自为祭"的方式祭祀海龙王——在当时国家强力根除封建迷信的大背景下，他们既未坚守此前以生产队为单元的集体共祭仪式，更没想要恢复20世纪50年代以前的家族共祭传统，但也并不就此告别仪式。此后，村民逐渐通过"军民共建"、申请国家级非遗名录⑤等方式，将之自觉改造为阖村

---

① 科大卫、张士闪：《"大一统"与差异化——历史人类学视野下的中国社会研究——科大卫教授访谈录》，《民俗研究》2016年第2期，第22页。

② 山东大学曾于2014年11月举办"礼俗互动：历史学与民俗学的对话"学术研讨会，学者从"据俗成礼""礼化为俗""礼俗共处""礼俗冲突""礼俗运用"等五个方面进行研讨，认为"礼与俗作为勾连官方、文人精英与普通民众的重要机制，对于理解中国社会、阐释中国文化具有特别重要的意义"。龙圣：《"礼俗互动：历史学与民俗学的对话"学术研讨会述评》，《民族艺术》2015年第1期。

③ 张士闪：《礼俗互动与中国社会研究》，《民俗研究》2016年第6期。

④ 2010年和2018年，笔者曾两次组织民俗学团队到胶东院夼村调查。

⑤ 2008年6月，院夼村谷雨祭海仪式以"渔民开洋、谢洋节"的名义，入选第二批国家级非物质文化遗产名录（属于"民俗类"，编号X-72，保护单位是山东院夼实业集团有限公司）。

共祭的形式以获得合法性。这类现象并非偶然，而是国家政治与地方传统之间交叠互渗、交互印证等互动关系的常态。进一步看，历史上国家一统进程中充满了革命与改革，自古及今并没有一以贯之的国家制度，而地方传统则不会被国家进程所轻易裹挟，不可能也没有必要快捷地与时俱进，但并不妨碍二者之间同生共存、多样合作的关系。不过，如果仅从国家一统的眼光来看，类似地方传统节日等乡村社会运行的内发性因素，却容易被视为阻碍社会进步的因素，时至今日仍偏见难除。

胶东院夼村谷雨祭海节是以祭祀仪式为主要特征的民俗传统，在 20 世纪 50 年代以来的民族国家进程中迭有新变，而又不脱村落语境与民俗根性。笔者相信，从这一个案出发，考察国家政治与民俗传统的互动关系，观察地方社会运转的自洽机制，有助于以小见大地理解传统中国的"社会性"脉络如何在近现代延展、重构。

一　渔村经济：从近海捕捞到远洋作业

"夼"，音"kuǎng"，山东胶东地区方言，专指两山之间较大的山谷。院夼村位于胶东半岛最东端的西南角，三面环山（铁槎山），一面靠海（黄海），属于冬暖夏凉的海洋性气候区。据该村《王氏族谱》记载，在明朝天启五年（1625 年），即有王姓人家从荣成干占村（现属石岛）迁徙至此定居，并有始祖"亦农亦渔""前世起身佃渔"等记载，以海上渔业为生计传统。[①] 目前，该村占地 3750 亩，户口登记 1409 户 3502 人，王姓占全村人口 90% 以上。同时，村内还有来自安徽、河南、东北等地的打工者 3000 多人，村里常住人口超过 7000 人。村民对"院夼村养活穷人"之类话题津津乐道，以本村有"不欺生"的传统而自豪。笔者注意到，目前村落居住空间的贫富格局是很明显的：沿铁槎山而建的别墅区，居住着本村最富裕的群体；村落主体格局是在 20 世纪 70 年代建成的低矮房舍，附有较小院落，为一般村民所居；在村西，有一片空间逼仄的简易房，卫生条件较差，是外来打工者居住之处。

院夼村是典型的传统渔村。目前，院夼村集体经济基础较为雄厚，村民生活富足。院夼村曾有集体企业——山东院夼实业集团有限公司，实行村企合一的管理方式，下辖国际货运、水产品精深加工、名优海品养殖、船舶修造、生物制品、鱼粉厂、制冰厂、冷藏厂、鱼油厂、土壤调理机厂等 20 多

---

① 参见院夼村王氏家谱编修委员会《王氏族谱》，院夼村村委会收藏。

个子公司，拥有资产总额 4.9 亿元。贸易方面，主要与香港、台湾以及柬埔寨等地开展海上冰鲜鱼贸易，并长期在南非海面捕捞。截止到 2016 年，院夼村拥有 100—960 马力渔船 130 多对，其中荣成籍渔船 73 对，其他均为外地船籍渔船，如浙江、河北、辽宁、山东等；100 马力以下渔船（泛指体外挂机）100 多艘；国际国内货运船共 10 条。村东部有一处空空荡荡的电影礼堂，是本村往昔繁盛一时的集体经济时代的见证。自 2002 年以来，山东院夼实业集团有限公司转为民营私有企业，大致业务如前，只是变为个体所有。此外，村中还有养貂、水产养殖等养殖户 10 家，海产品加工厂 10 家，冷储业户 4 家。①

长期以来，院夼村男女分工明确，男人出外工作，妇女当家。这使得村内同性之间的交往较为密切，有妇女之家、老年人协会、秧歌队等组织。此外，本村还成立了创业者协会、特困救助爱心会等组织。

近 20 多年来，近海渔业资源日渐匮乏，是院夼村人不得不面对的问题。依靠现代技术的渔业远洋捕捞、加工与运输等业务，逐渐成为该村经济支柱产业，在国内外渔业日趋激烈的竞争格局中具有一定的不确定性。近年来，村委、企业和村民的危机意识日益增强，寻找新的经济增长点已成为很多村民的共识。如以 2011 年从村支部和集团党委退休的老书记王巍岩为代表的一部分人，就多次提出要发展渔海民俗旅游业，但全村并未形成一致，村委会多次议而未决。

院夼村以在谷雨节期间举行隆重祭海仪式而闻名远近，活动以本村龙王庙为中心，每每吸引邻村甚至更远的人前来参加，近年来更成为吸引上万人参与的海滨盛会。在长达 8 年的调查中，笔者曾对如下情形感到迷惑：院夼村的祭海仪式本是依托谷雨节期间近海特有的"百鱼上岸"传统景观，在渔民下海捕鱼前举行的仪式活动，但近 20 多年来，近海渔业资源枯竭，"百鱼上岸"景观不再，本村从事远洋捕捞渔业的船只也不在谷雨节期间返村过节，作为过节主体的船老大等已是节日仪式的"缺席者"，为什么这一仪式并未衰微，反而越来越隆重？这是否意味着，祭海节一旦定型，就可以与海洋渔业没有关联？②地方民俗传统是否一旦约定俗成，就可以自外于国家进

---

① 院夼村村委会：《院夼村基本情况》（内部资料），2016。

② 纳尔逊就暗示说，中国的祖先崇拜其实与祖先无关，而意在社会关系的调谐，"祖先崇拜是仪式化了的亲情纽带，倘若我把研究重心放在亲属关系而非其仪式化之上，那么我所做的无非就是中国人希望我去做的了"。纳尔逊：《祖先崇拜和丧葬实践》，载于〔美〕武雅士《中国社会中的宗教与仪式》，彭泽安、邵铁峰译，江苏人民出版社，2014，第 257 页。

程与地方社会格局而"脱域"① 自转？

二 谷雨节祭海：渔村的历史记忆与文化表达

循流溯源，地方社会中的节日传统，首先是作为以年度为周期的时间刻度而被感知的。一方面，节日作为地方时间制度中的特殊时段，年复一年如期到来，营造出一种周而复始的永恒感；另一方面，时移世易，处于国家一统进程中的地方社会生活，会对既有节日传统发生种种影响。地方节日传统是在国家规定的时间制度框架下，因应地方社会生活而成。具体到院夼村而言，村民在谷雨节祭海传统中的仪式行为，既为当地山海之间自然环境所限定的传统生计所长期塑造，也与这一地理景观在人们心中激发的神圣想象有关，但其生计模式受制于不同时期的国家制度，其神圣想象也与历史悠久的中华民族神圣传统有着内在关联。因此，看似单纯与自然环境有关的传统生计与渔民似乎仅仅为生存而选择的神圣符号和仪式行为背后，潜存着国家一统进程所携带的巨大力量。民众对于民俗传统的时移世易的活用，必须在国家、地方社会与民众日常生活的复杂互动中予以观察和理解。

从院夼村人充满怀旧色彩的讲述中可知，20 世纪 80 年代以前，这一带近海到处都是鱼虾等物，生活资源充足。在岸边随便撒网，就可以捕到很多鱼虾，吃不了就晒干储存，或者卖给邻村农民当土地肥料。后来海洋资源急剧减少，虽然渔船马力不断增大，但靠海吃海的生计还是越来越困难，更让人不安的是日益严重的海洋污染。与此同时，村中传统民俗多有存留，吸引着众多渔民参与，如岁时节日、婚礼、葬礼等，尤其是谷雨祭海仪式，吸引着院夼村几乎所有家庭都参与进来。在谷雨节期间，渔民纷纷来到龙王庙行祭，既有传统信仰心理的惯性驱动，也有对往昔时光的记忆和回味，还有对难以估测的未来生活的期望。在院夼村人看来，谷雨祭海节活动的举办关乎整个村落的福祉，也是其以主待客的特别时段。这从院夼村神圣空间的建构、神圣仪式的设置以及诸多神圣符号的选用和解释等方面，可约略看出。

---

① "所谓脱域，我指的是社会关系从彼此互动的地域性关联中，从通过对不确定的时间的无限穿越而被重构的关联中'脱离出来'。"〔英〕安东尼·吉登斯：《现代性的后果》，田禾译，译林出版社，2000，第 18 页。

（一）龙王庙：村落的神圣中心

矗立于院夼村村东南海边山坡上的龙王庙，既是村民举行祭海仪式的特定空间，又是日常公共聚会的重要场所。龙王庙面朝大海，看上去很是气派，是该村最神圣的祭祀之地。村民自夸说，本村龙王庙是中国沿海地区规模最大的一座，出海打鱼的渔民很远就能看得见，"出海打鱼多少天的渔民，老远看见了龙王庙的尖顶，就像出门多时的孩子看见了等他回来的亲娘，那眼泪哗哗地就下来了"[①]。在浩渺的大海上，并不像陆地那样有明晰的边界感，何况院夼村渔民大多都是远洋捕捞而归，此时渔民眼中的龙王庙，就不仅代表了他们在海上漂泊多日终得返回的家乡，也隐含着丰满的祖国母亲意象。

在村民口中，该村龙王庙经历过"三建两拆"，眼前所见已是"第三代龙王爷"。"第一代龙王爷"是用石头刻制成的小石像，高约0.3米，放在高约1.3米、用石头垒砌的一座破旧小庙里。小庙规模不大，却有讲究，门前是三级台阶，所处方位就在今龙王庙处，庙门朝向是"子午向朝南"[②]。这座龙王庙最终在1966年被拆，龙王爷石像被推入海中。"第二代龙王庙"复建于1972年海难[③]发生以后，长约3米、宽约2.5米、高约4米，龙王爷塑像高约1.3米。20世纪80年代以来，村民纷纷向村委会提议重修龙王庙，希望扩大建筑面积，理由是"到了谷雨节，来烧香的拥挤不堪，场面混乱，危险"，并愿意出钱出力，终于在1989年由村集体出资隆重修建龙王庙。自2003年起，又在原址基础上对龙王庙再行扩建，增设海神殿、财神殿等。2009年，再次将龙王庙修整一新，沿用至今。

在龙王庙庙墙外面，刻录着历代皇帝御笔题写的众多"龙"字。进入龙王庙内，一道石牌坊映入眼帘，以大字书写"龙王庙"三字，其中的繁体"龙"字分外显眼。龙王庙共有三个大殿，殿前各有一尊香炉，供香客烧香。进入庙门后，左右两边是海神殿和财神殿，中间有一尊2米多高的香炉。石牌坊后是一道十几米高的石梯，显得威严而神圣，拾级而上，便是题名"龙

---

① 被访谈人：王巍岩，男，院夼村村民，曾长期担任村党支部书记；访谈人：张士闪等；访谈时间：2010年4月17日。

② 被访谈人：王锦堂，院夼村村民；访谈人：王刚、武宝丽；访谈时间：2018年4月20日。

③ 1972年农历二月十六日傍晚，院夼村村附近一带海面骤起风暴，发生惨重海难，死亡30余人，"中央下令派直升机去救……海军都出动了"。被访谈人：王巍岩；访谈人：刘铁梁；访谈时间：2018年4月20日。

王宝殿"的主殿。龙王宝殿地势较高，殿内立有一尊高大的黄海龙王像，凝视着前方辽阔的海平面。龙王像右侧的塑像是风伯、雨师，左侧则是雷公、电母。各神像上方都悬挂着金黄的丝缎流苏，上面绣有飞龙图案。龙王宝殿的左边是重修龙王庙后所立的功德碑，刻有捐资人姓名，右边立有一道绘有八仙过海图的影壁墙。影壁墙前砌有一座高台，节日期间可作为文艺表演的舞台。

据院夼村人说，该村龙王庙长年香火鼎盛，附近渔民多来此上香祭拜，有家人出海作业的家户更是虔诚，常来祭拜龙王以求平安、财旺。一年之中，香火最旺的时候当属谷雨节，龙王庙祭拜场面壮观，热闹非凡，这天的鞭炮声甚至比过春节还要热闹些。至少在本村人的心目中，龙王庙虽然有拆有建，或大或小，但"海龙王一直都在"，庙址就是它的长居空间。在许多村民心目中，"海龙王一直都在"的说法并非比喻性的，因为神灵并非依存庙宇而生，而只是依据人间的供奉状况（庙宇修建、香火、仪式等）而有所奖惩。虽然在王斯福看来，"地方崇拜的复兴是一种对地方认同感的深邃的宣言，这里有着其自己的神话与历史，有着相对于国家的神话和行政以及集体式政府制度的自主性"①，但这种"自主性"是极为有限的，而且在一定程度上可以视为国家一统进程的"地方化"表现。借助于地方神灵观念及谱系在人们心中的稳定存在，国家的权威力量也获得了向地方社会贯彻的神圣逻辑。即便是在"文革"这一非常时段，院夼村依然有一定的自治空间，民间之"俗"对国家之"礼"的因应活力依然存在，村民在"过日子"的生活逻辑下，仍然尽量将"坚决响应政府号召"与向"衣食父母"大海行祭的民俗传统相兼容。

（二）正月十三"起信"

在院夼村，正月十三是每年的第一个大汛，俗称"起信"。此时海洋开始涨潮，海水流速逐渐加快，一直到正月十七八达到峰值，即流速最快之时。随着黄海水流速度的加快，深海鱼虾遵循洄游规律，涌向院夼村南的黄海近海海域，直至谷雨"百鱼上岸"，这就是渔民常说的"鱼鸟不失信"。长期以来，大海季节性地通过洋流为院夼村海岸送来大量鱼虾，村民定期到龙王庙上香、烧纸、放鞭炮、磕头祭拜，祈求出海平安顺利、鱼虾满仓。这

---

① 〔英〕王斯福：《帝国的隐喻：中国民间宗教》，赵旭东译，江苏人民出版社，2018，中文版序第6页。

一物候现象，连同当地渔民对于海洋的敬畏心理，其实是院夼村谷雨祭海节传承至今的自然与人文根基。无论国家政治如何渗透，地方精英如何援引"国家之礼"，都不能遮蔽或根除由这一"地方性知识"所支撑的民俗传统，但可以引发其表达形式的调适性改变。归根结底，有恩必报、诚信为先等道德伦理原则，乃是中国传统文化的核心所在，只不过在历代官方之礼与各地民间之俗中的表达形式有所不同而已。

在院夼村人的传统观念里，"起信"意味着当年收获有望，但还需要举行虔诚的祭拜仪式予以保障。仪式时间讲究"抢早"，越早越好。很多渔民在正月十二晚间就已陆续来到龙王庙祭拜，但大规模的祭拜活动还是从正月十三凌晨开始，以凌晨 2 点左右人数最多，一直持续到清晨 6 点多。此后的一整个白天，都有渔民零零散散地前来祭拜，尤其以妇女居多。因为按照传统规矩，妇女尽量不在晚间出门活动。

在整个胶东沿海地区，在正月十三"起信"之后，再过一个多月就是"百鱼上岸"的谷雨出海之期。渔民在正月十三大海"起信"之时，将诸多供品作为"百鱼上岸"的信祝之物，虔诚表达对新的一年鱼虾满仓的祝愿。供品极为隆重，每户渔民都会带 1 个整猪头、5 个大枣饽饽，以及香、纸、鞭炮、酒等，到龙王庙上香拜祭。祭拜神灵的顺序也有讲究，是按照渔民心中诸神的地位高低而定的，依次是龙王爷、海神娘娘、财神、土地神等。祭拜诸位神灵的仪式程序相似，大致包括烧香、磕头、敬酒、摆供等，然后出庙门外烧纸、燃放鞭炮。正月十三"起信"的祭拜仪式，其实是谷雨祭海节仪式的预演。可以说，神圣的龙王庙空间，与神圣的时间节点（从正月十三到谷雨），共同营造出稳定的地方神圣传统。

（三）谷雨节祭海形式：船祭、海祭与庙祭

"清明断雪，谷雨断霜。"谷雨是二十四节气中的第六个节气，也是春季最后一个节气。就农耕而言，谷雨前后正是播种移苗、"雨生百谷"的最佳时节。对于黄海沿岸的渔民来说，则意味着海水回暖，各种鱼类游至浅海地带，是下海捕鱼的好日子，俗称"骑着谷雨上网场"。以前的院夼村，每到谷雨节，休息了一冬的渔民就要开始整网出海，一年一度的海上捕捞作业宣告开始。为了祈求平安、预祝丰收，渔民出海之前要举行隆重而盛大的仪式，虔诚地向海神献祭，由此形成了隆重的祭海仪式活动。时至今日，院夼村依然流行着"一年中谷雨节最隆重，春节也赶不上"的说法。

与官方祭祀仪式的"标准化"追求①有所不同的是，民间祭祀活动更多地呈现因地制宜、方式多元的形态特征。院夼村谷雨祭海节的组织形式，传统上主要有两种：一是以渔船为单元，每艘渔船准备一头整猪，去毛带皮，用腔血抹红，将一朵大红花戴在猪头上，船行大海一番，以示向海龙王献祭；二是以家庭为单元，一般是买一个猪头，也有用蒸制的猪形大枣饽饽代替的，先到龙王庙祭拜一番，再到渔船上去祭拜，最后将祭品摆在沙滩或码头上，烧香，烧纸，磕头，放鞭炮，祭拜完毕后将大枣饽饽抛撒到大海里。不过，自从 2009 年村里集资将龙王庙翻修以后，祭祀活动基本上都在龙王庙内进行，船祭和海祭的仪式趋于消失。笔者推断，这可能与近 20 多年来的祭海仪式已不再承担出海壮行的功能有关。不过，诸多节俗依然讲究遵循传统，从节前忙忙碌碌地贴剪纸、蒸饽饽，到谷雨前一天进入龙王庙隆重行祭，再到谷雨节"正日子"里开门待客与"不醉不归"的宴饮狂欢，整个渔村都沉浸在盛大节日的热闹喜庆气氛中。

节前的准备，在谷雨节前两三天就已开始。各家准备祭祀用的猪头、大枣饽饽，在屋里窗户上贴剪纸等，整个活动与过大年前的"忙年"相似。在谷雨节前一天的上午，就有渔民携带整猪或猪头、大枣饽饽、纸、香、鞭炮等陆续来到龙王庙，在庙门口放一挂鞭炮。进入龙王庙后，大多数人都会先去祭拜海神娘娘和财神爷——通常在门前简单地烧炷香就行——再去祭拜龙王爷，但也有人会省略这一环节而直接去主殿祭拜龙王爷。进入龙王庙殿内，先将供品摆上，大枣饽饽五个一组，三个摆在下面，两个摆在上面，然后烧香磕头，祈祷龙王保佑新的一年平安发财，如"龙王保佑，鱼虾满仓，风调雨顺""多打鱼，多发财，不管大船小船平平安安都回来……"之类。

现今祭海仪式的高潮阶段，是在谷雨节前一天的下午，由村委会领导、船老大共同献祭。三头通体血红、头顶红花的整猪由几个壮劳力抬到龙王庙殿前，旁边摆了数十个八斤八两重的大枣饽饽，一干人等轮流向龙王爷献上

---

① 沃森认为，在中国传统社会中存在神明"标准化"现象，用以解释中国大一统的观念何以普及到大众文化的层面。在朝廷官员的推动下，通过地方志的编撰，一套标准化的礼俗得以推广开来，地方精英发挥了自己在地方上的作用去强化某种礼仪行为正统化的过程，使得"官方所不能接受的礼仪逐渐被禁压或改变到遵行天下通行的模式"。但他又同时指出，"正是在这里展现了中国人达致文化标准化的本事：这个制度容许在统一结构的罗网下，存在高度差异"。〔美〕詹姆斯·沃森：《神的标准化：在中国南方沿海地区对崇拜天后的鼓励（960—1960 年）》，载于〔美〕韦思谛编《中国大众宗教》，陈仲丹译，江苏人民出版社，2006，第 57—92 页。笔者以为，在沃森看似矛盾的说法背后，恰好呈现出了中国传统社会中官方之礼与民间之俗的文化同一性，只不过在国家借行礼俗与地方社会以俗入礼的具体实践中发生了多主体的自由发挥，而有了形式方面的诸多差异。

碗口粗的檀香9炷，再向香炉前的"玉液盂"里倾洒数瓶白酒以供龙王爷享用，然后默默祷告一番。2013年以前的若干年，在邻近苏山岛驻防的部队官兵也应院夼村之邀前来参加祭海仪式，彰显"军民一家亲"的象征意义。祭仪过后，受邀而来的石岛大鼓队开始表演，各种小型锣鼓队与大鼓队激烈对敲，震天动地的鼓点营造出热烈激昂的现场气氛。伴着鼓乐声，人群涌向庙前，争相观看陈列三头整猪的祭祀场面。一时间，龙王庙前人头攒动，锣鼓喧天，鞭炮齐鸣，烟雾缭绕。

祭祀仪式持续一整天，中午、晚间是渔民齐聚一堂、庆祝狂欢的时刻。这一天，村里所有工厂都会放假，船老板大摆筵席宴请所雇用的船长、船员，一起大碗喝酒大口吃肉，划拳猜令。村委会领导则去各个船老板的宴席上慰问，最后一醉方休。按照村民的说法，谷雨节这天就是渔民"喝酒的日子"，喝得再多也没人笑话。前一天祭祀用的猪头或者整猪，在谷雨节这天成了宴会上的美味佳肴。在十年前，船老板一般是在家中备办丰盛酒席，如今都安排在村里饭店举行。平日里再严苛的船老板，在谷雨节这天也会好好款待属下船长、船员，劝其尽情吃喝。杯觥交错之间，平时可能有的误解和摩擦似乎都已烟消云散，一种同舟共济的情谊得以增强。

于是，热热闹闹的同一个谷雨节祭海仪式活动被不同主体赋予了不同的意义：从各级政府来看，它是一种被列为国家级非物质文化遗产名录的地方文化，因此需要在龙王庙前醒目之处悬挂"热烈祝贺国家级非物质文化遗产渔民开洋谢洋节"条幅，在庙西广场上悬挂"渔民开洋谢洋节文艺汇演"条幅；作为"非遗"保护单位的院夼村村委会，通过活动的组织展演，完成了当初提交申报书时所承诺的"活态传承"的任务；在相当多的院夼村村民看来，海龙王是当地的保护神，他们以进庙祭拜的方式完成了每年一度的敬神谢神仪式；在被本村船老板雇用的船长、船员等外来打工者看来，他们是真正与大海打交道的人，除非他们接受船老板的邀请而到场赴宴，否则海龙王就不会接受当地人的任何祈求，祭海仪式也就没有实际意义。

（四）谷雨花饽饽

院夼村的面食风俗独特，如生日场合用的寿桃、清明节的面燕①、七夕

---

① 院夼村在清明节蒸的"面燕"，其造型并不限于燕子，还包括其他多种小动物。蒸熟后用线串起来挂在屋里，俗以为可保家中孩童健康成长。

节的烙花①等，最典型的则是谷雨节的花饽饽。过去谷雨节祭海，买不起猪头的家户就用面蒸制猪头替代。

大饽饽是院夼村谷雨节祭拜龙王的重要供品。祭拜前一天，几乎家家户户的妇女都会忙着蒸饽饽，通常是几家妇女合伙一起蒸，互助帮工。除非是实在没空自己蒸制的女主人，才会到村里超市去买。花饽饽还是该村年节期间供家堂、祭祀龙王和走亲戚串门的必备礼品。在蒸制大饽饽时，亲邻间互助帮工，从而成为村里妇女交际频繁的时段。在院夼村大多数妇女看来，从年前忙年到谷雨过节，是人际交往频繁的时段。

花饽饽的制作程序是：先取一些干面粉，用水和一下，加上酵母或面引子使其发酵，接着揉面，取八斤八两的湿面做成一个大饽饽。剩下不够八斤八两重的，就用秤平均分成若干份，做成小饽饽，但小饽饽不能用于祭祀，只能留下自己吃。花饽饽的外形要"开口笑"才好，寓意吉祥，如果蒸出来没"笑"，也要留下自己吃，直到蒸出"开口笑"的形状为止。为了保证效果，村民在下锅前就把它们做成开口的样子：先是揉出一种类似椭圆形的面团，面团的顶部被捏成一朵花或者是元宝形，然后用刀浅浅地划成平均的三份，在刀划的每一条线上均匀插入六颗大红枣，左右分成三对。一锅只能蒸一个，用时约50分钟。通常需要蒸10个，敬神祭祖5个一组，总计要用两组。② 有趣的是，村民称呼饽饽是"大"还是"小"，是取决于饽饽所用枣子的多少的：再大的饽饽，如果是每边点缀两颗枣，也叫"小饽饽"；再小的饽饽，如果每边点缀了三颗枣，也叫"大饽饽"。这是因为当地有"神三鬼四"之说，"三"和"四"的数字不能随便用，敬神仪式上讲究用三，葬礼上则讲究用四，每边点缀三颗枣的大饽饽为敬神仪式所专用。每边点缀两颗枣的饽饽，是不能用于敬神仪式的，属于供人们日常食用的"小饽饽"。

其实，蒸饽饽是整个胶东地区普遍流行的地方特色食品，并在各种民间礼俗活动中扮演重要角色。在院夼村，每逢年节、婚嫁、生子等重要场合，都会蒸制各色各样的饽饽，寓意吉祥，表达亲情，且能营造气氛。如当年新娶进媳妇的家户，当婆婆的会在大年三十那天特意问儿媳妇："蒸大饽饽了吗？"媳妇一定要回答："蒸了，蒸了，蒸了很多！"此后沿袭成俗，每年必问。"蒸了"谐音"挣了"，寓意挣钱发财。在大年初二、初三姻亲走动时，

---

① 院夼村七夕节的传统节令食品是"烙花"，又称"烙糖烧"，是用面食模子刻出各种瓜果动物的形状，蒸熟后用线串起来，俗以为可保家中孩童健康成长。

② 刘清春：《山海之间的渔家精神——院夼村村落艺术调查报告》，载于山东大学民俗学研究所编印《百脉泉》总第5期（荣成市人和镇院夼村民俗调查专辑），2010。

这一带时兴给岳父母家送花饽饽,外面用花色或红色的包袱包裹,放在用柳条编成的或方或圆的笤帚箅箩里盛着,用扁担挑着,很是喜庆,也很显礼物分量。年节走亲戚用的大饽饽,有莲花形的,有点心饽饽,每个差不多都要用1斤面。给父母祝寿时,儿女则需蒸制重达20斤的大寿桃造型饽饽。饽饽还被用来庆祝生子添丁之喜,在婴儿出生的第7天、第9天或第12天,姥姥会带着饽饽来"看喜",饽饽的造型有"句子"、老虎等。所谓"句子",是将整个饽饽做成船型,两头各有一个面球,是院夼村"看喜"场合的必备之物。老虎饽饽造型,则寓意婴儿像老虎一样健康强壮地成长。若有村民搬入新居,亲友们会约好日子,一起带着蒸好的饽饽去"温锅",此时所用饽饽的造型有老财神、鱼、石榴等,分别代表发财致富、年年有余、子孙昌盛等祝福。[1] 院夼村在举办葬礼后,很讲究做"五七"的仪式,届时要向初死者敬献"四山""四海"的面食供品,"四山"指龙、虎、鹤、鹿,"四海"指对虾、鲅鲭、螃蟹、海螺。显然,葬礼上关于"四"的讲究,与前述敬神仪式上所用的点缀三颗枣的"大饽饽",乃是当地"神三鬼四"信仰观念的具体表现。放眼整个华北社会,"神三鬼四"的仪式讲究不仅有着悠久的历史,而且呈现地域分布的广泛性,在人们心目中也就不再仅仅是"俗的存在",而有遵循官方之礼的意味。民众在操持上述仪式完毕后,就意味着"礼成"。

(五)剪纸:小龙、老财神、元宝

地方传统节日活动往往离不开特定节俗或物象的稳定组合。在院夼村谷雨祭海节期间,除了蒸制花饽饽面食之外,引人注意的还有"小龙""老财神""元宝"等造型的特色剪纸。在院夼村人心目中,这类剪纸是有着特别寓意的,用以祝愿或襄助出海亲友能够鱼虾满仓、平安归来,是财富和吉祥的象征。其实,这类剪纸在二月二就多有张贴,只是在谷雨节期间更加普遍而已,渔民走门串户时多以此为话题品评一番,看到"不全活"的还会提议再剪几幅贴补。剪纸张贴的位置很有讲究:"老财神"一般贴在内门上;"小龙"贴在大门两侧的底部,特别讲究的人家还会在门窗、炕上、贵重家具上多贴几幅;"元宝"则是陪衬性的,一连串的"元宝"造型与"小龙"和"老财神"等连缀在一起,将渔家院落装点出一派红火气象。

---

① 魏甜甜:《院夼村胶东饽饽田野调查报告》,载于山东大学民俗学研究所编印《百脉泉》总第28期(荣成市人和镇院夼村民俗调查专辑),2018。

据村民说，"小龙"的原型是蛇，"老财神"的原型则是癞蛤蟆，都是院夼村内外常见之物。"小龙"的剪纸技法最容易，新手学习剪纸多从"小龙"开始。"小龙"造型很具特色：模样简洁小巧，没有指爪，因为村民认为"小龙就是蛇"；龙身有鳞状物，整体肥短，龙嘴也像鱼嘴，乍看上去不太像蛇而更像鱼；龙角很长，仅略短于龙身，显得威武可爱。"小龙"身下常以船型"元宝"为装饰，烘托出在"元宝"上翻腾跃动的"小龙"形象，寓意大海藏宝、财源滚滚。贴"小龙"剪纸时，头要朝上，渔民俗称"龙抬头"。作为"老财神"原型的癞蛤蟆，当地俗称"老别把子"。在当地人心目中，二月二是百虫出洞之时，癞蛤蟆能吃虫除害，是益虫。"老财神"剪纸的造型特色是：体态丰肥，很像螃蟹，有人干脆在其四肢加上蟹爪；大大小小的方孔制钱图案布满全身，是富裕多财的象征。显然，院夼村人是从自身生活环境中选取了蛇、鱼、癞蛤蟆、蟹等自然物象，与象征吉祥的龙、船、元宝、制钱等加以组合，以剪纸建构起一个神秘世界，再通过特定节日里的贴挂与言说，期望能带来好运。在年节期间，院夼村里手巧的妇女会剪制很多剪纸，不仅自家张贴，还欢迎同村人来讨要，其中最受欢迎的是"老财神"剪纸。据院夼村人说，分赠剪纸是"分福气"，还流行着"别人要得越多，老财神对我越好"的说法。当然，在当地民间的礼物交换系统中，有"落下人情"的说法，即人们将礼物交出去的同时，就将"人情"留给了自己，或者说对方就对自己"欠下了人情"。总之，通过"老财神"等剪纸的制作、讨取、赠予、张贴和品评，院夼村人增强了节日往来，强化了村落社区的情感纽带。

综上可知，院夼村人的谷雨祭海节活动，看似是因应村落社会之需而"因俗行事"，其实营造了一种"礼俗相交"的社会景观。无论是以巨大条幅彰显"国家级非物质文化遗产渔民开洋谢洋节"，在龙王庙庙墙外侧刻录历代皇帝御笔题写的众多"龙"字，还是在正月十三"起信"祭仪中对"鱼鸟不失信"叙事的强化，在祭拜程序中对"神三鬼四"规矩的恪守，剪纸意象中对龙的符号的凸显等，渔民都在将世俗功利、社区秩序与国家政治相联系，旨在寻求一种价值稳定、发展和谐的地方生活模式。一言以蔽之，看似是充分"地方化"的院夼村谷雨祭海节，并非仅仅与村落生活有关。

三　国家里的乡村

虽然当今乡村社会正在发生急剧的现代变迁，但民众以家庭为生活单元的格局未变，仍以过上"体面"的生活为生存动力。自己的生活是否"体面"，所参照的大致是所在生活社区的标准。刘铁梁等人注意到，在乡村社会中普遍存在一种散漫的、冲击着国家想象的"民俗现象"，是任何国家力量也无法消除的，"任何一统的文化到了民间，都有一个民间化的过程，而这个民间化过程是紧密联系其社区自身存在和发展的需要"。① 这一判断来自自下而上地对于乡村生活的观察，无疑是很有道理的。

不过，当我们以历时性的眼光观察乡村变迁，就不能低估国家持续渗透并改变乡村社会的力量。其实，乡村社会发展一直内在于国家历史进程中，与国家政治、地方行政运作等有着密切关联。特别是 20 世纪 50 年代以来，国家试图自上而下地彻底改造乡村社会，对于村民生活影响巨大。与院夼村"国家化"进程有关的诸多重大事件，至今仍为村民时常提及。以谷雨祭海节为例，20 世纪中叶曾被地方政府定性为"封建迷信"而引发龙王庙被拆与公共仪式中断，又在八九十年代借助"文化搭台，经济唱戏"的国家经济改革大潮得以复兴，并在 21 世纪初因进入国家级非物质文化遗产名录而名声大噪，不仅成为地方文化品牌，也巩固了其地方信仰中心的地位。在这一过程中，国家政治与民间生活并非水火不容，而是进退容与。一方面，现代国家不仅持之以恒地规划乡村经济生活，而且努力改造乡村文化传统；另一方面，民间社会依然有一定的自治空间，在因应国家历史进程的同时也努力延续地方传统。近现代以降，地方民俗活动多有"旧瓶装新酒"或"新瓶装旧酒"的灵活变形，显示出民间之"俗"对国家之"礼"的应变活力。

（一）国家对于村落经济类型的划定

20 世纪 50 年代，院夼村被当地政府划归渔村，村民必须以集体近海捕捞为劳作模式，再将所捕获的海产品交由地方政府"统购统销"，由此获得粮票、布票、油票、肉票等，村民自我调侃是"没有工资的市民"。此前，院夼村人依靠打鱼所获，在周边地区购买了大量土地，雇工耕作，但被确定为渔村后，院夼村人就必须以打鱼为业，不能兼营农业，原有耕地被强制性无偿交还，由当地政府另行分配给邻村。② 1949 年，在荣成县政府号召下，

① 王铭铭、刘铁梁：《村落研究二人谈》，《民俗研究》2003 年第 1 期。
② 王巍岩说："我们村以渔业为主，现在是一点地没有，包括口粮地、菜地是一点儿也没有，就是全部以打鱼为生……我们以前用打鱼的钱买了地，五几年的时候，政府要求把那些地无偿地给了人家。"被访谈人：王巍岩；访谈人：张士闪等；访谈时间：2010 年 4 月 18 日。

这一带出现了互助组这一合作形式，参加者的船、网具由大家共同管理使用，共同维修。到1953年，超过60%的渔业劳力加入了这一组织。至1956年，超过85%的渔业劳力加入了初级合作社，合作社也很快升级为高级合作社。① 此时，院夼村渔业生产资料如渔船、渔具等由私有制转化成了集体所有，渔民必须将捕鱼收获交给集体，再由集体统一售卖。② 从1973年开始，院夼村成立了3个渔队，当地政府配给3艘20马力的渔船，每队1艘，直到1975年再新配30多艘机动船。③

在上述历程中，国家所具有的强制性力量牢牢扎根于院夼村人的集体记忆中。不过，当地政府为院夼村这类边陲渔村制定了某些特殊政策，如以"改善渔民生活，过好渔民节"的名义，规定谷雨节这天的出海捕捞之物可归渔民自家所有，而平时所获则要全部上交国家。同时，院夼村以生产队为单元祭拜海龙王的仪式，在1966年前被默许，且由生产队集体购买香纸、猪头等，由个人蒸制或购买饽饽为祭品。

这类特殊政策在当地长期延续，显然并非新中国建立之初面向乡村所设计的"权宜之计"，而是有意为边陲渔村预留更多的自治空间。正如潘家恩所言，"以乡土为底色的中国革命直接面对着小农经济与传统村社结构，为了完成民族独立与国家建设，必须通过组织动员，逐步改变高度分散的社会结构，在'去乡土化'中提升国家能力，完成工业化所必需的原始积累。与此同时，它仍然需要回到基本国情，在'再乡土化'中充分发掘农民主体性与创造性，夯实乡村革命的社会基础，而这些做法本来就是广义的乡村建设"。④ 在院夼村，基于渔村的特殊生计方式，来自国家的"去乡土化"与"再乡土化"是始终交织在一起的。这说明，国家制度在"地方化"的过程中总会发生调适性的改变，容许民众在宏观制度的框架下自主安排生活。虽然因时因地有所不同，但总体而言，国家制度与地方社会之间长期存在双向互动的嵌套关系。

（二）海防官兵在村落祭海仪式中的进与退

20世纪50年代，中国人民解放军某海防连队开始驻守号称"四无岛"（无居民、无淡水、无耕地、无航班）的苏山岛，该岛距离院夼村约10公

---

① 山东省荣成市地方史志编纂委员会编《荣成市志》，齐鲁书社，1999，第232页。
② 被访谈人：王义店，院夼村村民；访谈人：王刚；访谈时间：2018年4月19日。
③ 被访谈人：王锦堂，院夼村村民；访谈人：王刚、武宝丽；访谈时间：2018年4月20日。
④ 潘家恩：《重思乡村建设与乡村革命》，《开放时代》2018年第3期。

里，约 1 小时航程。院夼村经常以集体的名义，为苏山岛海防官兵送去淡水、蔬菜、水果，而一旦渔民出海遇险，海防官兵也总是即刻出动救护，由此缔结的"军民鱼水情""军民一家亲"关系，多次获得省市和部队军区的表彰。① 在 20 世纪 60 年代，当地谷雨祭海之类活动被定性为"封建迷信"，遭到取缔。1966 年，院夼村"第一代龙王庙"被当地"红卫兵"拆除。21 世纪初，院夼村谷雨祭海节之际，苏山岛海防官兵多次参加祭祀仪式，抬着整猪的 4 名士兵迈着整齐划一的正步，拾级而上，献供龙王庙，其庄严气势给在场者留下了深刻印象。2010 年后，海防官兵逐渐从祭海仪式中淡出。与此同时，近年来随着与海洋有关的国际形势的变化，苏山岛也因其为"国防军事重地"而不再对院夼村人开放。

苏山岛海防官兵在院夼村祭海仪式中的进入与退出，以及近年来军民关系的微妙变化，至少可以从以下两个方面来理解：首先，自 20 世纪 60 年代至今的半个多世纪里，双方的相互依赖程度在逐渐降低。早些年，海防官兵日用品供应不足，需要地方支援；渔民渔业安全保障不足，遇到特殊天气需要海防官兵救援。近些年来，海防官兵的生活物资供应充足，渔民随着渔业设施逐渐升级，对海上天气预测能力增强，特别是捕捞地点由近海向远洋发展，使得在近海遇险的可能性已经微乎其微。其次，在 20 世纪 60 年代至 80 年代，这一带的谷雨祭海仪式被定性为"封建迷信"，唯有借助"军民一家亲"的关系贴近"国家之礼"，才可能获得活动空间。而在 2008 年入选第二批国家级非物质文化遗产名录后，其自身已获得国家层面的"护身符"。苏山岛海防官兵对仪式的参与，不再是"雪中送炭"，而变为"锦上添花"。

显然，当国家力量对民间生活进行粗暴干预时，民众就会通过各种改头换面的方式予以应对；当国家为民间生活预留自治空间，乡村自治资源就会焕发生机。岳永逸认为，通过这些承载群体记忆、地域文化的实践，乡民表达、强化着他们自己的国家意识。这既是中华文明延续千年的核心内驱力，也是至今国人共享的一统意识、家天下意识永久持续的丰厚土壤。② 院夼村谷雨祭海节即是如此，在官方之礼与民间之俗之间寻求文化共享与认同的趋

---

① 王巍岩说："从 1960 年起至今，历经半个多世纪，苏山岛上的驻扎部队和院夼村构筑了深厚的感情，留下一段段军民鱼水情深的佳话。在大型船只普及之前，渔民的船只很容易受到风浪的影响，来不及赶到岸边的船只会暂时登岛避风浪。村民为了感谢子弟兵的帮助，在村里建起招待所，供他们上岸时歇脚，并派'拥军船'载他们靠岸。"被访谈人：王巍岩；访谈人：张士闪等；访谈时间：2010 年 4 月 18 日。

② 岳永逸：《行好：乡土的逻辑与庙会》，浙江大学出版社，2014，第 297 页。

向日益鲜明，民生意识持续强化，这为中国"礼俗互动"传统在当代社会中的复生与重构提供了难得的契机。

（三）国家政策的直接影响

近四十年来，国家持续关注乡村社会发展，陆续实施了多项政策，其中以渔业政策和人口流动政策对院夼村的影响最显著。

20世纪90年代，国家开始推进由村落集体所有制向个体私有制的转型，并为"大力发展远洋捕捞业，振兴海洋经济"[①] 而对远洋捕捞活动实施资助政策。以此为背景，院夼村的社会结构发生了重大变化。2002年，院夼村将全部渔船卖给个人，村落集体经济彻底向个体经济转型，生产资料得到重新配置。其中，消息灵通兼具经济实力的少数村民通过买船经营先富起来，并依靠资本的逐步积累，不断地置换更大马力的渔船，将捕捞范围扩大到东南亚乃至南非等远洋区域，在远洋捕捞中获利甚巨。其巨额财富的累积，不仅仅是通过远洋捕捞，也包括在置换更大马力渔船时对国家高额政策补贴的"捕获"。[②] 如果说，从1999年开始在2002年彻底完成的村落集体资源私有化转型，使得部分有眼光的村民凭借胆识迅速致富，但也同时导致近海资源的迅速枯竭，那么近十年来国家对远洋捕捞业的政策性资助，则使得上述船老板仅仅凭借数次卖船买船活动，就可套取高额的"政策红利"，从而加剧了村落中的贫富两极分化趋势。[③]

---

① 尽管中国在20世纪80年代初就提出要"尽快组建我国的远洋捕捞船队，放眼世界渔业资源，发展远洋渔业"，但远洋渔业的大规模发展却是在21世纪初，特别是伴随着2001年国务院批准的《我国远洋渔业发展总体规划（2001—2010）》提出要"稳定过洋性渔业，优先发展大洋性渔业"，2003年颁布《全国海洋经济发展规划纲要》，2008年《中共中央关于推进农村改革发展若干重大问题的决定》第四部分提出"要扶持和壮大远洋渔业"等国家政策的出台，远洋渔业活动多次得到了各级政府旨在提升其总体装备水平方面的财政补贴。详见杨瑾《大力发展远洋捕捞业　振兴海洋经济》，《海洋开发与管理》2012年第11期。

② 此处所说的"捕获"，即迪亚·杜塔（Diya Dutta）所谓"精英捕获"（elite capture），是指在发展中国家的发展项目或反贫困项目实施过程中，计划用于惠及大众的资源被少数人（他们常常是政治或经济上有权力的集团）占有，从而损害了政治和经济上处于弱势的集团的利益。参见 Diya Dutta, "Elite Capture and Corruption: Concepts and Definition," National Council of Applied Economic Research, 2009。

③ 院夼村某村民说："大队倒闭了以后，就把小船卖掉，当时就是谁大胆的话谁就买。那时候，没考虑国家的补贴那么多，他靠着国家的补贴就能入手几十万元。他再把船一卖，这个船用了十来年还没落价。再加上自己又挣了一些钱，他把船卖了再换大船，从200马力换到500马力，再换到700马力，再到现在都有900马力了。马力越大，国家给的补贴越多，好多贷款利息也很低。"被访谈人：院夼村某村民；访谈人：李松、张士闪、李常青；访谈时间：2018年4月19日。应被访谈人要求，对其姓名保密。

伴随着国家改革开放政策的实施，近四十年来，我国流动人口数量不断增加，具体就院夼村而言，便是引发了村落常住人口结构的巨大变化。20世纪90年代以来，院夼村外来人口逐渐增多，有3500多人，原居民（俗称"坐地户"）与新迁入人口（俗称"外来户"）① 的比例大致稳定在1：1左右。坐地户与外来户之间大致和谐相处，但也潜存危机，如外来人口可在此地自由劳动致富，但无法掌握地权资本，很难扎根落户。② 村内和谐现状的保持，既得力于院夼村坐地户对于院夼村养活穷人、不欺生的村风的不断强调，也与双方相对明晰的分工和对潜规则的遵守有关。目前，本村业主大都在完成资本的原始积累以后走向资本的多种运营，而将出海渔业生产等交由外来人口完成，双方雇佣关系明确，并有合同担保，从而减少了直接的经济冲突，渔业生产所特有的船老板、船长、大副、二副、水手等人的细致分工和长期协作关系，也培育了当地恪守契约的传统心理。但也毋庸讳言，坐地户与外来户的复杂关系，再加上坐地户内部日益扩大的贫富差距，业已成为院夼村未来发展的巨大隐患。近年来日益红火热闹的谷雨祭海节活动，正是以此为背景而展开。表面上看来，它是在因应国家"非遗"保护制度而建构"国家之礼"，但更为重要的则是因应村落发展态势，"借礼行俗"，谋求因地制宜的社区文化价值系统的建立。

四 谷雨祭海：从"借礼行俗"到"以俗入礼"

近年来，院夼村一直致力于"和谐社区"建设，优化村落社会秩序。如高悬于村口的"院夼村越老越好"等大字标语，"院夼村不欺生""养活穷人"等口头叙事，以及谷雨祭海节大型仪式活动的年年举办。毕竟，作为一个体量超大的村落社区，大约1：1比例的坐地户与外来户之间如何和谐共

---

① 在院夼村村委会文件中分别使用"内部人口""外来人口"的称呼。

② "院夼村的福利不考虑外籍人口……有些外来人口虽然在本村已居住二三十年并有了第二代，但是他们的最终归宿仍是老家。院夼村对户籍制度的严格管制，在保护了本村村民的福利的同时，影响了外地人对院夼村的归属感，但是开放的渔业社会所遵循的勤劳致富原则，也给外来人口提供了生存发展的机会，部分人历经海上的多年磨砺之后，渐渐当上了船长，甚至买上了自己的渔船成为船主……村委领导也注意到外地人的需求，如村中的小学有一半为外来人员的子弟，在一定程度上照顾到了外地人的利益。"李常清：《院夼村村落概况调查报告》，载山东大学民俗学研究所编印《百脉泉》总第28期（荣成市人和镇院夼村民俗调查专辑），2018。

处，再加上坐地户内部错综复杂的人际关系，是包括每届村干部在内的村落精英所必须考虑的问题。

具体说来，院夼村坐地户中的富裕阶层即100多个船老板，已基本上不再出海，他们最操心的是"怎样招到一名合适的船长"。船老板倾向于用本地人做船长，踏实可靠，但由于本村富户多，愿意从事海上作业的年轻人越来越少，因而只能从外来务工群体中遴选。目前，从事远洋捕捞作业的基本上都是外来人口，如船长、轮机手、大副、二副、水手等，都以年薪制受雇于船老板。同时，在院夼村的坐地户中间，资本实力的相互攀比是日常交流的重要话题，如船有几条，马力多大，一年利润多少，获得国家补贴多少，以及如何从国际金融活动中获利，等等。实际上，院夼村坐地户给本村人打工的情形也不少见，而且多是或远或近的亲戚，关系极其微妙，街头巷尾经常听到类似"都是本村人，（没）有船的人家那么多，我为（找）谁打工不行"的抱怨，反映出该村坐地户之间积存的心理纠结。院夼村坐地户中的失意者，只有在面对外来打工者时，才有"生活也没有多落魄"的底气。

院夼村谷雨祭海节活动近年来逐渐成为本村最重要的民俗传统，年复一年地得到精心组织、隆重举行，与村落精英基于上述状况的调谐诉求有关，体现出我国礼俗互动传统①的丰富意涵。

（一）"借礼行俗"的节日传统

毫无疑问，谷雨祭海节首先是以传统农历节气为依据，基于院夼村一带自然环境而形成的地方民俗传统，而这本身即与讲究"天道""天人之际"的儒学正统意识相通。置身于山海之间这一隆重热闹的节俗活动之中，人们会感受到某种"大礼与天地同节"（《礼记·乐记》）的神圣氛围。谷雨祭海节有着丰厚的神圣资本：谷雨是中国传统二十四节气之一，在院夼村海岸恰好与"百鱼上岸"景观相叠合，早已为当地渔民所圣化；作为节日活动特定空间的龙王庙，自建成之日起即作为村内最重要的神圣空间而存在，此后更

---

① "礼与俗的话语，在国家统治阶层是治国驭民之术，在文人精英群体是安身立命之本，在民众手中则是社会交往的工具，由此形成了一种所谓'礼俗社会'的文化认同，并内化为'局内人'操持生计、理解社会、运作政治的潜在规则。……在贴近国家政治、建构地方社会价值的层面积极地有所作为，是民俗的政治性面向之一，而以稳定性和反复性为特征、持续地作用于地方社会生活，特别是赋予民众个体以生命归属感和人生意义，则是民俗的根性所在。"张士闪：《礼俗互动与中国社会研究》，《民俗研究》2016年第6期，第17、21页。

被渔民一再强化。[①] 显然，这一节日仪式既然在渔村之内年复一年地举行，便不可避免地被赋予更多的文化意义，并有脱离语境而升华为超验性价值的趋向。这种超验性价值，并不单纯地指向神圣建构，往往也会兼及审美等情感维度，共同被糅合于村落日常生活之中。如作为祭品的大饽饽，村民在献供过程中，除了表达对神灵的虔诚祭拜，还会在意"谁家蒸的饽饽不强，谁家蒸的饽饽好，谁家蒸得更好"，等等。这说明，在谷雨祭海节期间作为祭品使用的大饽饽，兼具圣物与工艺品的意义。唯其如此，才能真正调动起人们神圣与世俗的双重情感体验，在"借礼行俗"中促进节日意义的达成。

20 世纪 50 年代以来，院夼村谷雨祭海仪式向国家政治不断贴近，大致可分为三个阶段：20 世纪 50 年代至 70 年代，积极响应"拥军爱民"的国家号召，通过与苏山岛海防官兵的礼仪往来，建构"军民一家亲""军民鱼水情"的宏大叙事，在获得省、市、县以及军区多次表彰的同时，也为祭海仪式添加了一道"政治安全"的屏障；20 世纪 80 年代至 2008 年，借助村庙系统内的符号设置，巧妙贴近国家主流叙事，如在龙王庙内以大字书写"龙"字，在庙墙外面刻录历代皇帝御笔题写的诸多"龙"字，以体现中华民族根脉"龙的传人"的正统性，并广为贴挂"文化搭台，经济唱戏"的时尚标语；2008 年以来，因应国家大力推行的非物质文化遗产保护制度，将该村祭海仪式申报国家级非物质文化遗产名录并一举成功，建构为胶东海神信仰的一大中心。在上述过程中，院夼村人灵活运用各种国家政治资源，一以贯之地为地方传统寻求合法性。其实质是民众努力将民间之"俗"贴近国家之"礼"的文化实践，最终"以俗入礼"。

（二）以俗入礼，调谐社区生活

笔者注意到，近年来，院夼村人有意将谷雨祭海节切分成两个时段，赋予其不同意义，以体现出社区生活的"差序格局"[②]：谷雨节前一天，被视为该村坐地户过节的"正日子"；谷雨节当天，则是他们的"待客日子"，

---

① 发生于 1972 年的院夼村海难，在村落集体叙述中占有重要地位。特别是那些亲历现场的渔民关于劫后余生的讲述，如骤遇海上风暴时"当时就许愿保我平安回家，我买猪头敬龙王"之类的本能性反应。事实上，自 1966 年该村龙王庙被拆毁、龙王像被扔进海里以后，每遇海上风暴，渔民都容易产生龙王爷发威报复之类的想法，而非仅仅这一次。只不过这场海难损失惨重，死亡渔民 30 多人，因而被村民特别记忆而已。

② 参见费孝通《乡土中国　生育制度》，北京大学出版社，1998。

摆宴款待村里的外来户（主要是本村船老板雇用的船长、船员们），以及应邀而来一起过节的外地客户朋友。[①] 同一个节日衍生出两种面向，在时间上先后相续，内中奥秘值得琢磨。

院夼村谷雨祭海节期间这种"一体两面"（正日子、待客日子）的格局，与村内的人口结构及多元身份认同有着密切关系：首先是坐地户与外来户的身份差异，其次是坐地户群体内部因经济条件不同而划分的贫富阶层，再次是坐地户、外来户两大群体内部血缘、亲缘关系的交错。近年来，前两类身份认同的边界日益明晰，如在住房位置及大小、日常交往程度等方面的表达越来越固化，由此导致村内社会关系的紧张。在以祭海为神圣名义的谷雨节期间，上述各个群体走进庙宇祭拜，晚间相聚宴饮，先按照辈分年龄依礼敬酒，终则醉意陶然。至少在谷雨祭海节期间，他们暂时消泯了现实人际关系的各种边界。这种超越日常生活的节日设置，对于调谐社区生活的作用不可低估。

乍看起来，谷雨祭海节是以神圣仪式与宴饮狂欢为特色的节俗活动，定期举行而有意彰显村落集体传统；在村落社区的内部叙事中，它却是以"一体两面"的节日格局，通过主客关系的有意设定，形成了对村落内坐地户与外来户等不同身份区隔的隐喻。

祭海仪式既冠以院夼村之名，并着意凸显隆重行祭、豪迈待客的渔村风情，就在年复一年的节日活动中不断强化其村落文化特征。事实上，村民对"院夼村养活穷人""不欺生"之类的话题津津乐道，对凡事讲人情味、讲究邻里相助的村落传统的强调，乃是院夼村人强调集体精神、建构和谐社区的表现。这一点，在特别讲究恪守传统的丧葬礼仪中也有体现。如在为死者做"五七"时，主家要为过世者备办酒席、擀手擀面，还要先以宴席饭菜为祭，供死者在阴间请客——一般是 15 道菜、15 碗面，然后再隆重招待前来帮忙的亲友。这说明，在院夼村人的观念中，人过世后，在阴间也是需要礼仪往来的。这与谷雨祭海节待客习俗是一样的逻辑，只不过有祭神（海龙王）、祭鬼（初死者）之别而已。诚如杨庆堃所言，神庙庆典活动能够提供一种超越经济利益、经济地位和社会背景的集体象征，以便能够把许多人整合

---

① 王玉荣说："昨天是我们自己过节，拜龙王，今天就是伺候客，招待船员啊，外边来打工的……也有外地朋友来贺喜的，都得喝酒……谷雨就是渔民节！最隆重是今天。"被访谈人：王玉荣，院夼村村民；访谈人：杨文文、刘清春；访谈时间：2010 年 4 月 20 日。

进一个社区①，从而促进或达成社区生活的同一性。具体到院夼村来说，尽管当今远洋捕捞的船只不会在谷雨节期间返村过节，而是以半年左右的远海轮休制度往返本村，但院夼村以谷雨祭海节的名义为他们"留一杯团圆酒"，也就强化了坐地户与外来户、老板与雇工之间的情感纽带与契约精神。

显然，谷雨祭海节将人们凝聚到一起的礼仪行为，并不仅仅是一种仪式性的传统民俗操演，还承担了一定的社区政治功能。节日期间短暂的共祭、欢宴等活动，并不能改变村落的社会结构与现实中人与人之间的微妙边界，却可以借助节日时空中特殊的交流实践，让失意者暂忘人生得失，从而赋予日常生活更远阔的文化意义。就此而言，节日礼仪提供了社区伦理的理想状态与神圣形式，而且通过年复一年的定期举行，持续不断地予以重温和强化。地方传统节日所蕴具的深刻社会意义，或许正在于此。

五　结语

在绝大多数院夼村人心目中，在谷雨节举行祭海仪式，似乎是天经地义之事。正月十三"起信"、谷雨节"百鱼上岸"等物候现象，支撑着其祖祖辈辈"靠海吃海"的传统生计，拜祭龙王仪式也就具有了感恩与回报大自然的文化象征意义，这也正是乡土伦理的深厚根基所在。再看称呼癞蛤蟆为"老财神"，分赠"老财神"剪纸是"分福气"，"别人要得越多，老财神对我越好"等说法，以及对"院夼村养活穷人""不欺生"之类叙事话语的强调，乃是院夼村人对凡事讲人情味、讲究邻里相助等传统伦理的强烈认同。在一般性的农耕村落里，外人入居就意味着对本村土地资源分享的可能，哪怕后者仅仅是开垦荒地。面对流动的海洋公域，院夼村人当然不会像一般的农耕村落那样，早就有着警惕或排斥外人入村的传统。因此，近年来，院夼村流行的"院夼村养活穷人""不欺生"之类说法，因为有着悠久的历史传统而并不新鲜，值得关注的倒是村民何以近年来对于这一叙事特别强调，这或许意味着当下社区生活发生了某些急需解决的问题。换言之，院夼村人对

---

① 杨庆堃认为："在这样的公共事务中，宗教的基本功能就是提供一个可以超越经济利益、阶级地位和社会背景的集体象征，便于将民众凝聚于社区之中。因而，来自不同生活阶层的人们可以在共同立场上，接受同样的民间信仰……寺庙自然成为社区及其大众利益具体的表现形式；而且公众在寺庙中举行仪式，表明了定期举行的社区活动聚合了民众的共同利益和共同信仰。"见〔美〕杨庆堃《中国社会中的宗教——宗教的现代社会功能与其历史因素之研究》，范丽珠译，四川人民出版社，2016，第64、77页。

于谷雨祭海仪式的珍视与坚守，与其面向未来的社区生活秩序建构有关。

诚然，20 世纪以降的国家一统进程并非一帆风顺，国家之礼也不乏变化，地方民俗传统的调适性改变更难一语道尽。近半个多世纪以来，院夼村龙王庙的"三建两拆"，祭祀空间从船上、海边到庙里的挪移，苏山岛海防官兵在祭祀仪式中的进入与退出，以及近年来村民对节日"正日子"与"待客日子"的设置，等等，都与国家政治渗透乡村社会的历史进程有关。其实，谷雨祭海节之于院夼村人，乃是俗与民的关系，前者是已被村民熟练掌握并灵活运用的文化工具，可以不断地应当下之需而取舍有据、变易有度。归根结底，民俗传统并不完全等同于村民的全部文化，而是内嵌于乡村社会之中，其一端连接着民众日常生活，另一端连接着国家政治。①

院夼村谷雨祭海节活动年复一年地进行，旨在促进当下村落社区生活的和谐，调谐方式却因时因事而异。历经国家历史进程的时移世易，院夼村人一直在想方设法将其谷雨祭海仪式与国家之礼相连接，并最终成功。这一过程，既有民众因应国家政治态势而"借礼行俗"的文化实践，也是国家面向地方社会"以俗入礼"的文化政治。但在不同地方，国家政治的"地方化"进程不一，而地方社会的"国家化"表现也有所差异，研究者对此必须有足够的想象力，方可推进对中国"社会性"的理解。

---

① 张士闪：《当代村落民俗志书写中学者与民众的视域融合》，《民俗研究》2019 年第 1 期。

乡村传统民俗文化的集体记忆重构及价值传承[*]

——以妙源村立春祭为例

鲁可荣　　曹斐浩[**]

摘　要： 随着城市化、工业化快速发展，传统农村生产生活方式急剧转型，导致乡村传统民俗文化失去了根基。本文基于集体记忆的理论视角，调查分析浙江省衢州市九华乡妙源村立春祭传统民俗文化集体记忆的建构过程。研究发现，传统民俗文化传承与村民们的生产生活紧密联系、相互影响，贯穿于村庄发展的始终，完整地承载着乡村集体记忆以及乡村多元化价值。在新时代乡村振兴战略背景下，要激发多元主体的文化自觉，充分挖掘和整合乡村资源，合理重构乡村集体记忆，有效推动产业兴旺、促进乡村全面振兴。

关键词： 乡村集体记忆；乡村振兴；立春祭

一　研究缘起

（一）问题的提出

民俗起源于人类的日常生产和生活，是某个地区或民族中的大众所创造、共享和传承的生活文化，起源于群体生活的社会需要，在特定的族群、时间和空间中形成并不断扩布和演变。[①] 城市化、工业化的迅速推进，导致

---

　* 本文为国家社科基金一般项目"传统村落的集体记忆建构与乡村价值传承保护机制研究"（16BSH047）以及国家社科重大项目"乡村振兴背景下我国农村文化资源传承创新方略研究"（18ZDA118）的阶段性成果，原载于《浙江学刊》2020年第2期，收入本书时有修改。

** 鲁可荣，浙江农林大学文法学院教授；曹斐浩，浙江师范大学法政学院社会学专业2016级硕士研究生。

① 钟敬文：《民俗学概论》，上海文艺出版社，1998，第4页。

传统村落逐渐解体、乡村文化日益凋敝、乡村文化集体"失忆"等问题，传统民俗文化失去传承主体，载体也日渐式微，乡村社会生机和活力不如往昔。

哈布瓦赫认为，集体记忆是指在一个群体或社会中人们所共享、传承以及一起建构事物的过程和结果，集体记忆传承的重要条件是社会交往与群体意识需要提取该记忆的连续性。[①] 学界关于民俗文化与集体记忆关系的研究主要集中在三个方面。一是关于民俗文化活动的操演与集体记忆的强化。纳日碧力戈实地考察了各烟屯蓝靛瑶村民们祖灵和鬼魂信仰及其通过操演仪式强化重构集体记忆。[②] 林莉君从传统仪式音乐角度分析磐安"炼火"民俗活动仪式的展演延续以及集体记忆的强化。[③] 二是关于民俗文化集体记忆的重构与活态传承利用。例如，陈兴贵阐述了土家族摆手舞经过记忆重构更加富有生命力并成为国家级非遗。[④] 三是关于传统村落民俗文化活动的建构与传统乡村可持续发展。王霄冰认为民俗文化完整地保护与传承可以为传统乡村发展提供内在的精神动力。[⑤] 彭伟文分析了沙坑村醒狮传统民俗文化的复活、再生和利用的过程，认为非遗传统文化可以在都市和农村之间共用与共享。[⑥]

综上所述，目前学界比较关注民俗文化自身的保护传承，缺少深入系统地探究乡村民俗文化的传承创新与乡村可持续发展的内在逻辑关系的研究。近年来，政府和社会各界越来越重视对乡村传统民俗文化保护传承，山东、浙江、山西等地开展了形式多样的乡村记忆工程。一些地方政府通过有意识性地重构和再现传统民俗文化集体记忆，开展特色民俗文化活动，促进乡村旅游。十九大报告明确提出要加强优秀传统文化传承保护，促进乡村文化振兴。那么，乡村传统民俗文化的集体记忆在当下为何出现重构？如何在保护传承中适当地加以创新和有效利用，从而促进传统乡村文化振兴？

---

① 〔法〕莫里斯·哈布瓦赫：《论集体记忆》，毕然、郭金华译，上海人民出版社，2002，第44页。

② 纳日碧力戈：《各烟屯蓝靛瑶的信仰仪式、社会记忆和学者反思》，《思想战线》2000年第4期。

③ 林莉君：《磐安仰头"炼火"仪式音声的考察与研究》，《中国音乐学》2009年第4期。

④ 陈兴贵：《"被发明的传统"：现代土家族摆手舞的文化透视》，《广西民族研究》2015年第6期。

⑤ 王霄冰：《民俗文化的遗产化、本真性和传承主体问题——以浙江衢州"九华立春祭"为中心的考察》，《民俗研究》2012年第6期。

⑥ 彭伟文：《一座移民村落对传统的再生与利用——以广州市沙坑村及其龙狮团为中心》，《民俗研究》2018年第5期。

（二）案例村概况

妙源村隶属浙江省衢州市柯城区九华乡，2013 年由外陈村和寺坞村合并而成，共 358 户 915 人，村民以吴、龚、傅、苏等姓氏为主，是典型的宗族型传统村落，距今已有 257 年历史。2016 年底，中国"二十四节气"被列入联合国教科文组织人类非物质文化遗产代表作名录。由于妙源村拥有一座供奉春神句芒的梧桐祖殿，并在每年立春节气举行祭祀活动，因此该村即成为"立春祭"活动的主办地。近年来，该村依托良好的山区生态环境以及独具特色的乡村传统文化发展乡村旅游，有效地促进了经济发展。该村陆续荣获"浙江省特色旅游村""浙江省传统村落""浙江省 AAA 级风景区""中国传统村落"等荣誉称号。

自 2015 年以来，在课题组相关前期研究成果以及文献研究的基础上，课题组每年 2—3 次深入妙源村开展立春祭民俗文化的田野调查，通过参与式观察、关键人物访谈等实地调查方法，梳理分析立春祭集体记忆的建构、失忆与重构过程，探索分析在新时代乡村振兴背景下，通过合理重构乡村集体记忆和活态传承乡村价值，有效促进乡村文化振兴的路径。

二 妙源村立春祭祀民俗文化的集体记忆建构过程

（一）妙源村立春祭祀民俗文化的历史演变

自古以来，中华民族农耕文明发达，世代先民在道法自然的农耕生产生活中创造和积累了丰富的有关农时节气的民俗文化。传统农耕社会，上至庙堂下至乡野，都会在立春节气当天举办相应的祭祀活动，以求迎春接福、五谷丰登、风调雨顺。自清代开始，衢州当地立春祭祀活动就已经广泛开展。清朝康熙年间《衢州府志·典礼考》记载："立春前一日，官率僚属迎春于东部，出土牛行鞭春礼。"[①] 民国《衢县志·风俗志》记载："作春饼，设夜宴，欢聚享春福。民间犹鼓吹，送春牛图于家者。"[②] 妙源村吴氏宗谱和龚氏宗谱中都明确记载，每当立春之时，村民们都要在梧桐祖殿组织祭春神鞭牛迎春的民俗活动。供奉春神句芒的梧桐祖殿始建于明末清初，于民国二十二年（1933 年）重新修缮，是立春祭祀的主要场所，并逐步形成了一整套祭

---

① （清）杨廷望：《衢州府志》，清光绪八年重刊康熙纂修本，第 1611 页。
② 郑永禧：《衢县志·风俗志》，1937 年影印本，第 828 页。

祀仪式，包括迎春接福、殿内焚香祭拜、抬佛巡村、演戏酬神等活动。中华人民共和国成立以后，梧桐祖殿逐步失去了原有的祭祀功能，立春祭祀民俗活动也潜匿为村民们的私下活动，直至 20 世纪末渐趋消失。

2001 年，时任浙江省民间文艺家协会会员的汪筱联在开展旅游普查工作时在妙源村发现了一座古庙，经过考证确认是供奉春神的梧桐祖殿。后经多方努力，梧桐祖殿得以重修，春神句芒像也被重塑，并于 2005 年恢复了中断多年的立春祭祀活动。此后，妙源村立春祭祀逐步申报成为区、市、省级非物质文化遗产。2011 年，为了扩大知名度，该村立春祭祀改名为九华立春祭（妙源村隶属九华乡），并于同年成功入选国家级非物质文化遗产名录。从 2012 年开始，立春祭的主办方由原村两委上移至区文化局具体负责。此后，为了体现立春祭祀活动的正规性和隆重性，经过多方探索和创新，形成了一系列标准化和可操作化的立春祭祀仪式。2016 年 11 月，以九华立春祭等为代表的中国二十四节气被列入联合国教科文组织人类非物质文化遗产代表作名录，从此九华立春祭更是蜚声中外。

（二）立春祭祀民俗文化的集体记忆建构

康纳顿认为，"有关过去的回忆或者形象，或多或少是在仪式的操练中传送和保持的"。他区分了两种重要方式：纪念仪式和身体实践。社会记忆在重大的历史时刻通过纪念仪式来传承，而在平常的生活中则通过潜移默化的生活习惯和生活经验来沉淀。① 乡村集体记忆的建构与乡村变迁发展密切相关，其建构过程就是村民们在长期的农耕生产生活中，依托宗谱村志、口头传说、仪式活动以及活动场所等物质或非物质载体，通过身体的实践"能动性"建构、积淀、传承及共享的集体记忆。②

口头传说生根于村民世代相传的集体记忆。千百年来，坊间一直有着关于春神句芒的民间传说。③ 句芒，又称芒神、春神、木神，掌管树木和百草生长，兼顾谷神之职能，负责安排一年的农事活动。关于春神的神话传说一直在妙源村世代村民中口口相传，凝聚成村民对自然和神灵的敬畏、感恩等朴素的民间信仰的集体记忆。

---

① 〔美〕保罗·康纳顿：《社会如何记忆》，纳日碧力戈译，上海人民出版社，2000，第 4 页。
② 鲁可荣、胡凤娇：《以竹为生：乡村传统手工艺的集体记忆建构及价值传承》，《广西民族大学学报》（哲学社会科学版）2018 年第 5 期。
③ 宋兆麟：《春牛图探源》，《中国历史博物馆馆刊》1993 年第 1 期；刘锡诚：《春神句芒论考》，《西北民族研究》2011 年第 1 期。

案例1 郑延林，84岁村民：传说很久以前，春神巡视到梧桐峰看到生长着许多的梧桐树，景色优美，就定居下来。由于春神保佑，妙源村一带年年风调雨顺，村民们安居乐业。为了回报春神恩德，村民们开始在梧桐峰山脚修建庙宇，用山上粗壮的梧桐树干雕刻成句芒神像（村民习惯称之为梧桐老佛）供奉。有一年，连下三天三夜大雨，山洪将庙冲毁，老佛像被冲到了村口的小溪中，三天三夜都不愿离去。于是村民们便将老佛像打捞上岸，重新选址建庙供奉，就是现在的梧桐祖殿。

梧桐祖殿承载着立春祭祀的集体记忆。梧桐祖殿分前殿、主殿、东配殿和西配殿，建筑面积700余平方米。前殿是立春祭祀演戏酬神之处，正门内建一座低矮的戏台，经正门须弓身从戏台下入殿。殿正中供奉句芒神像，北侧供奉风伯、雨师、雷公、电母神像，祈求万物生长、风调雨顺，南侧供奉尉灵公、蔡灵公、杨灵公、茅灵公四大灵公像，祈求百姓平安、延年益寿。

仪式活动表征着立春祭祀的集体记忆传承。仪式活动既可以展现民俗文化的历史形貌，又可以促使人们参与和认知民俗文化。妙源村每年的立春之日在梧桐祖殿举办隆重的祭祀仪式，主要包括送"春牛图"、祭祀春神和演戏酬神等活动。在妙源村，历来是"春比年大"，村民会准备丰盛的酒席，酬神敬神的同时聚会娱乐。

（三）立春祭祀民俗文化的集体失忆

在传统农耕社会里，因地理环境相对封闭以及社会变迁缓慢，传统文化可以得到较为稳定的传承和延续。然而，随着现代社会急剧转型发展，尤其是受到国家政治意识形态和城市化、工业化的影响，地方性传统文化的集体记忆主体、载体及相应的仪式活动不可避免地发生断层、缺位和变迁，从而导致民众对传统文化的集体失忆。

1. 政治意识形态的强化

立春祭祀集体记忆传承语境的缺失。中华人民共和国成立初期，开展了"破四旧、立四新"运动，不少文物古迹、庙宇祠堂等蕴含地方集体意识的传统文化载体以"封建迷信"名义被毁坏，许多传统民俗活动被禁止。在这场"破旧立新"运动中，妙源村立春祭民俗文化活动被迫中止。到了20世纪80年代后期，年轻的村民们只是偶尔地听老人们讲述过去村里举办立春祭祀和中秋抬老佛巡游的盛况，立春祭祀的集体记忆产生了很大的断裂。

案例2 吴延古，七旬竹编老艺人：小时候，梧桐祖殿里面的老佛像很多的，每年中秋节和正月里都要举办祭祀仪式，把老佛抬出来在村里和田里巡游，祈求风调雨顺、五谷丰登。尤其是在正月开春时节请戏班子做戏酬谢老佛，很热闹的。"文革"开始后，老佛像、祭祀活动道具、演出服装等都被销毁。一直到 2005 年前都没有搞过立春祭祀活动。

2. 梧桐祖殿功能的蜕变

立春祭祀集体记忆承载空间的缺位。空间载体是承载民俗文化记忆的重要媒介，供奉着春神句芒神像的梧桐祖殿无疑是立春祭祀民俗文化传承的重要载体。然而，根据多位年过七旬村民们的共同回忆，中华人民共和国成立之初，梧桐祖殿被改造成为村里的锯板厂、碾米厂，后来被改作公社大食堂，再后来又用作外陈小学校舍。家庭承包责任制后，梧桐祖殿先后被承包给私人开办代销店、卫生所、锯板厂和碾米厂等。可以看出，这座原本用来供奉春神的老庙，在政治运动和市场大潮的裹挟下失去了承载立春祭祀的功能，村民们对于立春祭祀的集体记忆也逐渐消失。

3. 祭祀执事的中断

立春祭祀集体记忆传承主体的断层。在传统乡土社会中，民间信仰一般都有着一套完整的传承谱系，逐渐积淀为绵延流传的民俗文化。根据妙源村苏氏宗谱、龚氏宗谱以及傅氏宗谱记载，立春祭祀执事大致传承谱系如下：从道光十七年（1837 年）开始，本村苏氏族人苏礼本为第一代祭祀传承人，十年后开始任房长兼梧桐祖殿执事。第二代传承人为本村龚氏族人龚元绍，从光绪十年（1884 年）起接替上任房长和执事。第三代传承人是苏为授，从民国八年（1919 年）起任房长和执事。第四代传承人为本村傅氏族人傅裕农，从民国三十二年（1943 年）起任房长和执事。第五代传承人由傅裕农传给自己外村徒弟郑遂安。第六代传承人为本村村民龚双寿，于 1948 年经师徒传承担任梧桐祖殿执事。此后一直中断，直至 2005 年恢复立春祭祀活动，才重新选任了新的第七代传承人龚卸龙担任立春祭祀执事，因其在 2008 年不幸去世，立春祭祀执事传承给其弟龚元龙（时任村党支部书记）。

从上述妙源村立春祭祀执事传承谱系可以看出，从道光年间就建立了较为体系化的民间祭祀组织，有效地维系了立春祭祀民俗文化的代际传承。然而，自 20 世纪 40 年代末至 21 世纪初，立春祭祀执事的传承谱系从第六代到第七代传承人之间中断了近 60 年，祭祀传承主体断层。由于负责组织祭祀活动的组织体系长期缺位，再加上梧桐祖殿及神像遭到损毁，承载立春祭祀的空间载体被瓦解，立春祭祀逐渐淡出了村民们的日常生活。直至 2003

年，在地方文化人士、基层政府以及村两委的多方努力下，才重新延续了立春祭祀民俗文化的集体记忆。

三　妙源村立春祭祀民俗文化的集体记忆重构与复苏

康纳顿认为，不但要关注集体记忆当下的建构，也要重视集体记忆的保存和传承。① 近年来，国家及社会各界日益重视中华民族优秀传统文化的保护和弘扬，采取多种形式开展非物质文化遗产的挖掘、保护和传承工作。随着生活水平不断提高，城乡居民对于以民俗文化为核心的精神文化需求增强。同时，在乡村旅游的发展过程中，各种形式的乡村民俗文化的集体记忆不断地被重构，有效地推动了乡村文化旅游业的发展，也促进了乡村优秀传统文化的保护传承。正是基于上述多元主体对于乡村传统优秀文化保护传承的现实需求，妙源村立春祭祀民俗文化的集体记忆开始复苏。2003 年，梧桐祖殿被重新修缮。2005 年立春之日，在梧桐祖殿重新恢复立春祭祀活动。2006 年，立春祭祀被确立为柯城区非物质文化遗产，2007 年，又被列入衢州市级非物质文化遗产名录和浙江省第二批非物质文化遗产名录。2011 年，以该村隶属的九华乡名义申报的"九华立春祭"成功列入第四批国家级非物质文化遗产代表名录。2016 年底，以"九华立春祭"为代表的中国"二十四节气"正式列入联合国教科文组织人类非物质文化遗产代表名录。至此，妙源村立春祭祀民俗文化的集体记忆被成功地重构与复苏。

（一）多元主体协同参与民俗文化集体记忆的重构

1. 本土文化精英从岁月的尘封中挖掘、恢复立春祭祀的集体记忆

民俗文化作为乡村传统文化传承的具体承载形式，具有普遍性和集体性的特征，是乡村民众在日常生产生活中形成和积淀的关于生活范式、礼仪、习俗和价值观念的传统文化形式。在乡村民俗文化的传承中，培养了一代代本土文化精英，从而使其薪火相传、绵延流传。妙源村立春祭祀民俗文化历经政治、工业的冲击而遭遇集体失忆，直至 2000 年以后，在汪筱联、龚卸龙等多方努力下，将立春祭祀的集体记忆从岁月的尘封中挖掘、恢复。

案例 3　汪筱联，衢州知名的地方民俗文化研究者：2001 年 4 月

---

① 〔美〕保罗·康纳顿：《社会如何记忆》，纳日碧力戈译，上海人民出版社，2000，第 4 页。

底，我到妙源村开展旅游普查工作时突遇暴雨，在一栋老房子门前避雨，偶然看到门头上一块斑驳破旧的牌匾上隐约现出"梧桐祖殿"四个绿漆大字。进入屋内发现建筑空间较大，虽然被隔成锯板厂和碾米厂，但总体结构保存较完整，依稀辨别出是座古庙。与村民聊天得知，这座庙原来是供奉梧桐老佛的，老佛神像是用梧桐木雕刻成的，"身穿白衣，脚驭两龙，背负双翅，右手持规，左手握五谷"，每年都有立春庙会和中秋庙会，"文革"期间神像被毁。结合村民们对于梧桐祖殿供奉老佛神像的记忆，通过查阅相关古籍文献，发现《山海经·海外东经》中将春神句芒描述为"鸟身人面，乘两龙"，据此，我大胆推测这个梧桐祖殿很可能是全国唯一现存的春神庙。

2003 年，在汪筱联等本土文化精英的奔走呼吁下，锯板厂和碾米厂从梧桐祖殿搬走。村民龚卸龙积极倡导并带头捐款，多方发动村民参与，共筹得两万多元资金，着手恢复梧桐祖殿。按照年长村民对于梧桐祖殿的记忆，对殿内外主体结构进行修复，门楣上"梧桐祖殿"牌匾也恢复如初。殿内两侧墙壁以国画形式绘制二十四节气文化。由于梧桐老佛像在"文革"时被烧毁，衢州日报社记者邹跃华辗转复印到北京故宫保存的春神像，再参考老人们对于以前梧桐老佛像的记忆，爱好木雕的龚卸龙与村民一起上山砍来一棵粗壮的梧桐树，用半年多时间，精心雕刻成一尊手持圆规、脚踏飞龙、背负双翅的 2.5 米高梧桐老佛塑像，供奉于祖殿主殿。经过多方努力，2005 年立春时重新恢复了中断多年的立春祭祀活动。此后，立春祭祀逐步成为柯城区级、衢州市级和浙江省级非物质文化遗产，而汪筱联也成为该非物质文化遗产的首任传承人。

2. 政府、社会及媒体从传承弘扬优秀传统文化的高度规范提升立春祭祀活动

2006 年，衢州市文艺家协会召开年会时决定对梧桐祖殿立春祭祀的历史渊源、传承现状和存在问题开展专题研究。为了扩大立春祭祀民俗文化的社会知名度，2011 年，衢州市文化局将妙源村立春祭祀活动以其所属的九华乡改名为九华立春祭，并成功申报为国家级非物质文化遗产，此后得到了各级政府的高度重视。2012 年，九华立春祭活动由区政府拨专款高规格隆重地举办，区旅游局、文化局、农业局全力配合支持，致力于将九华立春祭打造成柯城区的特色文化名片。2017 年，立春祭祀活动由衢州电视台编导担任总导演，提升祭祀仪式活动的规范性和宣传效果，进一步扩大社会传播影响。立春祭仪式结束后，柯城区政府主办了全国性的立春文化传承保护研讨会，成立了中国立春文化研究中心，专门研究以九华立春祭为代表的民俗文化传承发展。

在高度信息化时代，以新闻媒介为主体的大众传媒为地方民俗文化的保护传承提供了有效的传播途径。2005年重新恢复立春祭祀民俗活动时，《衢州日报》2月13日刊登《九华春神殿浙江惟一》的新闻报道，以图文并茂的形式向社会各界生动地展示了立春祭祀活动。2006年，该报在头版醒目位置再次宣传立春祭祀盛况，并将立春祝福传送给衢州广大民众。之后衢州当地媒体每年都会在立春日前往妙源村，以丰富多彩的形式广泛报道传播立春祭祀活动。2017年立春祭当天，共青团中央通过微博为九华立春祭做了两段直播，短短半天就有177万人次观看，引起了网民的广泛关注。新闻媒介和互联网的广泛传播，有效地促进了九华立春祭的社会影响力和活态传承保护。

3. 在保护传承立春民俗文化活动中村民们尘封已久的集体记忆被重新激活

乡村民俗文化是村民们在长期生产生活过程中的文化积淀，在民俗活动中，村民们既可以不断地延续乡村集体记忆，又可以随着生产生活方式的变化而传承更新。

案例4　龚元龙，村党支部书记：小时候经常听老一辈们讲梧桐老佛和立春祭的故事，一直都很好奇，但是从来没有亲眼见过。2003年，我哥哥龚卸龙主持梧桐祖殿修缮时，我就积极参与其中，了解到更多的立春祭祀民俗文化。2005年，立春祭祀恢复后，由于我对立春文化比较了解，自愿承担了为村民和游客解说的义务。2008年，我担任村支书后，就带领村两委致力传承立春祭祀民俗活动，推动古村保护发展工作，2012年，很荣幸地成为九华立春祭第二代非遗传承人。

案例5　吴海根，返乡青年，村支委：我以前在市里开电脑维修店，对乡村传统文化非常感兴趣。2010年，村里搞立春祭祀活动，龚书记安排由我具体负责组织。我从文化创意的角度对立春祭祀活动在传承的基础上进行全面的创新，经过大家共同努力，每年的祭祀活动都开展得有声有色。同时，我还带头动员家人共同参与，让儿子吴圳连续五年承担了立春祭牧童的角色，发动妻子利用自家的民宿接待嘉宾和游客。2017年，成为九华立春祭第三代非遗传承人。

每年举办立春祭祀活动时，村民们都积极主动地出力、捐钱、捐物，并且明确分工，各司其职，确保立春祭祀活动有序开展。例如，年届八旬的村民蒋学岑精通剪纸技艺，以前立春祭祀仪式活动中需要的各种剪纸都由她负责。2005年立春祭祀恢复后，蒋学岑不顾年事已高，凭着对祭祀剪纸的记忆，欣然拿起了多年不用的剪刀承担了祭祀活动的剪纸工作。

（二）恢复、创新立春祭祀仪式和空间，重构民俗文化集体记忆的载体

1. 立春祭祀仪式的恢复、创新与规范

如前所述，历经半个多世纪的洗礼，妙源村立春祭祀民俗文化的集体记忆主体、载体及相应的仪式活动逐渐断层、缺位和变迁，导致大多数村民对于立春传统民俗文化的集体失忆，直至2005年才重新恢复中断已久的立春祭祀活动。根据一些年长村民们残存的立春祭祀的记忆碎片，诸如供奉祭品、上香祭拜、抬老佛巡游等简单的仪式，汪筱联和龚卸龙借鉴当地的一些民俗文化，重构并新增了鞭春、春播、插春等仪式活动。在立春祭祀当天，在梧桐祖殿前面的农田里，一位老农身披蓑衣，头戴斗笠，手持彩鞭，鞭打一头身披红绸头戴红花的春牛，扶犁开耕。鞭春后由村民在刚刚翻耕过的田地里播撒五谷种子、移栽青菜幼苗，象征春播开始。之后便是插春，村民将事先采集的树苗种在自家门前屋后，祈求五谷丰登。然后，重新回到梧桐祖殿春神像前焚香谢神，立春祭祀仪式正式结束。整个仪式活动较为简单，村民们却兴高采烈地参与其中，享受着久违的民俗文化祥和喜悦的氛围。

2011年九华立春祭成功申报为国家级非物质文化遗产后，柯城区政府开始高度重视。2012年，立春祭祀主办方由村两委上移至柯城区政府，但具体仪式活动还是由村两委主要负责操作。在以吴海根为主的筹委会的精心组织下，参照近年来各级公祭典礼上的一些仪式流程，制定了规范详细的祭祀文本方案，并充分发动村民积极参与到立春祭祀的相关活动中。经过周密筹备，2月4日9时18分，立春祭祀活动正式开始，村主任担任司祭，村书记为主祭，九华立春祭非遗传承人汪筱联为陪祭。司祭宣布仪式开始后，殿外鞭炮齐鸣，殿内戏台上戏班开始奏乐。随后便是由村内十多位长者向春神句芒供奉祭品，祭品品种就地取材、丰富多彩，寓意吉祥喜庆。祭品供奉结束后，由嘉宾向春神像敬献花篮。随后，由主祭宣读接福祭词，并朗读祭文，接着由陪祭领唱《祭春喝彩谣》，最后是主祭、陪祭、司祭、嘉宾、村民等向春神焚香祭拜，行鞠躬礼。之后，在殿外的祭春广场举办"鞭春大典"，仪式主要包括鞭春、抢春、插春等。祭祀仪式结束后，由村两委统一安排尝

春，免费就餐，餐食以新鲜蔬菜、年糕、粽子等为主。尝春之后，村两委组织相关人员踏春赏景。最后是持续三天的演戏酬神，立春祭活动正式结束。2012 年的九华立春祭活动是自恢复以来最热闹、最规范的一次祭祀活动，形成了比较固定的祭祀仪式步骤及内容，以后的祭祀都是在此基础上稍加修改，逐渐重构了立春祭祀较为完整的集体记忆。

2016 年底中国"二十四节气"被列入联合国教科文组织人类非物质文化遗产代表作名录后，政府和社会各界更加重视九华立春祭活动，主办方也变更为中国农业博物馆和中国民俗学会，柯城区政府成为承办方，参加的领导、嘉宾越来越多，对九华立春祭的要求也越来越高。因此，筹委会在 2012 年立春祭仪式的基础上，又新增了接春仪式和立春宴。经过连续几年对立春祭祀仪式活动的提升完善，九华立春祭活动已经重构成为程序化、可操作、标准化的民俗活动。

案例 6 吴海根：2018 年立春的交春时分为 2 月 4 日 5 时 29 分。5时许，全体工作人员准备就绪，静等交春时刻。5 时 29 分，主祭打开梧桐祖殿大门，鞭炮齐鸣，接春使者从殿内簇拥而出，并欢呼"春来了，春来了"。随后，接春使者、嘉宾、村民等一起焚香祭拜，之后便是种春苗、撒春泥、浇春水、在祈福丝带上写新春寄语、领取装满五谷杂粮的福袋。接春仪式结束后，嘉宾开始品立春宴，立春宴主要有玉泉春茶、妙源茶食、招财元宝、春卷、九华发糕、妙源米粿、春糕、春盘、阳春面、金玉满堂等十种菜品，寓意十全十美。

2. 立春祭祀公共空间的修缮与重构

梧桐祖殿曾经是立春祭祀活动的重要公共空间，承载着村民们对于民俗文化的集体记忆。2003 年，经过多方努力，根据村民们记忆逐一修复梧桐祖殿内外部主体结构，同时根据年长村民对于梧桐老佛神像的回忆性描述，再参考文献资料中的春神句芒像，由龚卸龙重塑春神像供奉于梧桐祖殿主殿，得到了村民们的一致认可。2012 年，将原来梧桐祖殿供奉的四大灵公神像和风伯、雨师、雷公、电母四大神像重塑到位。为了更好地传承弘扬二十四节气传统文化，2013 年，梧桐祖殿的东配殿改造成为九华农耕文化展览馆，馆内陈列着各种农具、生活器具老物件以及二十四节气文化宣传板，既以实物形式再现了农耕文化，也可以激活村民和外来游客对于乡村民俗文化的集体记忆。

2016 年底中国"二十四节气"成功申报人类非物质文化遗产后，为了扩大九华立春祭的社会影响力，柯城区政府全力筹备 2017 年立春祭祀活动，拨付财政专项资金将梧桐祖殿前面的空地设计改造成为祭春广场，修建了气势恢宏、古色古香的"江南第一耕"牌楼，并将牌楼前高低不平的耕地通过土地流转改造成为错落有致的立春祭鞭春开耕和春播的专用场地。此外，村两委还将原来破旧的年糕加工作坊改造成为新颖别致的春糕馆，修建停车场和主干道绿化亮化等配套工程。政府和村两委共同重构立春祭的公共空间，促进了立春祭活动的顺利开展，有效地活态传承以立春祭为代表的乡村民俗文化。

四 "被发明的传统"：活态传承乡村优秀传统文化，激活传统乡村的多元性价值

（一）流动的乡村集体记忆：乡村民俗文化承载着厚重的乡村集体记忆，其保护发展需要伴随着乡村生产生活方式变迁而重构创新

原有的民俗在社会发展中流传、演变、消亡、复合，它是人类社会进程中伴生的必然物，是人类社会生活永恒的伴侣。[1] 民俗文化的产生发展有其自身的传承规律，随着社会发展条件的改变而变化。妙源村立春祭祀是衢州地区村民们在长期的农耕生产生活中创造、积淀、传承所形成的地域性乡风民俗，承载着厚重的农耕文化集体记忆。近半个世纪以来，由于城市化和工业化等多种因素影响，妙源村立春祭祀民俗文化的集体记忆（包括记忆主体、记忆载体以及仪式展演等）历经缺位、中断乃至失忆。近年来，传统立春祭祀民俗文化正在被重新建构，赋予其新的传承载体、新的仪式活动，促使传统民俗文化得以有效地保护传承。传统民俗往往并不是原封不动地延续着它们原本的意义和功能，而是伴随着现实社会的变化不断发生变化。民俗的属性并不是随着时间的推移全部都会消失，而是会逐渐演变为现代社会文化的有机的构成要素。[2] 因此，乡村民俗文化是流动的乡村集体记忆，其保护发展需要伴随着乡村生产生活方式变迁而重构创新。

---

① 陈勤建：《论民俗的特质及其对社会发展的影响——现代社会与民俗学研究》，《民俗研究》1985 年第 1 期。

② 〔日〕河野真：《现代社会与民俗学》，《民俗研究》2003 年第 2 期。

（二）文化自觉中"被发明的传统"：重构乡村民俗文化集体记忆，活态传承乡村优秀传统文化

随着社会转型发展，人们的生产生活方式必然发生变化，导致民众习以为常的传统习俗也随之改变，适应新的形势，发生变通。现实的人借传统的名义、在传统之中获得一定的合法性，而传统借人的活动成为现实的文化，获得了新的存在。① 近年来，政府及社会各界对于优秀传统文化越来越重视，同时，乡村文化精英和村两委对传统民俗文化的保护传承也有了更明确的文化自觉②，既可以丰富村民们的精神文化生活需求，又可以开展特色乡村民俗旅游。因此，尘封已久的妙源村立春祭祀的集体记忆不但被乡村文化精英和村两委重新激活，而且在各级政府、媒体和社会各界的推动下，原本的立春祭祀民俗活动逐渐被"发明"成为传统农耕文化的典型代表——九华立春祭，并相继成功申报为市、省以及国家级非物质文化遗产，最终作为中国二十四节气之一被列入联合国教科文组织人类非物质文化遗产代表作名录。霍布斯鲍姆等指出，那些表面看来或者声称是古老的"传统"，其起源时间往往是相当晚近的，而且有时是被发明出来的，往往都是为了相当新近的目的而使用旧材料来建构一种新形式的被发明的传统。③ 与历史时期的同类现象相比，"被发明的传统"更为关注的是动态的变化过程中所创造出来的"集团的记忆"。④

那么，在急剧的社会变迁发展过程中，传统民俗文化经过多元主体不断发明和重构，是否依然会保持其本真以及能否活态传承？王霄冰认为，只要有一个实实在在的传承主体存在，其中成员的文化主体意识并未丧失，非物质文化遗产的本真和活态传承就可以得到保证。传承主体，指的是传承人背后的那个集体，它和传承人的关系应是民众群体及其代言人的关系。⑤ 从妙源村立春祭祀民俗集体记忆的建构、失忆以及被重构和发明的过程可以看

① 高丙中：《民间文化与公民社会——中国现代历程的文化研究》，北京大学出版社，2008，第9页。
② 费孝通指出，文化自觉是生活在一定文化中的人对其文化有"自知之明"，明白它的来历、形成过程、所具有的特色及其发展趋势，不带任何"文化回归"的意思。参见费孝通《论文化与文化自觉》，群言出版社，2007，第190页。
③ 〔英〕霍布斯鲍姆等：《传统的发明》，顾杭、庞冠群译，译林出版社，2008，第1页。
④ 陈兴贵：《一个西南汉族宗族复兴的人类学阐释——重庆永川松溉罗氏宗族个案分析》，《广西师范大学学报》（哲学社会科学版）2013年第2期。
⑤ 王霄冰：《民俗文化的遗产化、本真性和传承主体问题——以浙江衢州"九华立春祭"为中心的考察》，《民俗研究》2012年第6期。

出，乡村民俗文化是一定地域内的民众在特定的生产生活实践中积淀形成的乡风民俗，也必然随其生产生活条件的变化而改变。以村民为主要成员的多元传承主体在乡村生产生活方式的变迁中会自觉地对传统民俗文化进行适当的重构、发明，更好地满足社会发展的实际需求。

（三）多元主体的协同合作：传承和重塑乡村优秀传统文化，为乡村振兴提供内源式发展动力

在新时代乡村振兴战略背景下，要充分挖掘整理传统乡村历史变迁与发展，通过系统梳理以村志、宗谱、民俗文化以及传统手工艺等为主要载体的乡村集体记忆，重新发现、审视和激活传统乡村的综合多元性价值。在九华立春祭"被发明"过程中，政府、媒体、学者、村两委和村民等多元主体都扮演着发明者的角色，每个发明者各尽所能、各取所需，共同的利益目标促使多元主体协同合作。多元主体共同的文化自觉与协同合作是实现传统乡村文化传承与创新的基本前提和重要保障。因此，要充分激发各级政府、社会、文化精英、新乡贤等多元主体的文化自觉和文化自信，挖掘整合和活态传承以民俗文化为核心的乡村优秀传统文化资源，合理重构乡村集体记忆，不断赋予其时代内涵、丰富传承载体以及合理利用，创造性转化、创新性发展，将乡村优秀传统文化的资源优势培育转化成乡村振兴的文化软实力和内源式发展动力，有效促进乡村全面振兴。

社会发展

如何再造村社集体[*]

贺雪峰[**]

摘　要： 再造村社集体的关键是要在村社集体内部形成"利益共享、责任共担"的利益再分配机制，其中最重要的是重建村社内部"算平衡账"的机制。本文回顾了人民公社以来主要的村社集体"算平衡账"的类型，提出了以回归集体土地生产资料性质为基础的再造村社集体的具体路径。以土地集体所有制为基础来激活村社集体，为国家向农村投入资源振兴乡村提供了基本的组织基础。

关键词： 村社集体；乡村振兴；土地制度；算平衡账

一　引论

在《乡村振兴与农村集体经济》和《再造村社集体，将农民组织起来》两文[①]中，笔者提出借鉴国有农场的经营体制，将农村集体土地回归其生产资料性质，借当前农地"三权分置"制度设计，再造一个"利益共享、责任共担"的村社集体，为乡村振兴战略提供组织基础。只有将农民组织起来，让农民成为乡村振兴的主体，让他们自己来建设自己的美好生活，乡村振兴战略才能落地，乡村振兴的伟大目标才能实现。

如何再造村社集体？最重要的就是要建立起利益关联机制，让农民自己来建设自己的美好生活。村庄是农民主要的生产生活场所，乡村振兴是农民

---

* 本文为作者撰写的"乡村振兴与集体再造"系列论文的第三篇，原载于《南京农业大学学报》（社会科学版）2019 年第 3 期，收入本书时有修改。

** 贺雪峰，武汉大学社会学院教授。

① 这两篇文章为笔者撰写的"乡村振兴与集体再造"系列论文的前两篇。《乡村振兴与农村集体经济》发表于《农村·农业·农民》（B 版）2019 年第 8 期，《再造村社集体，将农民组织起来》发表于《开放时代》2019 年第 3 期。

自己的事情，乡村振兴必须以农民为主体。当前农村存在的最大问题是，取消农业税以后，村社集体不再向农民收取"三提五统"和共同生产费，也不再有权力调整农村的土地，作为农村土地所有者主体的村社集体，其土地所有者身份虚化缺位。村干部成为自上而下行政体系的一环，村干部行政化了，仅仅是国家在农村的"代理人"。因为村社集体土地所有权的虚化，村干部缺少经济基础，行政村与村干部丧失了与农民的利益联系。村社集体虚化了，村社集体不算分配，村干部与村民之间没有实质性利益关系。村庄失去了再分配能力，村社集体丧失了公共性。再造村社集体，关键就在于重建村社集体内部的利益关联机制，激活村社集体，从而使村社集体能够形成主体性，形成国家政策与资源输入时的自主回应能力。

中国农村地域广大，不同地区差异很大，一方面，国家提供城乡均等的基本公共服务和基础设施，另一方面，所有超过基本公共服务和基础设施的美好生活都要靠农民和其所在村庄集体去建设。因为已经形成全国统一劳动力市场，户内事务包括农户家庭致富的事情都是私人事务，理应由农户家庭承担。村庄以外的基础设施则一般由国家来承担。户外村内的公共服务与基础设施则需要有一个具有利益再分配能力的共同体来承担，这个利益再分配能力的关键是村庄内部"利益共享、责任共担"的强制能力。产生利益再分配能力的制度必须是强制性的制度，比如收税、收租金、收物业费等。取消农业税前，村社集体向农户收取"三提五统"和共同生产费，全国农村普遍有强制性的"两工"（义务工和积累工），沿海地区村庄收取土地和物业租金等。正是通过这些制度安排产生了地方自治与基层村社共同体，村社成为具有利益再分配能力的行动主体。强制性收费收税也必然会引发村社共同体与其成员的紧密利益联系，并因此建立起自下而上的民主治理体制。

中国农村基层一直是有一定再分配能力的村庄共同体的。新中国成立前，这个村庄共同体主要依靠宗族力量来维系农村基本生产生活秩序，相当一部分农村都有一定比例的族产收入。新中国成立以后，农村进行了十分彻底的土地改革，消灭了土地私有制，并很快通过合作化、人民公社建立了具有中国特色的农村集体土地所有制，形成了集体经济。虽然人民公社时期、分田到户后取消农业税前、取消农业税后这三个时期农村村社集体的内涵差异比较大，土地集体所有制的宪法规定以及土地作为生产资料的社会主义性质未变，这正是当前中国再造村社集体的最重要条件。

下面先回顾人民公社以来的村社集体，然后讨论在当前乡村振兴战略背景下再造村社集体的可能性与具体路径。

二　人民公社以来的村社集体

中国农村土地制度和村社集体制度的演变大体可以分为三个阶段，即人民公社体制、分田到户后取消农业税前的农村经营体制、取消农业税后的村社集体。此外，全国不同地区还有一些创新性的实践也值得讨论。

（一）人民公社体制

人民公社实行"三级所有、队为基础"的政社合一体制，生产队是农民基本的生产与生活单位，共同生产，统一分配，是最基本的经济核算单位。人民公社实行按劳分配，所有劳动都核算为工分。一般来讲，作为基本核算单位的生产队，每个社员（劳动力）通过参加劳动获得总工分，总工分乘以每个工分的分值就是社员年收入。而每个工分的分值又取决于生产队当年总收入减去总支出再除以总工分的所得，即：

$$\frac{生产队总收入 - 生产队总支出}{生产队总工分} \times 社员个人总工分 = 社员年收入$$

以上公式中，无论是生产队总收入还是总支出，还是生产队总工分，以及社员个人总工分，都是不确定的。人民公社时期城乡分割，农村以农业为主，农民主要从事农业生产，生产队主要收入来自农业，生产队社员集体劳动，每天集体出工，记工分，每个社员每天出工所记工分一年加总即为社员一年总工分。所有社员总工分再加上其他诸如民办教师、赤脚医生的工分加总形成生产队总工分。生产队总收入即一年内农副业等各项收入的加总，总支出不仅包括生产性的投入，而且包括各种公益开支和公积金。

人民公社时期正是中国快速推进工业化的时期，为了完成工业化，国家采取了优先发展城市与工业的战略，工农产品存在明显剪刀差。对于人民公社来讲，工农产品剪刀差压低了农产品的价格，降低了生产队总收入。总支出方面，生产队承担了大量非经济组织的功能，比如基础设施等公共工程建设，五保等社会保障事业，医疗卫生、教育文化事业支出，甚至承担了大量跨区域大型公共工程建设比如修建大型水库、铁路公路。

从生产队总工分来看，除了社员参加生产队劳动的工分以外，生产队还为其他事业工作记工分，最典型的是赤脚医生、民办教育、文艺宣传队、亦工亦农干部以及外出参加国家工程的劳动力记工分。大队和小队干部工作误工也以计工分来补偿，这样做的好处是历史性地解决了中国农村公共和公益事业发展不足的问题，尤其是在中国农村存在大量剩余劳动力的情况下，通过工分制让大量农村剩余劳动力从事医疗、教育、文化事业，大幅度提高了农村社会教育事业的发展水平，同时，大量非生产性工作记工分并纳入生产队总工分，使生产队总工分持续扩大。结果就是，在生产队耕地面积一般不可能增加，生产队总收入主要来自农业也就是土地收入时，在存在工农产品价格剪刀差的情况下，生产队总收入增长相对较慢，总支出却因为各种社会事业越来越多而迅速增长，总工分也在不断增长，出现普遍的工分分值下降。① 相对来讲，因为受到每天最高工分值和一年 365 天的限制，社员总工分不可能增长，造成了人民公社时期社员收入增长较为缓慢的问题。

人民公社时期，农户收入较低，很多生产队仅仅维持温饱水平，生产队在进行分配时必须要考虑无法挣工分的非劳动力（老年人、儿童以及病残人员）的基本分配，因此，在全国几乎所有生产队中，生产队经济剩余（总收入－总支出）分配既要考虑人口，又要考虑劳动力，生产队经济条件好可以按人劳五五开分配，即人口和劳动力对半分配，大部分生产队则按人劳六四开甚至七三开来分配，按人口分配是生存的逻辑，是福利的逻辑，也是平均主义的逻辑。按劳动来分配则是按劳分配。无论从哪个方面来看，人民公社时期的按劳分配都是很不够的。除了没有真正实现按劳分配以外，因为个体劳动与最后收入之间缺少联系，生产队集体劳动还存在出工不出力的"磨洋工"现象以及农业生产监督的难题，最终造成了人民公社的低效率。进入 20 世纪 80 年代，集体劳动统一分配的生产队模式被分田到户的大包干模式取代。

人民公社体制最大的优势有三个：一是通过工农产品价格剪刀差为国家工业化提供了大量来自农业的支持，助推中国在很短时期完成了工业化；二是将大量农村剩余劳动力引导到教育、医疗、文化等社会建设事业，从而主要依靠农村社会内部力量将传统中国乡村社会改造为现代社会结构；三是利用农村剩余劳动力大幅度改善了农业生产基础条件，包括修建高质量的梯田，修建大型水利设施，等等，典型表现是有效灌溉面积由新中国成立初期的 18% 提高到 1980 年的 46%。②

人民公社时期，正是凭借工分制，生产队体制取得了远超历史任何时期的伟大成就，并为分田到户以后农业生产的快速发展提供了基础。人民公社

① 曹锦清、张乐天、陈中亚：《当代浙北乡村的社会文化变迁》，上海人民出版社，2014。
② 程漱兰：《中国农村发展：理论和实践》，中国人民大学出版社，1999。

体制也有其局限性，到了人民公社后期，越来越多的生产队出现出工不出力的"磨洋工"现象，1978年安徽小岗村大包干的做法很快就在全国推开。

（二）分田到户后取消农业税前的农村经营体制

分田到户以后，农村实行以家庭承包为基础的统分结合双层经营体制，农民"交够国家的、留足集体的、剩下都是自己的"，生产积极性大幅度提高，农业产出大幅度增加，农民收入快速增长，农村出现了一片繁荣景象。

不过，分田到户以后农村繁荣景象好景不长，各种问题接踵而至，其中核心是在农业剩余比较少的情况下，农民往往不是"交够国家的、留足集体的、剩下都是自己的"，而是"交够国家的、剩下都是自己的"，却不愿"留足集体的"，甚至连国家的农业税也不愿交，国家从分散农户那里收取税费十分困难。为了调动乡村干部协税积极性，地方政府普遍默许乡村干部搭车收费，结果，到了20世纪80年代末，三农形势恶化，三农工作成为党和国家不得不重新重视的"重中之重"的工作。

分田到户最大的好处是调动了农户生产积极性，问题是，在农民收入较少的情况下，国家从分散农民那里收钱搞建设几乎不可能。分田到户不久，国家还无力为农村提供大量财政资源，不得不强制向农民收取税费，从而引发较为严重的三农问题。一方面税费收取困难，另一方面医疗教育、文化事业、农村水利等基础设施和社会事业建设推进乏力乃至停滞。而且，在农村耕地有限、劳多地少的情况下，农户生产积极性的提高产生了大量农村剩余劳动力，这些剩余劳动力无所事事，也无法组织起来。

分田到户后取消农业税前，尽管因为收取农业税费而产生了较为严重的三农问题，总体来讲，村干部还是能收取大部分税费从而可以筹资举办"一家一户不好办、办不好和办起来不合算"的公益事业，最典型的是集体灌溉。

（三）取消农业税后的村社集体

进入21世纪，中国经济持续增长，城市工商业税收占比越来越大，农业GDP占比持续降低，国家具备了取消农业税的条件，并在2006年全面取消了农业税及专门向农民收取的各种费用。之前搭车收费的"三提五统"、共同生产费、"两工"义务也随之取消，承包土地的农户不再向村社集体承担任何义务，村社集体也不再有任何对农民的强制力。在缺少其他集体资源的情况下，村社集体不再具有解决"一家一户不好办、办不好和办起来不合算"事务的能力，户外村内公益事业陷入无人负责的局面。

取消农业税后，国家为农民提供越来越多的财政转移资源，主要是通过项目制和直接"一卡通"到户两种形式，村社集体并未成为对接国家转移资源的单位，结果是，国家向农村输入资源越多，农民的依赖就越严重，国家资源下乡与农民组织能力下降同步。取消农业税前向农民收钱难，取消农业税后给农民办好事也很难，其中主要原因就是在缺少组织的情况下，国家与分散的亿万农户打交道的成本很高，效果较差。

（四）成都城乡统筹改革

2008 年，成都城乡统筹改革，政府拿出大量财政资源支持农村建设，在建设农村方面取得了一定成绩，但也有不少教训。成都市城乡统筹有三项资源支持农村建设：一是给农户每亩承包地每年补 300 元耕地保护基金，直补到户；二是给每个行政村每年 30 万—50 万元公共事业服务资金（以下简称公服资金）；三是通过增减挂钩政策给农村输入数百亿元建设经费。

耕地保护基金直补到农户，未能起到提高农民主体性和增加农村组织能力的作用，反而成为地方财政的巨大负担。公服资金下达到村，由村民议事会议定进行何种公益事业或公共工程建设。刚开始时，因为公服资金投入与农民生产生活条件改善关系十分密切，村民议事会就会热烈地讨论，并真正形成民主使用公服资金的制度，自上而下的资源输入与农民自下而上的需求表达在村民议事会中对接，国家资源输入提升了农民组织能力。不过，最近几年，因为村庄基础设施大都已经完善，村庄公服资金使用中出现了若干不规范，地方政府因此加强了对公服资金的监管，规定了公服资金使用的严格目标与严格程序，村民议事会决议仅仅是公服资金使用中的一个环节，公服资金越来越类似项目制，从而越来越难以起到提升农民组织能力的作用。

（五）沿海工业化村庄的集体经济

在已经工业化的沿海农村，珠三角农村和苏南农村农地改为工商用途可以获得远超过农地的土地增值收益，农民因此可以从中受益。土地集体所有制在其中起到了基础性作用。

珠三角与苏南略有不同。珠三角村社集体的主流模式是土地股份制或共有制，即村社集体是土地的所有者，通过招商引资出租土地，获取土地租金，土地租金收益属于全体村民，村民按股分红。某种意义上讲，珠三角农村村民成为集体地主，他们有着强烈的增加土地租金以有更多分红的倾向。极端情况下，珠三角农村村社集体可能成为"土围子"，对抗所有村庄以外的力量。[1]

苏南农村村社集体将承包给农户的土地返租，给农户支付土地租金，并给超过 60 岁的农民养老保障，村社集体将土地出租给外来企业获取土地租金，村社集体土地租金一般不分红而用于建设村庄公共事业，提供村庄公共福利。2017 年笔者到苏州调研，苏州有一个口号"消灭集体收入低于 200 万元的行政村"，即如果有村庄年集体收入低于 200 万元，地方政府就批给建设用地指标，允许行政村建集体楼宇出租，从而获得超出农地的增值收益。苏州地区，同样是基础设施，村社集体强的村庄就用集体资金来建，集体经济实力弱的村庄，地方政府就通过项目投入建设，从这个意义上讲，苏州强大的村社集体经济并未成为"土围子"，而是进一步强化了国家在农村的力量。

（六）广东清远农村综合改革

广东清远农村综合改革试点中的土地整合与资金整合最值得关注。土地整合即在土地确权时确权不确地，让村社集体具有调整土地的权力，从而解决当前农村普遍存在的农地细碎化问题，以及农地承包者与经营者分离的问题。资金整合主要是通过农户授权形式将国家直补到户的农业综合补贴由村社集体掌握，作为村庄公共事业建设经费。清远农村综合改革大大提升了村社组织的办事能力，激发了村社组织的主体性与活力。

（七）山东农村的土地调整

2016 年农村土地确权以前，山东农村仍然普遍存在土地的调整。按农民的说法，土地是集体的，农民要是没有土地怎么活下去？所以，每隔几年村社集体就要依据农户人口增减来调整土地，多退少补。山东农村调整土地是出于伦理依据，即农民是靠土地养活的，"减人减地、增人增地"是理所当然的。实际上，正是土地调整使山东农村可以顺应大量农民进城和农业生产力发展（尤其是机械化的普及）背景下农村土地并块和集中的内在需要。

更重要的是，借土地调整，村社集体可以对所有农户进行责权利的清算

---

① 贺雪峰：《农村集体产权制度改革与乌坎事件的教训》，《行政论坛》2017 年第 3 期，第 12—17 页。

与平衡，从而形成村级治理的基本条件。凡是土地调整顺利的村庄，其基层治理往往就比较好，而基层治理不好的村庄，土地调整往往也调不动。土地调整涉及农民利益清算，是村庄与各个农户之间收支往来、权利义务之间的总账平衡，即"算平衡账"，正是这个"算平衡账"激活了村庄治理，提高了村庄的组织能力。

三　激活村社集体的关键是算平衡账

从前文所述我们可以看出决定乡村治理的一个关键机制就是李昌平所讲的"算平衡账"[①] 机制。

人民公社时期，生产队每年都要算平衡账，即每年年底要依据公社的规则来算分配，哪一户有分配，哪一户超支了，依据生产队的规定计算，都要按这个规定来。生产队会计是不敢乱算分配的，因为与农户利益息息相关，农民也会点滴必争，生产队这个集体因此与农户紧密相连，农户对生产队事务是全力参与，积极关心，生产队干部谋取私利的行为以及破坏公认规则的行为都会被农户强力纠正。

人民公社时期在建立生产队集体与农户紧密关系方面无疑是成功的，生产队是共同生产、统一分配的共同体，这个共同体可以共同应对户外村内"一家一户办不好、不好办和办起来不合算"的事情。

分田到户以后，"交够国家的、留足集体的、剩下都是自己的"，这一机制的最大好处是可以极大程度地调动农民的生产经营积极性。"留足集体的"资源主要用于农村公益事业建设，户外村内的公益事业和公共工程建设就有了稳定的资金与劳动力来源，也就可以在调动农户个体积极性与保持村庄共同体之间达成平衡。遗憾的是，到 20 世纪 80 年代末，粮价低迷，地方政府为了加速地方经济发展，不断增加对农民的摊派，最终农民负担越来越重，结果就出现了拒绝"交够国家的、留足集体的"钉子户和无力"交够国家的、留足集体的"贫困户。乡村搭车收费进一步恶化了农村形势，造成干群

[①]　"算平衡账"又称"结平衡账"，系村社集体每年年终对全体村社成员经济往来的结算。李昌平认为，"结平衡账"是维持共同体长期存在的核心制度。无论外部制度怎么变，只要共同体内部每年"结平衡账"制度正常运行，"四权统一"和"三位一体"就能够长期存在并得到巩固。假如内部"结平衡账"制度受到破坏，哪怕是只有 1—2 年不结平衡账了，共同体就有可能名存实亡。参见李昌平《再向总理说实话》，中国财富出版社，2012，第 89 页。

关系紧张。20 世纪 90 年代笔者在农村调研发现，因为负担太重，农民最常讲的是"我不要承包地行不行？不要地也不缴税费摊派行不行？"乡村干部的回答是"不行"，因为"大家都不要承包地，谁来承担国家税费摊派任务呢？"

取消农业税后，村社集体不再有权力和能力向农户收取税费和摊派，农民不再承担任何对村庄的公益事业义务，村社集体失去了依据村社集体理性来进行建设的可能性，因为即使全村 2/3 的村民认可且通过了决议来进行造福全体村民的公益事业，也可能会因为没有资源而无法实施。向农户收取"一事一议"经费，只要有一户不同意，村社集体决议就变成废纸。这也是取消农业税以后全国农村"一事一议"基本上都没能进行下去的原因。简言之，当村社集体没有对农户收费或收租的权力时，当农户不再对村社集体有义务时，村社集体失去筹资渠道时，村社集体就失去了"算平衡账"的条件，村社共同体也就不存在了，即使对所有村民有益的事业也无法做成。其中最典型的表现是因为缺少村社集体理性，大型水利设施无法与单家独户农户对接，造成农业灌溉水平的大幅度倒退。[1]

为了弥补取消农业税后农村公共工程和公益事业的不足，国家通过项目制直接为农村提供公共品，不足是不同农村差异太大，国家直接提供公共品往往偏离村庄实际，造成投资效益损失。更糟糕的是，国家投入并未能调动村庄和农民的积极性，甚至普遍出现了农民"坐地要价"的情况。村社集体没有权力向农户收取税费，做出的决定也无法执行，村社集体与农民利益无关，农村超出一家一户的公共事业，村社集体无能为力。因此，部分农民对选谁当村干部变得漠不关心。

取消农业税后，成都向各行政村提供相对固定的公服资金，这笔经费必须经由村民议事会讨论决定如何使用。因为村庄有大量需要建设的公共事业，这些事业构成农民生产生活便利的基础，村民议事会会认真讨论如何最有效地使用这笔公服资金。有点遗憾的是，为了防止国家资源的滥用，成都市对下拨到村的公服资金用途进行了越来越严格的程序规定，公服资金越来越不好用了，村民议事会的讨论越来越成为公服资金使用中的一个环节，而不再是只要经过村民议事会讨论通过就可以合法使用公服资金。

自上而下的公服资金下拨到村，由村民议事会来使用，还存在一个问题

---

[1] 罗兴佐、贺雪峰：《论乡村水利的组织基础——以荆门农田水利调查为例》，《学海》2003 年第 6 期，第 38—44 页。

就是，农户只有权利，没有责任和义务，从而降低了一般农民对公服资金的关注力度，这也是出现村干部滥用公服资金的原因之一。

沿海工业化村庄的农地非农使用产生了大量增值收益，这个增值收益以地租的形式进入村社集体收入中，从而让村社集体具有了可供村民分配的资源。因为工业化路径的差异，珠三角地区一般都是通过土地股份制来分配资源，村民成为集体地主。苏南则通过返租倒包形式为农户提供土地租金和养老保障，而将超出农业租金部分的土地非农使用增值收益留在村社集体，这种村社集体资源很大程度上被地方政府掌握，主要用于建设公共事业，加强了地方政府对村社集体的支配能力。也就是说，在沿海先行工业化的农村，农地非农使用的增值收益使得村社集体不用向农户收钱就可以获得用于村庄公共事业建设的资源。相对来讲，珠三角农民更认为村社集体的收入就是每个农户集体所有土地出租产生的，所以应当分配到户；苏南农民则认为返租土地时已支付土地租金和养老保障，土地非农收益不再是自己的，所以对土地分红诉求不高。表现出来就是，珠三角的农地非农使用增值收益更多分红到农户，苏南农村则更多用于建设公共事业，村民算平衡账中一般只算利益而不算义务与责任。

广东清远农村综合改革比较有趣，因为清远市通过土地整合与资金整合重建了村社集体的筹资能力与调整农民利益的能力，也就是算平衡账的能力，从而具备了一定的集体理性来解决一家一户不好办的事情。

山东农村保留调整土地的权力，是通过伦理依据来保留村社集体对分散农户的一定强制力，从而有能力回应农户的诉求，解决单家独户不好办的事务。

以上七种算平衡账的机制如表1所示：

表1　算平衡账的几种机制

阶段及地方创新实践	村社集体资源量	资源来源	算平衡账机制	集体与农民关系紧密度
人民公社体制	小	国家抽取	强	大
分田到户后取消农业税前的农村经营体制	小	国家抽取	弱	中
取消农业税后的村社集体	小	内部调整	无	无
成都城乡统筹改革	中	国家输入资源	弱	中

阶段及地方创新实践	村社集体资源量	资源来源	算平衡账机制	集体与农民关系紧密度
沿海工业化村庄的集体经济	大	土地非农使用资源	强	大
广东清远农村综合改革	小	国家输入资源变为公共资源	较强	中
山东农村的土地调整	小	内部调整	较强	中

四 再造村社集体

激活村社集体最重要的有两条：第一条是村社集体必须要有资源，第二条是村社集体资源的分配与使用要与村社成员利益建立起基于公共规则与共识的联系，其中最重要的是算平衡账，从而可以强制调整村民之间的权责利关系。一旦村社集体具有资源，又建立了使用集体资源的公共规则，就可以解决一家一户办不好的公共事业。

在当前占全国绝大多数的普通农业型村庄，村社集体不可能获得沿海工业化村庄土地非农使用的增值收益。新中国成立以来，村社集体所获收益主要来自集体土地。现在的问题是，取消农业税以后，村社集体不再有向农户收取费用的权力和能力。因此，要重建村社集体的资源能力，主要办法可能就是如清远市农村资金整合中将之前国家直补到户的农业综合补贴收归村社集体，或如成都市将发放到农户的每亩承包地 300 元耕地保护基金改为发放到村社集体。总之，在当前国家资源较多，对农村财政支持能力较强的情况下，完全可以通过国家财政支持来形成村社集体的资源与收入。比如，国家可以设定每亩 300 元的财政补贴直接补到村社集体，相当于村社集体向承包土地的农户收取每亩 300 元承包费。同时建立基于土地集体所有制的公共规则，比如可以对"三权"分置的农地进行赋权，农地"三权"分别为集体所有权、农户承包权、经营权，每一项权利赋值为 1 分，农户承包土地并耕种，每亩土地就得到 2 个赋分，承包土地农户自己不种地而进城务工，农户就将土地经营权交还村社集体，村社集体依据算平衡账情况给让渡经营权的承包农户一定土地租金补偿，村社集体再将收回的经营权招标出租出去，本村社集体成员具有优先中标权。让渡经营权外出务工的农户可以随时回村要回经营权，其前提是，土地是生产资料，只能自己耕种，不能私下流转。这样，我们就可能构造一个主要通过集体土地赋权所形成的分配集体资源的公共规则或算平衡账的公共规则。

例如，一个村社集体有 300 户，3000 亩承包地，假定每户人口和承包面积都一样，全村共有 150 户进城不再种地，有 120 户只种自家承包地（老人农业），有 30 户不仅种自家承包地而且通过招标优先获得了进城农户退给村社集体的土地经营权（中农户），则每一户的土地权利赋分如下：

总分 = 3000 亩 × 3 分/亩（所有权 + 承包权 + 经营权）= 9000 分。

进城农户：10 亩 × 1 分/亩（承包权）= 10 分。150 户进城农户 = 150 × 10 = 1500 分。

种自家承包地农户：10 亩 × 2 分/亩（承包权、经营权各 1 分）= 20 分。120 户种自家承包地农户 = 120 × 20 = 2400 分。

中农户：10 亩 × 2 分（承包权、经营权各 1 分）+ $\frac{1500}{30}$ × 1 分（经营权）= 70 分。30 户中农户 = 30 × 70 = 2100 分。

以上三项累计为 1500 + 2400 + 2100 = 6000 分，剩余 3000 分为集体所有权的赋分。当然，也可以将集体所有权的赋分加到承包权与经营权上。

这样就形成一个依据农户土地权利赋分所产生的分配规则，农户依据自己的土地权利赋分来参与村社集体的再分配或算平衡账，所有村民都与村社集体之间建立起了制度化的利益链，村社集体则在被授权情况下，可以为村社公共事业建设筹资。村社集体与所有农户都建立起了密切的利益联系，如此一来，就可能激活村社集体。一旦村社集体被激活，就可能产生两个方面的作用：一是具有回应农民需求偏好的能力，一是具备对接国家资源包括项目的能力。

从第一个作用来讲，因为村社集体具有筹集资源能力以及再分配资源的能力（算平衡账的能力），国家不仅不像人民公社时期和取消农业税前向村社集体或农民个人收取税费，而且有大量资源转移进入，村社集体就有了回应农民需求偏好的能力。在农地回归生产资料本质的条件下，村社集体有能力通过土地调整来解决当前全国农村由农民进城造成的农地细碎化问题。村社集体通过土地并小块为大块，可以在村社内部形成适度规模经营，形成中农群体，同时具有一定的提供村庄公共品的能力，比如组织集体灌溉的能力，从而可以在相当程度上解决当前中国农业中的地权分散、地块分散及谁来种田的问题，当然也可以解决进城农户返乡保障的问题。

从第二个作用来讲，村社集体一旦具有再分配能力，就具备对接国家资源与项目的能力。比如，国家项目在村庄落地，村社集体可以通过调整土地来平衡村民之间的利益。具有利益再分配能力的村社集体成为国家资源在农村落地的基础条件，乡村振兴战略中必定会有越来越多的国家资源下乡，前提必须是国家资源对接到村社集体而非分散农户。

乡村振兴战略必须要以建立农民的主体性为前提，真正能成为乡村振兴主体的是村社集体而非个体农户。在已经形成全国统一劳动力市场的条件下，在农民具有完全的市场流动权利的条件下，农户是市场经济中的主体，而只有村社集体才是乡村振兴的主体。再造村社集体是实施乡村振兴战略的基本条件，再造村社集体的最大制度优势正是土地集体所有制，最大的时代条件则是中国已经进入大量国家资源下乡的时代。当前中国农村要解决的问题是从过去向农民收钱难转变为给农民发钱难。以土地集体所有制为基础来激活村社集体，就为国家向农村投入资源振兴乡村提供了基本的组织基础。正因此，再造村社集体是实施乡村振兴战略的关键。

村庄的未来

——来自田野的观察和思考[*]

卢晖临[**]

摘　要： 从人口、就业和经济的角度看，村庄、乡土在今天的中国似乎正变得越来越式微。作为现代化进程中的后来者，中国会不会步欧美后尘，走一条乡村消失的现代化之路？本文基于对东中西部三个村庄的田野调查，描述和刻画了"空心村""家属区""产业村"这三种变化中的村庄类型，并就乡土与中国社会转型的关系做出了初步的探讨。

关键词： 村庄；乡土；城镇化

改革开放以来，伴随着工业化的快速推进和经济的高速增长，中国的城镇化水平持续提升。2011 年，城镇人口比重首次超过农村人口，达到 51.27%，2017 年达到 58.52%。就人口而言，中国已经彻底走出了"乡土中国"的时代。

城镇化水平节节攀升的同时，村庄数量大幅减少。在人口迁移、拆村并点、征地等多种因素的作用下，中国的自然村数量从 1990 年的 420 万个减少到 2013 年的 280 万个，23 年间至少有 140 万个自然村消失。[①]

自改革开放以来，中国农业占 GDP 的比重逐年下降，从 1978 年的 28.2% 下降到 2014 年的 10% 以下。对于广大农民而言，打工等非农就业获取的收入在其家庭总收入中的比重也越来越高。

---

* 本文系国务院参事室重点项目"中国社会变迁跟踪研究"和教育部人文社会科学重点研究基地重大项目"中国基层城镇化动力、机制与后果研究"（项目编号：15JJD840002）阶段性成果，原载于《学海》2019 年第 1 期，收入本书时有修改。

** 卢晖临，北京大学社会学系教授。

① 张玉林：《大清场：中国的圈地运动及其与英国的比较》，《中国农业大学学报》（社会科学版）2015 年第 1 期。

经典的现代化理论早已勾画了一条乡土沉沦、城市崛起的现代化路径，欧美的现代化实践更是成为现代化理论的现实注脚。在欧美，现代化几乎等同于城市化，随着人口向城市转移，社会意义上的乡村走向消失。在今天的欧美，有发达的现代农业，但已不存在共同体意义上的乡居生活。

实现现代化是近代以来几代中国人的梦想和追求，今天的中国比以往任何时期都更接近这一目标。从人口、就业和经济的角度看，村庄、乡土在今天的中国似乎正变得越来越式微。作为现代化进程中的后来者，中国会不会步欧美后尘，走一条乡村消失的现代化之路？中国是否应该走这条路？这些问题的回答，涉及对中国历史、社会和文化特点的认识，涉及对中国现实资源的盘点，涉及对政策的评估和选择。

在国务院参事室的支持下，北京大学社会学系自 2015 年成立课题组，选择东中西部的三个村庄开展跟踪观察研究，至 2019 年已持续四年。四年来，我们以村庄作为基地，跟随村民的轨迹，观察思考他们的生活，也观察思考村庄的未来。

一 "空心村"

河东村是宁夏回族自治区固原市原州区的一个行政村，由东庄湾、刘家塬、张家湾等五个自然村组成，位于西海固贫困地区。人口 2289 人，耕地 10399 亩，人均耕地 4.5 亩。这里土地贫瘠，干旱缺水，农田产量长期维持在较低水平。直到 20 世纪 80 年代初，这片土地上仍然有着今天难以想见的贫困。村民们大多居住在箍窑和土坯房中，饥饿是几乎每一个家庭都面临的威胁。

改革开放激发了个体生产的积极性，加上新品种、新技术的推广，河东村的农业生产有了较快增长，饥饿问题逐渐得到解决。但是，随着商品化程度的加深及城乡差距的扩大，河东村一带的农民在生存压力之下开始外出务工，河东村距固原市区 18 公里，交通便利，村民进城打工成本相对低，从 20 世纪 80 年代开始河东人就在固原市区的建筑工地上做工，但规模相对较小，大规模的打工潮形成迟至 90 年代后期，在政府组织的劳务输出帮助下，大量青壮年劳动力得以远距离流动，进入东部地区打工。近年来，随着固原市区的人口增长和城市发展，就业机会不断增多，很多跨省打工的河东人陆续回到固原市区打工。河东村青壮年人口大多常年在外务工，2016 年的问卷调查表明，80 后和 90 后的青年绝大部分都不在村庄，其中 80 后男青年和 90

后女青年常年在村的比例更是低至一成（详见表1）。

表1　不同年龄段本村出生人口（排除外嫁女）目前居住本村的比例

单位：%

本村出生的人	珠岙男	珠岙女	店集男	店集女	河东男	河东女
1949 年前生	97.3	98.0	86.8	88.0	77.3	76.3
50 后	97.8	100.0	80.8	94.7	96.2	96.8
60 后	89.7	86.2	57.1	81.0	82.1	71.0
70 后	69.8	64.3	54.5	55.0	48.6	61.1
80 后	67.5	78.9	35.0	44.2	12.1	29.4
90 后	66.7	75.0	22.9	40.0	25.0	13.9
00 后	73.7	82.4	76.6	83.8	45.8	35.7
10 后	70.6	75.0	70.6	82.1	38.1	28.6

河东村民不仅外出务工比例高，而且实现城市定居的比例也很高。以其中一个自然村东庄湾村为例，目前，151 户在籍村民中，有 51 户已在城镇购置房产，占总户数的 34%，其中在固原市区买房的有 45 户。由于村庄在水电基础设施和家庭生活设施上与固原市区存在巨大落差①，离开村庄、安家市区成为外出务工改善了经济条件的青壮年村民的首选。这一人口迁移趋势一旦形成就变得难以逆转，进城安家最初是少数有条件家庭的选择，在村庄这个熟人社会中，他们的行为具有很强的标杆效果，更多的家庭努力创造条件，追随着进城。随着进城家庭形成规模，那些本来无意也没有能力追随的家庭，尤其是那些有学龄孩子的家庭，也不得不被动地进城。河东小学在周边地区曾经非常有名，在一批负责任、有水平的教师带领下，它在 20 世纪 70—80 年代为村里的孩子们提供了一点也不亚于城市的小学教育，从这里走出来的学生们，不少顺利进入重点中学，最后考上名牌大学，东庄湾一个自然村，1983 年就有 6 人考上大学，1987 年有 5 人考上大学。河东小学规模最大时学生超过 300 人，但是随着学龄儿童跟随家长进城，小学规模不断萎缩，教育部门的投入也不断减少，与市区小学教育质量的差距不断拉大。到 2017 年，河东小学只剩下 7 个学生，学校的裁撤已经提上日程。为了不在起跑线上耽误子女，但凡有一点能力的家长，都选择在市区租房安家。

---

① 2015 年我们进村调查时，村庄还没有建立到户的自来水系统，村民们在生活用水方面仍存在诸多困难。大多数家庭没有方便的洗浴设施，常见的是简陋的旱厕。

从人口、就业和经济的角度看，今天的河东村是彻底"空心化"了，青壮年离土离乡，村庄成为中老年人留守的空间，成为媒体热议的典型的"空心村"。

"空心村"的意义何在？是否只是对于留守的中老年人才有价值？是否会随着人口的"新陈代谢"而逐渐走向消亡？我们以东庄湾吴秀福一家为例来展开具体的讨论。吴秀福1945年与钱金花成婚建立家庭，育有3子2女，我们权且将他俩称作第一代。吴秀福去世，妻子钱金花健在，2019年90岁。第二代的三兄弟婚配组建自己的家庭，各育有3个儿子。第三代的9个儿子均已成家。如今，第四代也开始成长。吴家总共41个在世的家庭成员中，4个女子外嫁，其余37人，目前常年居住在村庄的只有第一代的钱金花和第二代的3个儿子/儿媳家庭，共7人（见图1、图2、图3、图4）。第三代有9个儿子，其中2个通过读大学脱离农门，分别在宁夏大武口和深圳建立家庭，其余7个均在固原城区打工经商，并在那里安家生活，其中3个家庭已经在固原买房，其余4个家庭目前是租房居住。对于吴家的第三代、第四代来说，生活的重心已经从村庄转移到城市，他们中的大多数人将来也不大可能再回到河东村生活，但是在某种意义上，河东村仍然是他们（尤其是第三代）的"中心"。他们每年都会回到村庄看望奶奶（对于第四代来说是曾祖母）和父母（对于第四代来说是祖父母），他们会在村里过年吃团圆饭，会在清明节给祖父（对于第四代来说是曾祖父）上坟。住在县城的第三代不会漏掉村庄里亲戚邻居的任何红白喜事，工作忙时人来不了，"人情"也一定要送到。吴家不过是河东村众多普通家庭的一个缩影，对于河东村来说，正是像吴家第三代、第四代这样的"不在场"村民造成了它的"空心化"，然而，这些离散的"不在场"的村民又通过代际关系、人情和社会交往的纽带，实现了一种特殊形式的"在场"。

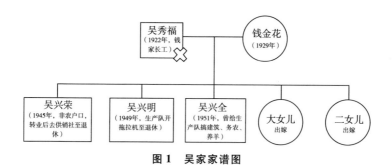

图1 吴家家谱图

"空心村"平日里安静冷清，缺乏生机，一幅衰败的景象，但是，只要你有机会在清明、春节等重要节庆的日子走进村庄，就会看到那迥异于平日

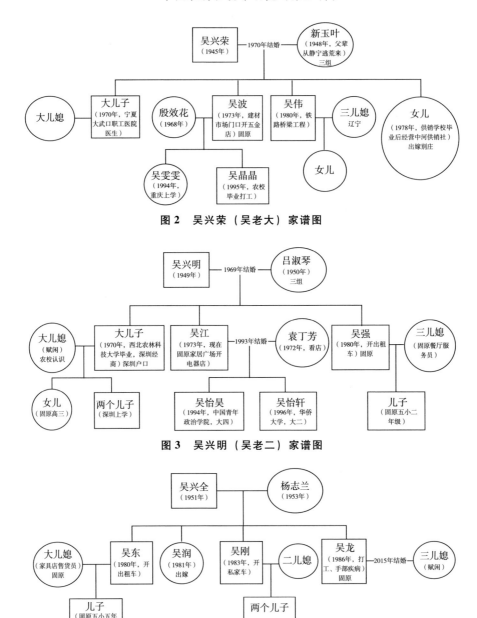

图2　吴兴荣（吴老大）家谱图

图3　吴兴明（吴老二）家谱图

图4　吴兴全（吴老三）家谱图

的景象，你会马上意识到在"空心化"表象的背后，因血缘和地缘联系而结成的社会团结从来就没有真正走远。2017年暑期，我们在河东调研，恰巧碰到刘家塬村的一位老人过世，丧事按照当地习俗举办，停棺三天，前来吃酒的有三四百人。这是一家在当地再普通不过的农户，谈不上有多高地位、多大影响力，这些平日里看不到的前来吊丧的人，大多是从村庄走出去散布于或邻近或遥远城市的村民。

2017年暑假，我们在张家湾村发现一座新落成的"文化大院"，起初我们以为是政府的项目工程，后来了解到是这个村的村民集资兴建的。倡议和组织者主要来自在外地工作的村民，他们中有的早已定居城市，有的还在城市打拼。张家湾主要是张姓人口，上一个清明节，他们像往常一样回村为自己逝去的亲人上坟，有人提出常年在外联系少，建一座房子供大家清明过年回村聚会用，也为年轻的下一代提供更多接触的机会。这个提议得到大家的支持，之后大家通过微信群展开更多的讨论，确定方案，集资十余万元，很快完成了工程，虽然起名为"文化大院"，不过是为了呼应政府的项目，方便通过审批，村民们打算在新落成的大院里安放祖先牌位，将其建设成为家族聚会的空间。

在我们调查的三个村庄中，河东村是一个最晚形成的移民村，社会团结的基础相对薄弱，离土离乡大潮曾经削弱了本来就不紧密的社会团结，然而离土进城人员与村庄的联系从未彻底隔断，城市空间中尴尬的位置所催生的缺失感反过来又凸显出乡土的社会意义，凸显出乡土的"根"的意义。这些从乡土流失的人口，虽然很多人不会再回到村庄工作和生活，却以各种不同的方式，维系着与"根"的联系，不懈地进行着固本培根的努力。

像河东村一样的"空心村"，会有怎样的未来呢？时间和代际因素会不会逐渐削弱甚至斩断流失人口与故土的联系？可以肯定地说，对于吴家第三代这些出生于1970—1980年的进城村民来说，血缘、地缘、亲缘，加上曾经的村庄生活经历，都使得他们与乡土的联系不会轻易松解，即便他们稳定地在城市定居，在未来三四十年，乃至终其一生，他们都是有根的城市人。但是，对于吴家第四代来说，情况就很不一样了。他们即将陆续步入成家的年龄，但他们大概率不会参加村庄的人情往来，他们没有村庄生活的经历，与村庄的联系主要是通过父母，循着家庭亲情这条线索而展开的。吃团圆饭、扫墓、寒暑假下乡看长辈走亲戚，是第四代与故乡发生联系的主要形式。相比于他们出生和成长的城市，故乡有新鲜的一面，也有很多难以适应的地方，吴家第三代的几个儿子向我们抱怨孩子有时不情愿回老家，"上不惯旱厕，睡不惯土炕"。

"空心村"的未来有着很大的不确定性，可以预见，如果保持目前的状况，三四十年之后，随着代际更替，很多"空心村"会逐渐萎缩，最终走向消亡。但是，政策的因素可能会加速这一进程，也可能会延缓这一进程，甚至可能开创出"空心村"新生的机会。

要想延缓"空心村"衰败的进程，第一要务是扶助生产，巩固小农经济基础。留守在河东村的很多中老年人，只要还有劳动能力，就可以靠着土地种植，兼带小规模牛羊蓄养，维持温饱以上的生活水平，同时也维持小农的生产和生活方式。譬如东庄湾的钱大爷，60岁出头，两口子种着20多亩地的玉米，养2头牛，正常年景每年可以有3万元收入。随着年龄增长，像钱大爷这样的老人劳动能力会逐渐下降，但只要针对小农的农业社会化服务能够配套，他们可以维持很长的劳动周期。第二要务是改善生活设施和村庄环境，为中老年人的日常生活提供便利，同时也缩小与城市之间的差距，为年轻一代亲近乡土消除障碍。第三要务是社区公共活动的兴办。我们很难让河东村这样的村子赶得上城市的收入水平，也很难很快就赶得上下文要讨论的东部的珠岙村，我们能做的是让老人在这里可以找到意义，有玩的、有乐的，激发出社区的活力。

以上三个方面做得好，乡村就成为留守农民的家园，并成为进城失败家庭可以退守的根据地。[①] 但令人担忧的是，乡村成为弃地的威胁也无时不在。其一是大规模的土地流转。在河东村及其周边地区，外来资本建立了大规模的蔬菜基地，所种植的产品销往广东、香港等地，但所使用的劳动力来自贵州和边远地区。尽管这还只是一个开端，但如果这个趋势持续下去，像钱大爷这样的村民最终将失去土地。其二是基础设施的过度投资。河东村这样的村庄某种意义上不是求大、求快速发展，而是让一些人有生计、活得有意义。这种情况下我们一定要去评估实际的需求，预估未来人口的需求，如果过度投入就会造成浪费。同时也要和生产的需求配合。河东村的老人很多从事自然农业，农场加上养殖业形成循环农业，如果某些基础设施的兴建使得村民没有办法养牲畜，可能就会打破这种循环。

二 "家属区"

店集是安徽凤台县的一个行政村，由7个自然村组成。位于淮河支流西淝河河畔，距离凤台县城将近40公里，进城交通不便。店集人口3457人，耕地5078亩，人均耕地1.5亩。早在20世纪80年代中期，店集村的外出务

---

① 贺雪峰强调村庄作为进城失败农民退守之地的作用，参见贺雪峰《城市化的中国道路》，东方出版社，2014。

工潮就已经形成，大批青年赴上海、温州等东部沿海地区打工，目前，常年在外打工人数接近 1000 人，其中 21—50 岁的青壮年人口占到 85%。通过打工，很多店集人大幅度改善了经济状况，但是他们并没有像河东人一样将在县城定居作为首选，他们中的大多数人仍然将家安在店集。村庄与县城的距离，打工潮形成的早晚，村庄自身的历史与团结程度，这些因素影响了村民的选择，但最关键的因素，是店集早在县城商品房市场成熟之前就已经规划建造了新村，为村民提供了一个在村庄居住但人居环境和住家品质并不劣于县城的可能性。从 2005 年底开始，时任村支书牵头规划建造店集新村，到 2008 年已经完成最初的两期小区建设，这些小区由一栋栋二层小楼构成，每栋小楼建筑面积 180—200 平方米，售价 5.4 万—6.6 万元。截至目前，新村建设已成规模，占地 265 亩，建成 685 栋住宅小楼，全部售出，现已入住 500 多户。从 2007 年到 2018 年，地方政府通过新农村和美好乡村等项目支持新村基础设施建设，总计投入 1599 万元，新村实现了道路硬化，安装了太阳能路灯，户户通上了自来水。新村后几期的房屋价格因为成本的上涨而有所提高，按照不同的户型，价格在 10 万元到 20 万元之间，但在村民可接受的范围之内。

对于大量外出打工的青壮年来说，店集在很大程度上扮演着"家属区"的角色。最典型的方式是青壮年父母在外打工，将子女留在村庄，由祖辈抚养，完成小学教育。正是因为这种方式，店集小学一直维持着较大的规模，教育部门也一直没有放弃对店集的教育投入。店集小学占地规模 3375 平方米，有 36 间教室，各种设施齐全，2015 年有 13 名教师，在校学生 313 人。反过来，这样一所小学的存在，对于青壮年农民做出在村庄安家的选择也会产生重要的影响。不同的家庭，会根据自己的经济状况和家庭情况，做出不同的安排。在店集人家庭生命周期的不同阶段，村庄与他们之间的关系也不断发生微妙的变化。

2004 年，46 岁的苏德厚和妻子带着二儿一女来到上海，那一年大儿子 20 岁，二儿子 18 岁，小女儿 17 岁。之后的 13 年中，一家 5 口稳定地在上海打工。这期间，两个儿子先后结婚，一大家人在上海城乡接合部一栋楼里租住了几间房，老大住在三层，老二住在二层，苏德厚夫妇和女儿住在地下室。2011 年、2012 年，大儿子的两个女儿出生，2014 年二儿子的儿子出生。三个孩子和两个儿媳一直在工厂里做工，苏德厚在工地上做些零工，苏德厚妻子一直在家，做饭洗衣带孙儿。对于一个外部的观察者而言，苏德厚一家在上海挣钱，在上海生活，这里似乎是他们"实际的家"；店集老家有他们的土地和老房子，但整个家庭成员都到了上海，土地转给村邻耕种，老房子平时闲置，只是在过年时偶尔迎来主人，如果说他们的家在店集，那也似乎只是一个"虚空的家"。然而，对于苏德厚和他的家庭成员来说，上海的家可能从未那么实际，店集的家也可能从未那么虚空。其实早在2006年，当店集新村刚刚开始建设的时候，苏德厚就叮嘱村支书给他留一套房子，当年回家过年时就带回几万元办妥了购房手续，这套房子是给当时尚未结婚的小儿子准备的。过了两年，在上海打工有了更多存款之后，苏德厚又在店集新村订购了一套房子，是为已经成家数年的大儿子准备的。这两套房子买下后没有装修，一直放在那里，一家人偶尔回家过年还是挤在老房子里住。这两套房子是闲置的现房，却也是苏德厚一家人的"期房"——期待返乡的房子。2017年7月，苏德厚大儿媳辞掉上海工厂的工作，带着6岁和5岁的两个女儿回到店集，装修闲置近十年的新房，在接下来六七年里她将在这里陪伴女儿完成小学学习。同年9月，身体出了问题的苏德厚夫妇带着孙子也回到店集，养病的同时开始装修小儿子的新房子，夫妇俩不打算再出远门，琢磨着来年在村里的农贸市场做牛肉汤卖。随着苏德厚家庭生命周期的进展，"虚空的家"逐渐恢复其活力。苏德厚两个儿子在上海的打工仍然会持续，他们在那个大都市里所做的全部努力，不过是为了让店集的家更为丰厚殷实。

目前店集新村500多户村民，总人口达到2000人左右，从人口规模、规划、建筑、设施和发挥的功能来看，已经是一个小集镇了。在西方历史经验中，非农就业意味着城市居住，店集案例实际上为中国的城镇化提供了一种选择。我们需要推动农民工市民化，但这毕竟需要一个过程，不可能一蹴而就。受城市吸纳能力和财政能力限制，仅仅将现有的两亿多农民工转化为市民就需要一个很长的过程，店集这样的小集镇通过自己的努力提供了一个将外出非农就业和就地集中居住结合在一起的选择，店集案例也让我们看到，以集镇为基地，半工半农乃至完全非农这样一种生计和就地城镇化结合的可能性。

那么，对于店集来说，它所面对的问题是什么？笔者认为是如何做到"安居乐业"。第一，对于这样一个事实上的小集镇，如何健全集镇功能所需要的基础设施和公共服务，是非常急迫的任务。农民在盖房子和村庄布局方面有经验，但在如何建设一个集镇居住点方面，无论能力还是经验，都是不足的。比如下水道问题、垃圾处理问题，有些不是单个村庄可以解决的，如果不能及时转运垃圾，将垃圾倾倒在旧村的池塘，会污染水质和环境。第二，对于这样一个"家属区"，子女教育是外出家长最重要的关切。在村小普遍萎缩甚至消失的大背景下，店集小学固然属于乡村教育中的佼佼者，但与城镇相比仍然有较大差距。如何让优秀的教师能够在农村小学长期任教，如何让农村小学为农村学生提供不亚于城镇的教育，是关系到店集这样的小集镇能否长久生存甚至发展的关键。店集有一个硬件条件不错的小学，如果在师资等软件方面有更好的配置，缩小与县城学校之间的差距，那么这些新型农民、留守农民、半工半农的和完全非农化的农民，就可以在相当长的时间里在这样集镇型的村庄里安家。

三　"产业村"

珠岙村是浙江永嘉县的一个行政村，距离瓯北镇3公里，距温州市区15公里。人口1710人，耕地618亩，人均不到4分地。在改革开放之前，珠岙村和其他两个村庄一样以农业为主业，不过，即使是在人民公社时期，这里仍有一些不甘束缚于土地而顽强地游走各方的手工匠人和货担郎。家庭联产承包责任制实行后，更多珠岙人加入为乡办企业、村办企业跑销售的队伍中，他们在各地推销产品的过程中了解到各种市场信息，率先开始了产业探索。从80年代中后期开始，珠岙村逐渐发展了童装产业和阀门产业，目前已经发展成为以生产和销售童装为主的产业村，有400多家童装小企业和作坊，吸引了将近一万名外来务工人员就业。珠岙本地人早已不再从事农业生产，耕地由外来人口承包耕种。珠岙人要么自己办厂，要么从事童装产业链的相关工作，要么将房子出租用作厂房或外来人口住房，经营和出租收入让绝大部分珠岙人的生活达到小康或富裕水平。由于村庄里有产业，村民可以不用外出就解决生计问题，他们中的大多数选择居住在村庄里。但是，由于村庄里有大量工厂和大量外来人口，村庄的环境压力加大，居住品质受到一定影响，一些中青年人从更好的居住环境角度考虑，或者从子女教育角度考虑，搬迁到镇里或温州市区居住。

童装产业替代农业成为珠岙村的支柱产业，也成为珠岙人的新的谋生方式。珠岙村不复是传统意义上的农村，也不复有职业意义上的农民，但是，珠岙村在漫长的农耕时代形成的那些传统风俗和节庆活动，却在彻底非农化的基础上复兴。这个在建筑景观上迥异于一般村庄的产业村，在社会关系形态上却保留着传统村庄的民俗与文化。

头家是珠岙村传统风俗和节庆活动的组织者，负责每年的划龙灯、做戏、拜忏和作福。珠岙村以村中的小溪为界分为前片和后片，前片和后片各有 6 个村民小组。每年每个小组出 2 个人当头家，总共 24 个头家，构成头家组织，24 个头家会推选出一个对于风俗传统较为了解、肯干事又不太忙的人做头家头。小组内头家的产生是通过每家每户的轮流，理论上，每个成年男性在其一生中都有出任至少一次头家的机会。头家负责每次活动的筹划、筹款和具体实施，带头捐款，带头出力，担任头家不是为了利益而是在为村庄共同体作出贡献，这一点在村庄内部获得了高度的共识。每一任的头家，都希望自己任期内的活动丰富成功，能够得到村民的认可和好评。

2016 年正月初六，我们有幸观摩了珠岙村盛大的迎佛巡游活动。珠岙村迎佛巡游有数百年的历史，一般在正月举行，每五年举办一次，将村庙里的两位菩萨（陈十四娘娘和卢氏元君）迎接出来，按照一定的线路在附近村庄巡游。这项活动在"文化大革命"以后中断，20 多年前恢复重办，2016 年这次是第五次，据悉，这是近年来最盛大的一次迎佛活动。巡游于正月初六凌晨从珠岙村庙出发，珠岙村男女老少几乎全部参与。村民可以在迎佛中扮演一些指定的角色，如元帅、包公、大将，每个角色有相应的出资标准，譬如扮演元帅出资 10800 元，据说这些角色非常抢手，预定晚了就没有机会，只能在方阵里跟着走。整个巡游方阵绵延数公里，一共巡游了 35 个村庄，回到珠岙村已经是深夜。

除了传统的风俗和节庆活动，珠岙村以文化礼堂为中心举办的现代文化娱乐活动也丰富多彩。2017 年，文化礼堂共举办了 50 多场活动（见表2），形式和内容各有不同，有些带有较强的政治色彩，有些是配合环保等行政工作，但是，我们通过对他们日常排练的观察，发现村民们对这些活动的具体内容其实并不是很在意，他们真正在意的，是这些活动为他们提供了在一起谈笑说唱的机会。

表 2　2017 年珠岙村文化礼堂活动举办情况

主题	活动
舞蹈	中年人排舞大赛、乡村爵士乐排舞比赛、农民文化节排舞比赛
合唱	文化礼堂合唱比赛永嘉赛区、歌唱新生活、喜迎十九大合唱比赛、"我们的村歌我来唱"温州市村歌合唱展演
礼仪（评选、礼仪培训）	十星文明户评选、2017 年度文体之星颁奖、珠岙村最美少年评选、重阳敬老礼、日常礼仪培训、文明礼仪培训、中华传统礼仪表演

续表

主题	活动
星期天礼堂日（知识普及、宣传讲座、亲子活动、公益课堂）	民俗礼仪、知识讲座、乒乓球友谊赛、幼儿园亲子军训活动、星期天六小学生文化实践活动、星期天移风易俗宣传进讲堂、星期天公益排舞进讲堂
四千结对、新青年下乡	瓯江学院宣传五水共治、温州市委统战部签订共育目标书、北大新青年与珠岙村民手拉手活动、"四千结对送安全，万家灯火同守护"
村晚（"我们的"系列）	一年一度"我们的村晚"（2016 年开始），产出"品牌舞蹈"
微课堂（教育）	朗诵课堂、舞蹈课堂、音乐课堂（制定年度学习计划和课程表，推荐优秀学员上村晚）
新珠岙人	2017 年度最美新珠岙人评选、篮球邀请赛、新居民局送新衣活动、流动青年集体生日会

四 总结与讨论

费孝通在他的小城镇研究中，基于他对苏南模式的观察，提出了中国农村劳动力向工业领域转移方式的设想，那就是通过发展乡镇企业实现就地城镇化的"离土不离乡"模式。[1] 随着 20 世纪 90 年代乡镇企业的衰落，这一设想未能成为中国大多数地区的现实。

改革开放四十余年中，"离土"是本文所描述的三个村庄共同经历的变化。改革开放之前，这三个村庄和土地的关系与费孝通《乡土中国》所描述的情形并无二致，农民"从土地里讨生活"，农业是农民的最主要生计。"离土"是农民摆脱和土地的结合，转而与工业、服务业结合的过程，这一通常被称作"工业化"的过程在欧美导致了"农民的终结"[2]，进而导致了"村庄的终结"。但是在中国，"离土"的后果可能要复杂得多。一方面，我们在三村同样看到了可以称得上"农民的终结"的现象：珠岙村已经没有职业意义上的农民，整个村子实现了彻底的非农化；店集村只有不到四分之一的农户完全依靠农业为生；河东村大量青壮年人口也已经不再从事农业。另一方面，村庄并未终结，在珠岙村，村庄生活在非农化的基础上更加活跃繁

---

[1] 费孝通：《小城镇四记》，新华出版社，1985。

[2] 正如这本书的译者李培林所言，这里的终结不是农民这种职业的终结，而是"小农的终结"，是从传统的"小农"转变为"农业生产者"。参见孟德拉斯《农民的终结》，李培林译，社会科学文献出版社，2010。

荣；在店集村，那些不再是农民的店集人在城市工作，却仍然在村庄安家，他们将在城市赚到的钱，源源不断地投入村庄的建设中；在河东村，大量青壮年首选在城市安家，他们的日常生活已经远离村庄，但是岁时节庆等重大的仪式性生活、人情往来等最有意义的社会交往，他们仍然选择在村庄进行，村庄仍然是他们走出来仍不忘并保持重要联系的根。

传统中国是建立在农耕经济基础之上的乡土社会，乡土社会的基本单位是村庄，农民在村庄劳作生活，组建家庭、繁衍后代，形成绵延数千年之久的中国农业文明和村落文明。对于广大中国农民来说，村庄是他们生计的所在，是他们生活的家园，也是他们寄寓人生意义的最重要的社会空间。伴随着快速工业化和城市化而来的大规模乡—城人口流动，造成村庄的"空心化"，也造就了史无前例的"非农化"的农民生活。但是，我们在三村看到乡土性并未随着农业文明的衰退而消亡，而是展现出一种韧性。这种乡土性的韧性体现为人们对家庭价值的重视，对人情和关系的推崇。在仍然生活在村庄的农民那里，在已经进城务工的农民工那里，甚至在已经转为市民的很多城市人那里，都可以发现这种带有浓厚乡土性的心理结构和行为方式。在当今中国正从乡土社会向现代社会转型的大背景下，更需要充分认识乡土和乡土性的意义和价值。中国特色的现代化，一定是建立在自身传统之上的现代化。乡土中国的转型，也一定是建立在乡土性基础之上的转型。在城市已经成为经济增长和创新中心的今天，中国现代化的征程最终能够走多远，很大程度上取决于城市的发展，但能否安全顺利地完成这一征程，主要取决于我们是否充分尊重乡土和乡土性的价值，是否能够在政策制定和制度设计时充分考虑到乡土和乡土性所扮演的角色。如同一辆驶入高速路上的汽车，起引导和推动作用的是引擎，它决定了汽车开多快跑多远，影响安全行驶的则是底盘。城市是中国现代化的引擎，乡土和乡土性则是构建中国现代化"社会底盘"的核心要素。在快速急剧的社会转型期，建设好一个扎实稳定的"社会底盘"，甚至是比维持一个推动发展的引擎更为重要的事情。

当然，关心村庄的未来，不只是关心农民的出路问题，也不只是关心中国社会转型是否平稳顺利的问题，更重要的是关心作为一种社会形态的村庄是否能够进入现代化征程的问题。社会学在西方产生的历史背景，就是随着工业化的推进，城市这种迥异于村庄的社会形态全面取代村庄。"共同体—社会""机械团结—有机团结""价值理性—工具理性"这些早期社会学家提出的著名的二分概念从不同角度、不同层次凸显了这两种社会形态的区别。且不管这些社会学家对这一社会变迁过程有什么立场上的差别，他们的共同之处是，都基于西方村落终结的事实，认定村庄这种社会形态没有可能走入现代。

历经 40 余年的高速工业化和急剧的乡城流动，中国的村庄仍然能够以各种不同的形态存在，而不是走向终结，这背后有非常复杂的文化、社会和制度原因。社会学应该严肃地直面这些丰富鲜活的经验，而不是以建立在西方经验之上的西方社会学命题作为前提预设。

欠发达地区农民合作社产业发展的策略和逻辑

——以甘肃陇中地区 B 合作社为例[*]

姚兆余　郝泽芸[**]

摘　要： 农村产业发展是乡村振兴的重要抓手，也是实现农业农村现代化的重要途径。本文通过对甘肃省陇中地区 B 合作社产业发展进行考察，发现在产业发展过程中，合作社采取了"跑项目""拉关系""面子压迫""利益诱导"等策略，获得合作社产业发展所需要的各种资源。之所以如此，与农村资源行政化配置、村庄的社会关系结构和村民的价值观念有密切的关系。农村合作社的产业发展，不完全是单一因素的结果，而是政治逻辑、社会逻辑和经济逻辑的统一。

关键词： 农民合作社；农业产业化；乡村振兴；甘肃陇中

一　问题的提出

农村产业发展是乡村振兴的重要抓手，也是农业农村现代化的重要途径。党的十九大报告明确提出，构建现代农业产业体系、生产体系和经营体系，实现小农户和现代农业发展有机衔接。2018 年 1 月发布的《中共中央国务院关于实施乡村振兴战略的意见》和 2021 年发布的《中共中央国务院关于全面推进乡村振兴加快农业农村现代化的意见》两个文件中，都把农村产业发展作为乡村振兴的重要任务，要求依托乡村特色优势资源，打造农业全产业链，构建现代乡村产业体系。在国家相关政策的支持下，家庭农场、专

　＊　本文原载于《南京农业大学学报》（社会科学版）2021 年第 6 期，收入本书时有修改。

＊＊　姚兆余，南京农业大学人文与社会发展学院教授；郝泽芸，南京农业大学人文与社会发展学院社会学专业 2016 级硕士研究生。

业大户、农民合作社、农业产业化龙头企业等新型农业经营主体蓬勃兴起，在引领农业适度规模经营发展、带动农民发展产业脱贫增收等方面发挥了重要的作用。

既往研究从不同的学科视角阐释了农业产业发展的条件、基础和动力机制，形成了不同的观点。一种是经济学视角的研究，主要是运用产业发展理论、交易费用理论、新结构经济学理论和资源优势理论，对农业产业化、农村产业融合发展、特色农业发展等主题进行探讨。[①] 对于农业产业化的原因和条件，主要从优化生产要素、转移剩余劳动力、提高农业效益、增加农民收入、实现小农户与大市场的有机衔接等方面进行分析，认为农业产业化的经济动因是比较利益的驱动和农业经营性投资的利润驱动；农业产业化必须具备相应的基础条件，包括发达的基础设施网络、高素质的人才队伍、先进的经营技术和稳定的供销关系。[②] 另一种是社会学视角的研究，主要运用实地考察和案例研究方法，描述农业产业发展的社会过程，总结了农业产业发展的"嵌入性"特征[③]、"寄生性"特征[④]和"内生性"特征[⑤]。研究者除了关注农村产业发展的外在条件和物质基础，更加关注乡土社会的历史传统和社会基础，包括乡土的社会网络[⑥]、乡土社会的各种社会关系、伦理关系乃至隐藏于其下的社会结构共同构成的"传统"[⑦]、乡土熟人社会和人情社会[⑧]、人际关系和社会伦理[⑨]等。此外，研究者还探讨了农业产业发展对小

---

① 张振伟：《集体互惠视角下的农业产业化与乡村振兴》，《求索》2020 年第 3 期，第 109—117 页；钱忠好：《节约交易费用：农业产业化经营成功的关键》，《中国农村经济》2000 年第 8 期，第 62—66 页；熊德斌、欧阳洪妹、李佳欢：《政府有为、市场有效与特色农业发展机制——赣南脐橙产业升级历史变迁考察》，《上海大学学报》（社会科学版）2021 年第 5 期，第 79—92 页。

② 农业经济问题杂志社：《农业产业化研究综述》，《农业经济》1997 年第 8 期，第 6—12 页。

③ 梁栋：《嵌入式农业产业发展与农业转型：基于广西 A 镇的个案研究》，《南京农业大学学报》（社会科学版）2021 年第 4 期，第 29—38 页。

④ 周冬梅：《农村产业化的发展困局及其社会后果——基于黔东南 T 县产业扶贫项目的社会学考察》，《原生态民族文化学刊》2018 年第 5 期，第 25—36 页。

⑤ 黄思：《社会资本视角下内生型乡村产业振兴路径研究——基于闽南 D 村瓷砖产业的考察》，《农林经济管理学报》2021 年第 4 期，第 534—541 页。

⑥ 韩启民：《城镇化背景下的家庭农业与乡土社会——对内蒙赤峰市农业经营形式的案例研究》，《社会》2015 年第 5 期第 122—141 页。

⑦ 徐宗阳：《资本下乡的社会基础》，《社会学研究》2016 年第 5 期，第 63—87 页。

⑧ 陈航英：《扎根乡土：新型农业经营主体发展的社会基础》，《西北农林科技大学学报》（社会科学版）2018 年第 5 期，第 25—31 页。

⑨ 付伟：《城乡融合发展进程中的乡村产业及其社会基础》，《中国社会科学》2018 年第 6 期，第 71—90 页。

农生产①、乡村治理②等的影响。

可以看出，学术界对农业产业发展的研究存在明显的学科差异。相对而言，经济学侧重于农业产业发展的物资基础、产业转型和经济效益，社会学侧重于农业产业发展的社会过程和社会基础。这些研究在一定程度上揭示了现阶段农业产业发展的内在机制，为深入研究农村产业发展提供了较好的视角和思路。但是，在笔者看来，上述两种视角的研究都存在一些不足。一方面，中国是一个有着数千年农业传统的国家，以血缘和地缘关系为纽带结成的生活共同体及以此为基础而形成的社会关系和伦理文化，不仅是传统社会农民的生活单位和社会规范，而且对现代社会农民的社会生活仍然产生重要影响。现代农业产业发展虽然遵循市场和资本的逻辑，但农业产业发展的组织过程极其复杂，乡土社会的权力结构、关系网络、伦理文化、社会记忆和非正式制度都会对农业产业发展产生较大的影响。因此，仅仅从生产需要和经济理性的角度去分析农业产业发展，在一定程度上忽视了中国农村的历史传统和社会结构。另一方面，既有的社会学视角的研究成果，虽然注重探讨农业产业发展的社会基础，但仅从宏观上讨论文化伦理、社会关系对产业发展的影响，忽视了行动者在产业发展实践中的策略性和能动性。事实上，行动者并不是"制度的影子"或布迪厄所说的"文化傀儡"，他们往往会根据自身所处的情景，为实现具体的目标而采取变通性和灵活性的策略。基于这种认识，本文以甘肃中部地区 B 合作社为例，通过对 B 合作社产业发展中的实践策略进行探讨，揭示农民合作社产业发展的内在逻辑。

二　案例呈现：合作社产业发展的实践探索

（一）合作社产业发展的背景

B 合作社位于陇中地区 S 镇，因黄河流经该镇地域，形成了黄河阶地和河谷盆地，土地肥沃，气候湿润，日照充足，为瓜果和蔬菜生产提供了良好的条件。据历史文献记载，S 镇种植梨树始于南宋，民国时期梨园面积已达 3000 亩，农业集体化时期仍然保持着这个规模。20 世纪 80 年代，由于实行

---

① 赵晓峰、赵祥云：《新型农业经营主体社会化服务能力建设与小农经济的发展前景》，《农业经济问题》2018 年第 4 期，第 99—107 页。
② 焦长权、周飞舟：《"资本下乡"与村庄的再造》，《中国社会科学》2016 年第 1 期，第 100—116 页。

家庭联产承包责任制，梨园从集体经营转变为家庭分散经营。家庭经营制度虽然调动了农民的生产积极性，但也带来了一系列的问题：一是村里大量青壮年劳动力外出务工，梨树种植和管理主要靠村里的老人，生产和管理比较粗放，缺乏应对品种退化和病虫害侵袭的技术和方法，导致果梨品质下降。二是农户分散经营，组织化和市场化程度不高，缺乏市场供求信息，只能推着小车在市场上零售果梨，收益没有明显增加，甚至出现"果贱伤农"现象。三是部分农户重收益轻投入，对古梨树的管护不到位。在这种情况下，百年梨园面临走向衰落的危机。

（二）合作社产业发展的过程

B 合作社发起于 2011 年，正式成立于 2013 年 3 月。领办人 W 属于当地的经济精英。W 多年从事水果蔬菜批发和跨国物流生意，具有丰富的经商经验和敏锐的商业眼光。为了解决家乡梨园生产存在品种退化和病虫害侵袭、农户缺乏市场信息、果梨销售难等问题，他在了解国家相关农业发展政策和 S 镇农业发展规划之后，凭借个人的经济资本和社会威望，筹备创办了合作社。

合作社成立之初，主要是以社会服务为手段，向社员提供技术培训、产品销售等方面信息。此外，合作社每年开春与一部分农户签订合同，建立购销关系；等秋季梨子成熟时以高出市场的价格进行收购。这一时期，合作社不仅与农户之间的关系比较松散，没有形成紧密的利益联结机制，而且在果梨的产业化、集约化和规模化方面还没有实质性的行动。

此后，为了加快推进果梨的产业化发展，合作社采取了如下措施。一是采取统一管理、统一施肥、统一购药、统一销售、统一技术指导的"五统一"生产经营模式，规范梨树种植，保证产品质量。二是采取"产品＋树苗＋土地＋资金"入股的方式，使合作社与社员之间从松散型合作走向紧密型合作，从松散的利益关系变成紧密的利益联盟。三是加强基础设施建设，多方争取资源，建成一座 500 吨冷库、500 平方米糖化车间、100 平方米包装车间、80 平方米农资库房；流转 50 亩古梨园，作为果梨种植保护实验基地。四是联合开展技术研发，解决品种老化和产品保存的难题。一方面，与当地农业高校合作研制果梨冷冻和真空包装技术，延长了果梨的保存期；另一方面，与 L 市农研中心果树站联合申报研究项目，对果梨的品种优化、栽培技术进行研究。五是申报梨园文化建设研究项目，开展古梨树的保护及传统种植技术的发掘和传承，从历史、人文、地域方面挖掘果梨的附加值。六是开拓和构建市场网络，不仅在广州、深圳、丽江、西安、宁夏建立销售网点，还运用电子商务平台建立网店，把产品推广到全国。

（三）合作社产业发展的成效

经过近 10 年的发展，合作社逐渐从最初简单从事果梨的生产和收购，发展成为以市场需求为导向，以农副产品生产基地为基础，实行专业化生产、社会化服务、产供销一体化经营的综合型合作社，取得了一定得规模效益和经济效益。

第一，合作社规模不断扩大，经济效益明显增加。合作社成员从最初的 10 余人发展到 105 人，带动当地种植户 800 多户。2016 年，合作社销售果品 520 万吨，销售收入 2450 万元，总利润 490 多万元，合作社成员人均纯收入达到 35000 元，成为带动农民增收致富的典范。由于成效显著，2017 年 B 合作社被评为"第三批国家级合作社示范社"，成为当地农村经济合作组织的"先行者"和"领跑者"。

第二，实现了果梨生产的专业化和品牌化，合作社不仅掌握了先进的选种、栽培、冷冻、包装等技术，而且推动了果梨产品的品牌化建设。合作社先后申请了果梨的"变温冻藏方法""后熟方法""品种后熟简易处理方法"3 个专利，注册了 4 个商标，果梨产品的质量和声誉越来越高。2019 年，合作社走出国门，参加日本千叶国际食品与饮料展览会，进一步扩大果梨产品的知名度。

第三，建立了稳定的销售渠道。合作社不仅在广州、深圳、丽江、西安、宁夏建立销售网点，还运用电子商务平台建立网店，把产品推广到全国，而且与当地知名销售企业——自然优品农业科技有限公司合作，建立了"公司＋基地＋合作社＋农户"的生产体系和经营体系。

三　合作社产业发展的实践策略

按照布迪厄的社会实践理论，策略是指客观趋向的"行动方式"的积极展开，而不是对业已经过计算的目标的有意图的、预先计划的追求；这些客观趋向的"行动方式"乃是对规律性的遵从，对连贯一致且能在社会中被理解的模式的形塑，哪怕它们并未遵循有意识的规则，也未致力于完成由某位策略家安排的事先考虑的目标。[1] 借助布迪厄这一概念，简单地说，策略是

---

① 皮埃尔·布迪厄、华康德：《实践与反思——反思社会学导引》，李猛、李康译，中央编译出版社，1988，第 27 页。

指行动者在特定场域内，根据其面对的具体事项，遵从一定的客观规律，采取的灵活变通的应对手段和行动方式。合作社在发展产业的过程中，如何从乡村社会的场域中获得产业发展的各种资源，这就需要合作社核心成员采取一些符合乡村社会特点的行动策略。

（一）"跑项目"：寻求政府资源支持

20 世纪 90 年代分税制改革后，项目制成为农村财政资源分配的主要方式。周飞舟曾对财政资金的专项化问题进行过专门探讨，认为在 1994 年分税制改革以后，各种财政资金才开始以专项或者项目的方式向下分配，并成为最主要的财政支出手段。[1] 在分税制体制下，大量的专项资金以项目的形式下拨到各级地方政府，使得地方政府在财政收入减少的情况下能够维持公共服务的供给。[2] 从实施程序上来说，上级政府或部门负责设置项目和验收项目，下级政府或部门负责申请项目并实施项目。因此，在这种背景下，合作社在发展产业过程中要想获得政府的项目资金支持，必须了解地方政府的农业发展规划，与地方政府合作，将合作社的产业发展纳入地方政府的农业发展规划中，这样才有可能从政府的项目中分得一部分项目资金。S 镇一位官员曾这样表述："合作社要想搞大产业，获得政府支持，就要符合我们的农业发展规划，这样我们才会向上面推荐申报的项目。"（镇干部 S，2018 年10 月）。

如前所说，S 镇响应国家发展现代农业的要求，利用自然条件和城郊区位优势，大力发展以瓜果和蔬菜为主的绿色食品生产，探索构建"一村一品、一镇一业"农业产业体系。

合作社理事长 W 非常清楚"大项目大发展，小项目小发展，无项目不发展"的道理（理事长 W，2018 年 8 月），他积极寻求地方政府支持，在研制冷冻技术、建立冷库、改良与引进品种、改进栽培技术等方面，均获得了政府的项目支持和财政补贴，甚至获得地方政府的贷款担保。B 合作社的核心成员、副理事长 W1 道出了这一事实："我们这几年把合作社能享受的政策都得到了，像政府扶持、贷款补贴以及担保型贷款，因为我们现在是国家级的合作社，有相应的（指标）限制，每年针对不同级别下的（扶持）力

---

① 周飞舟：《财政资金的专项化及其问题——兼论"项目治国"》，《社会》2012 年第 1 期，第1—37 页。

② 陈家建：《项目制与基层政府动员——对社会管理项目化运作的社会学考察》，《中国社会科学》2013 年第 2 期，第 64—79 页。

度不一样"（副理事长 W1，2018 年 8 月）。

当然，合作社要想获得政府支持，除了正式的项目申请之外，还需要运用非制度化方式进行运作，即采取"跑项目"的策略来实现自己的目标。在乡村社会，项目运作是自上而下的项目推荐和自下而上的项目申请交相互动的过程，其中充满"人情运作"的成分。农村资源配置中存在的所谓"精英俘获"现象，不仅是因为合作社发展势头好，发展潜力大，还在于合作社与政府之间的密切关系。对此，合作社理事长 W 深有感触："项目申请，前期都需要打理，你不愿跑，一点机会都没有。虽然提供项目是政府的职能，但你不去经常和政府沟通自己的难处，是很难获取的，我一天这么忙也是这个原因，得跑关系，混脸熟。"（理事长 W，2018 年 8 月）由于了解项目申请的运作过程，理事长 W 是 S 镇政府的"常客"，只要有空闲时间，他几乎每周都会去镇政府"转一圈"，要么打听农业政策信息，要么了解项目申请进程。据镇干部 X 介绍："他（B 合作社理事长 W）往政府这边跑得很勤，一来二往，本来我们私交就很好，加上他是我们镇上有名的能人，合作社发展得不错，名声也打出去了，是典型的合作社示范社，算是我们重点扶持的对象，所以在分配政策资源的时候，我们肯定会把带动当地经济发展的能力和影响力作为重要的考虑。"（镇干部 X，2018 年 10 月）可见，基层政府在配置经济资源时，不仅考虑地方产业发展的实际需要，还会考虑乡村社会的社会结构和人情关系。对于合作社来说，符合地方政府的发展理念和发展规划，是合作社获得项目和资源支持的决定性因素，利用人情关系"跑项目"则是合作社取得支持的辅助手段。

（二）"拉关系"：动员家族成员参与

合作社产业发展初期，由于村民对合作社这个新生事物缺乏了解和认识，更不清楚合作社的发展前景，因而很多人抱着观望甚至拒绝的态度。

"当时我们不知道这个协会（合作社未正式成立前的名称）是干什么的，以前我们这边没人搞过，大家心里没谱。我们老百姓种梨，果子熟了就拿到市场上卖，还搞什么协会干吗？而且听说入会还要交钱，还没赚钱就想收钱了，那不行。所以我想先望望（观察）他们搞得怎么样，搞得好了之后再加也不迟。"（社员 W4，2018 年 1 月）

"刚搞合作社的时候，村里很多男人去外地打工了，只有老人和妇女在家种地，有的地撂荒了。这块地就变成了害虫的温床，对日后的生产经营是一个很大的隐患。他（指理事长）要成立合作社，大家都抱着观望态度。"

（社员 H，2018 年 8 月）

从村民的言谈中可以看出，他们对合作的好处充满期待，但他们既害怕合作社不能真正发挥作用，又害怕成本过高而承担合作风险。在这种情况下，理事长 W 和合作社骨干成员只能按照"差序格局"的法则，首先发动家庭或家族成员加入合作社。

"拉社员来（合作社）的话，只能先从身边的熟人入手，包括我自己的家里人，还有之前一起做生意的朋友，他们信任我。"（理事长 W，2018 年 1 月）

"我当初加入合作社，主要是考虑他是本家的侄子。他几次来找我，说要搞一个合作社，带领大家闯市场，找销售渠道。我想反正也没有多少风险，就答应参加了。"（社员 W4，2018 年 8 月）

"合作社起步的前两年，什么好事肯定都会优先考虑本家人，要不肯定会被家里人说的，而且这样也是拉社员最快的方法，后面也好管理，矛盾分歧都在内部得到解决。"（镇干部 X，2018 年 10 月）

不仅合作社起步阶段需要家庭或家族成员的支持，在合作社发展阶段，无论是土地流转，还是产品销售，同样需要发挥血缘关系的作用。例如，在建立果梨种植保护实验基地的过程中，合作社从村民手中顺利流转土地，其成功的奥妙就在于从近亲的家族成员入手，通过"讲关系""说情面"的方式获得村民的支持。在产品销售的过程中，更是组建了以血缘关系为基础的团队，将"血缘共同体"与"利益共同体"有效地结合在一起，最大化地保证了团队的工作效率。之所以如此，与乡土社会中以差序格局为基础的社会关系网络以及蕴含在社会关系网络中的特殊信任有密切的关系。

（三）"面子压迫"：挖掘社会资源

面子是与身份、地位、角色相联系的一种心理结构。翟学伟的研究表明，面子在根本上是一种由个人表现出来的形象类型而导致的能不能被他人看得起的心理和行为，它"比金钱和财富更为重要，因为是它赋予了金钱和财富以社会和文化的价值和意义，也使奋斗者感受到了为之奋斗的幸福感"[①]。面子不仅使个体获得心理上的满足，还具有工具性的特征，通过人情和面子的运作，个体可以获得更多的社会资源、非制度性的社会支持和日

---

① 翟学伟：《人情、面子与权力的再生产——情理社会中的社会交换方式》，《社会学研究》2004 年第 5 期，第 48—57 页。

常权威。对于合作社负责人 W 来说，由于从小与村民一起生活，在经商销售过程中也给村民们带来了帮助和利益，因而在村民的心目中具有一定的身份和面子，只要他提出的要求不太过分，大家都会通过"给面子"的方式给予支持。

合作社成立初期，由于对发起人数和规模有一定要求，理事长 W 不得不找村民帮忙，村民也非常配合。村民的解释是："他有这个能力，我们多多少少帮一点，都是份情谊，人家以前也帮过你，这是相互的。不帮的话，抬头不见低头见的，面子上怎么过得去呢？"（社员 W3，2018 年 8 月）"加不加入合作社，对我个人无所谓，但他说过几次，我也就加了，面子还是要给的。"（社员 H，2018 年 8 月）可见，部分村民刚开始参加合作社，不是为了获得更多的利益，而是迫于面子的压力，不得不加入合作社。

面子不仅成为整合村庄内部资源的工具，而且在合作社寻找外部资源时也发挥了重要的作用。在理事长 W 看来："关系好了，关键时候就能派上用处。同等条件下，有些面子肯定会给我的。"（理事长 W，2018 年 10 月）因而，不论是向乡镇政府和市农业主管部门争取资源，还是与销售企业合作，除了依靠正式的制度和规则之外，还充分利用对方"爱面子""给面子"的心理策略，在同等条件下优先获得资源或优先获得果梨产品的销售机会。因此，互惠、共赢、平等交换的背后，也蕴含着人情、面子和关系等因素的作用。

（四）"利益诱导"：增加社员收益

在布迪厄的策略理论中，利益既是策略的构成要素，也是场域的主要要素。在场域中，利益引导行动成员采取行动。利益既是客观存在于场域中的现实存在物，又是行动者在场域的行动过程中主观建构和比较而得出的主观心理意识形态。由此可见，利益不仅包括知识、信息、技术和经济收益，还包括行动者的主观认知和感受。在调研中发现，合作社在不同的发展阶段采取了不同的利益诱导和分享方式，吸引村民加入合作社的产业体系。

1. 提供技术服务和销售渠道，实现资源分享

果蔬种植的目标不是用于家庭成员消费，而是需要在市场交换中获得收益。农户要想从市场交换中取得最大化的收益，不仅要掌握市场的需求信息，还要掌握先进的生产技术，保证果梨产品的品质。合作社成立之初，主要是满足农户两个方面的需求：一是提供技术咨询和信息服务，邀请农业专家手把手地教农业技术，甚至无偿提供生产资料和生产工具，"刚开始我们

自己拿出一部分钱，买农药、化肥、剪刀送给他们，这样慢慢地引导他们来入社"（副理事长 W1，2018 年 10 月）；二是帮助农户解决"卖梨难"问题。"以前就是几毛钱、一块钱，走市场价，我们合作社最高收到了三块五一斤。今年没有加入合作社的农户，城管也不让他们摆摊卖，放熟才是七毛。"（社员 W4，2018 年 8 月）由于解决了果梨的销路问题，有效地消除了农户的顾虑，提高了农户参加合作社的积极性。

2. 采取入股方式，实现利益关联

随着合作社的进一步发展，仅仅依靠简单的技术服务和市场服务，难以满足社员的需求，必须在合作社和社员之间形成有效的利益联结机制。在这种情况下，合作社开始采取"产品＋树苗＋土地＋资金"入股的方式。所谓入股，可以拿数量不等的钱入股，也可以拿自家梨树、梨或者土地入股，甚至可以拿梨树传统种植技艺"天把式"入股。从实施的状况来看，入股主要有两种形式。

一种是产品入股。这又分为两种："一种是和做得好的一部分社员成为利益共同体，他们的产品从开春的时候我们就已经付了定金，果子产下来直接交到合作社。还有一种是以他的产品入股，这种风险比较大一些，他的产品（果子）产下来之后，我们风险共担，利益共享，比如他产了一万斤梨，入到我们合作社，我们合作社卖完，除去各种生产成本，按照 60% 给他返还，返还之后剩下的盈余再把另外的开支开掉，比如包装、推广、贮藏的费用，再给他二次的返还。"（副理事长 W1，2018 年 8 月）

一种是资金入股。根据入股的金额，分为两种类型。一种是象征性收费。"按照合作社的要求，入社就要入股，我们也就象征性的收费，比如你入 50 块钱、100 块钱都可以。因为人家在你没做起来的时候，信心还很弱，有忧患意识，对承担风险这块还是很理性的。"（副理事长 W1，2018 年 8 月）这种象征性收费，与其说是"股金"，不如说是"诚意金"，主要是表达了社员参与合作的诚意，也是合作社社员的身份象征。另一种是资金入股。"我们骨干成员对合作社的发展很有信心，所以会把自己的积蓄拿出来。前期收购的这一块，我们有 5 个大股东，比如今年要收购 10 万斤，这 5 个人各拿 10 万元，收了 50 万元的梨，最后卖掉，除去成本，然后给股东返还股金和分配利润"（副理事长 W1，2018 年 10 月）。相对而言，资金入股比产品入股和社员缴费具有更大的风险，一旦果梨卖不出去，导致货物积压，股东们就会遭受严重损失。

总之，合作社采取的产品入股或资金入股，虽然不完全符合股份合作社的规范要求，但意味着合作社已经从过去的关系联结走向利益联结，逐渐成为紧密的利益共同体。社员既可以以股东的身份参与合作社的管理，又可以对合作社生产经营和利益分配进行监督和约束。

四　嵌入乡土社会的农村产业发展

农业产业发展属于市场经济行为，应该遵循市场经济的运作逻辑，以追求利益最大化作为农业产业发展的动力，但是，B 合作社产业发展过程中，一方面，运用经济利益这一杠杆吸引农户加入合作社，维持社员与合作社之间的联结，另一方面，又采取依附发展、关系动员、面子压迫等策略，从村庄内部和外部获得资源，促进合作社的产业发展。究其原因，笔者认为，在乡土社会，农业产业发展是经济活动和社会活动的统一体，农业产业发展离不开特定的社会环境和社会结构，在一定程度上受到乡村社会的公共资源配置方式、社会关系、文化伦理等因素的影响。可以说，合作社在农业产业发展过程中所采取的策略，是乡村社会政治、社会、文化等因素综合作用的结果。

1. 农村财政资源的行政化配置，是合作社产业发展策略的政治逻辑

在农村现行的管理体制中，公共资源的配置基本上是以政府为主导，政府掌握着资源配置的话语权和操作权。就农业产业发展来说，地方政府不仅主导农业产业发展的规模和方向，而且掌握着农业产业发展的财政资金。因此，合作社如果想要获得政府的资金支持，必须了解和适应政府资源配置的行政逻辑，与政府建立互助互惠、合作共赢的关系，甚至形成"利益共同体"。其一，从地方政府方面来看，随着财政资金的专项化，中央和省级的财政转移支付资金逐渐成为地方政府建设乡村的资金来源。在这种情况下，基层政府不得不将更多精力用于"争资跑项"上。但是，"争资跑项"要获得成功，除了需要"争资跑项"官员有个人能力和关系资源之外，还需要农民合作社、龙头企业、农业公司的默契配合。其二，从合作社方面来看，合作社所从事的果梨生产是效益较低但风险较高的产业。果梨种植受到生物规律的制约，不像工业生产那样具有周期短、见效快的特点，不可能创造出较大的经济效益；果农种植果梨还要承受各种自然风险和市场风险，一旦遭遇旱涝灾害、病虫害侵袭或果梨产品滞销，就会亏本甚至破产。此外，随着合作社产业规模的扩大，物质装备和基础设施建设投入会不断增加。因此，合作社的产业发展需要仰赖政府的支持，需要借助地方政府之手，争取项目资金和政策补贴等公共资源。这样一来，在"争资跑项"这个目标的引领下，地方政府和合作社形成了一致的行动。

2. 以血缘关系为纽带的社会关系网络，是合作社产业发展策略的社会逻辑

卡尔·波兰尼关于经济活动嵌入社会关系结构的观点，为农村产业发展的社会基础提供了较好的分析视角。① 现阶段，我国农村总体上处于从传统社会向现代社会转型的阶段，但是，对于西部地区农村而言，由于社会发展进程相对缓慢，农村基本上属于费孝通先生所说的"熟人社会"，以亲缘和地缘关系为主导的社会关系，在人们日常生活中发挥着重要的作用。S 镇是以 W 姓氏为主的宗族聚居地区，80% 以上的村民都具有血缘关系，村民们信奉"血浓于水"的观念。近年来，W 氏家族举办了一系列活动，强化家族成员的血亲认同，"我们募集捐款，修建宗族祠堂，举行清明祭祀大典，成立家族文化研究会，出版宗亲书画和作品，就是为了让族人寻根寻源，重新形成文化和命运共同体，增强宗族的归属感和向心力，汇聚家族的力量，让本家人互相借力，一起发展得更好，走得更远"（W 园守门人，2018 年 8 月）。通过这些活动，形成了以血缘关系为纽带的"自家人"群体，产生了以亲情和人格为基础的特殊信任。

"自家人"的身份，为合作社核心成员拉拢社员、解决经济纠纷提供了便利。一方面，"自家人"的身份使得村民对合作社领办人存在天然的亲切感和信任感，即使加入合作社或入股存在很多不确定性，甚至存在收益风险，一些村民还是出于人情和道义，以"帮个忙""少投一点""意思一下"为理由加入合作社。另一方面，由于是"自家人"，合作社内部一旦遇到矛盾纠纷，可以采取"非制度化"方式加以解决。正如副理事长 W2 所说："社员干活出现了问题，你也不能直接用条条框框的硬制度去惩罚人家。大家说到底都是亲戚，好多还是同一个房的。一般都是我去做工作，实在不行，我就想办法请我们这边有威望的人去和他讲，视问题的大小，象征性地处罚点，保证下不为例。一般只要不是大事，也不会让他退出。"（副理事长 W2，2018 年 10 月）这种"私下调解"的策略，符合乡土"熟人社会"和人情社会的特点，能够有效地化解合作社发展过程中的难题和障碍。

总之，在合作社产业发展的过程中，以血缘关系为纽带的社会关系网络以及蕴含在社会关系网络中的特殊信任，对合作社产业发展产生了重要的影

---

① 魏程琳：《政府干预转型与乡村产业发展：基于国家农民关系重构的视角》，《深圳大学学报》（人文社会科学版）2021 年第 3 期，第 109 页。

响，不仅带来了合作社发展所需要的资源和动力，而且减少了合作社发展过程中的内耗，保证了合作社的稳定性发展。

3. 市场经济带来的功利心态和逐利行为，是合作社产业发展策略的经济逻辑

20世纪80年代实行的家庭联产承包责任制，拉开了中国农村市场化的序幕，推动了中国农业农村现代化的进程。在这场深刻的社会变迁中，农民通过社会流动和职业变化，实现了个人技能和社会位置的有效结合，这不仅带来了农民经济收入的增长，而且引起了农民思想观念和价值观念的变化。与中国绝大多数村庄一样，S镇在改革开放的进程中经历了一场重要的社会变迁，传统的"重义轻利"的价值观念受到市场化的冲击，农民的价值取向和行为规范出现分化，农民逐渐成为独立、自利的行动主体。因此，合作社产业发展在不破坏乡村社会秩序和不违背乡村文化伦理的前提下，还是要遵循市场经济的逻辑，利用经济利益去吸引农民加入合作社，扩大合作社的产业规模。

五 结论与思考

农民合作社是农业产业发展的重要载体。农民合作社的产业发展，离不开特定的社会环境和社会结构，具体来说，国家的农业支持政策、村庄的社会关系网络和村民的经济利益追求，是合作社产业发展的外在条件和内在动力。如何将这些外在条件和内在动力转化为合作社产业发展的资源，需要合作社采取符合乡村社会特点的策略。研究发现，"跑项目""拉关系""面子压迫""利益诱导"是合作社产业发展过程中采取的基本策略，而农村资源配置方式、村庄的社会关系网络、村民的经济理性行为，是合作社产业发展过程中实践策略的直接原因。

目前我国农村处于社会转型时期，在经济生活、社会生活和价值观念等方面均体现出传统与现代并存的特点。在经济生活领域，以政府为主导的管理模式在经济生活中仍然发挥着重要的作用，市场在资源配置中还没有起到决定性作用。尤其在农村产业发展过程中，地方政府不仅是农村产业规划的主导者和决定者，而且掌握着农村产业发展的资源和机会，因此，合作社的产业发展必须服从地方产业发展的总体规划，甚至服务于地方农村产业结构调整的需要。在社会生活领域，社会关系和伦理本位仍然影响着人们的行为方式，农民合作社产业发展的过程具有浓厚的乡土性，受到乡村社会的社会关系网络、人情伦理、文化传统等非正式规则的影响。合作社在产业发展的过程中，需要充分发挥这些非正式规则的"润滑剂"作用，从而获得村庄、企业和政府的各种资源，为合作社产业发展提供良好的环境和条件。在价值观念上，农民的主体意识和经济理性在不断增强，社会交往中世俗和功利的彩色越来越浓厚；但由于生活在乡土社会的情景中，农民又不能不受到传统的伦理文化的影响。从合作社产业发展中可以看出，合作社产业发展不完全是单一因素的结果，而是政治逻辑、社会逻辑和经济逻辑的统一。

学术视野

"同乡同业"："社会经济"或"低端全国化"？ *

吴重庆 **

摘 要："同乡同业"是指同一区域的人群依托乡土社会网络，以非正规经济活动的方式，在乡土社会之外从事相同行业或属于同一产业链的经济活动。"同乡同业"的出现与特定区域的资源禀赋、生计方式、社会结构、文化传统有关。"同乡同业"作为社会经济的一种形式，体现了经济与社会的互嵌互动。本文以莆田沿海、平原、山区的区域差异为例，说明经济与社会能否相互嵌入，取决于一定规模人群在适当时机选择适当行业的经济活动能否借助传统社会网络。不过，随着资本在经济领域的不断扩张，今天的"同乡同业"已程度不一地表现出去技术化与标准化/品牌化/垄断化、高可替代性与"打工化"、产业链缩短、价值链社会分层等特点，逐渐趋向"低端全国化"。本文认为，研究"同乡同业"，是落实区域研究、丰富中国研究的重要切入口。

关键词："同乡同业"；社会经济；非正规经济；低端全国化

中国传统社会中的经济活动在多大程度上不同于西欧的资本主义，这可能会成为一个历久弥新的问题。关于中国资本主义萌芽问题的讨论，已牵动了好几代学人的思绪，至今余波未了。不过这场漫长的讨论也许并没有跳出西方中心主义的思维方式。如果从"求异"而非"求同"的角度关注中国传统社会中经济活动的特殊性，则可能拓宽视野。如 Hill Gates 提出 petty capitalism（低端资本主义）这一概念，用以理解中国传统社会中流行的生产

---

* 本文为研究阐释党的十九大精神国家社科基金专项课题"新时代乡村振兴战略研究——从农民合作入手构建以乡村为主体的新型发展模式"（项目批准号：18VSJ019）的阶段性研究成果，原载于《南京农业大学学报》（社会科学版）2020 年第 5 期，收入本书时有修改。

** 吴重庆，中山大学华南农村研究中心教授。

方式，即一种不以消费为导向的，受到政治、血缘、地缘等一系列因素影响的生产方式。她认为，中国农村几百年来并没有以血缘关系或家庭生产方式运作，而是在与政府组织的贡赋生产方式（tributary mode of production）强烈互动的、既不是资本主义也不是社会主义的低端资本主义生产方式（petty capitalist modes of production）中运作。她强调这种低端资本主义与发达资本主义的区别主要在于劳动关系，前者是封建关系、亲属关系等，而后者是雇佣关系。[①] 她所谓的低端资本主义，与我们接下来要讨论的"同乡同业"有类似之处。

一 "同乡同业"概念的提出

"同乡同业"概念被用于中国经济史研究，是中国经济社会中一种特殊的经济活动方式。

最早提及"同乡""同业"概念的是高红霞，她在考察上海糖商业同业公会时发现，这一近代以来兴起的商人组织事实上是从在上海经商的福建人和广东人传统的同乡同业组织如会馆、公所中发展起来的。[②] 高红霞是从组织的角度关注"同乡"与"同业"。郑莉则从经济活动现象的角度第一次使用"同乡同业"概念，她以早年下南洋的兴化（今福建莆田）人在马来西亚芙蓉坡经营人力车为例，研究东南亚华人的"同乡同业"传统，并把"同乡同业"定义为：主要是指在城市工商业经济中，来自同一地区的人群经营相同的行业，利用同乡或同族关系建立商业网络，实现对市场和资源的垄断与控制。[③] 郑莉对"同乡同业"的理解，体现出其所在学术共同体的师承关系，即傅衣凌先生研究明清以来乡族经济时看到乡族势力在水利、交通、集市、贸易、度量衡等领域对农村社会经济生活的全面控制，形成族工族商[④]，以及傅衣凌先生的高足郑振满教授看到明清以来乡族组织已经超出了亲属组织的范畴，即乡族组织"既可以是以婚姻或血缘关系为基础的亲属

① Hill Gates, *China's Motor: A Thousand Years of Petty Capitalism*, Cornell University Press, 1996, p. 7.

② 高红霞：《同乡与同业、传统与现代：上海糖商业同业公会的历史考察》，《中国经济史研究》2006年第1期。

③ 郑莉：《东南亚华人的同乡同业传统：以马来西亚芙蓉坡兴化人为例》，《开放时代》2014年第1期。

④ 傅衣凌：《论乡族势力对于中国封建经济的干涉——中国封建社会长期迟滞的一个探索》，《厦门大学学报》（社会科学版）1961年第3期。

组织，也可以是以地缘或契约关系为基础的拟似的亲属组织"，所以明清以来"乡族组织与地主经济的直接结合，使已经衰落的私人地主经济得到了强化"，或者说已经转化为乡族组织的共有经济。① 郑莉所谓的"同乡同业"传统可以说是扩大了乡族组织的社会网络（如郑振满）之后的乡族经济在异国他乡城市里的翻版，但依然还是具有垄断性的（如傅衣凌）。

"同乡同业"概念虽然并非由我发明，不过我把"同乡同业"从经济史的研究中挪用来研究滥觞于改革开放之初中国东南沿海而扩张至全国城镇的、依托乡土社会网络开展某一行业经济活动的现象。因为研究对象及时势的变化，需要对经济史研究中"同乡同业"的概念内涵重新定义。按我自己的定义，"同乡同业"是指同一区域的人群依托乡土社会网络，以非正规经济活动的方式，在乡土社会之外从事相同行业或属于同一产业链的经济活动。在这一定义中，"同乡同业"是灵活、非正规、不具有垄断性的，其经济活动不仅仅局限于某些大城市，而是全面铺开，几乎覆盖全国所有城镇。这当然与中国改革开放以来经济开放以及交通便利从而大大降低经济活动的距离成本有关。我使用"同乡同业"概念，较为细致地分析了家乡福建莆田孙村一带的人们在全国各地从事金银首饰业（简称"打金"业）的情况，认为在乡土之外的"同乡同业"经济活动与乡土社会发育相辅相成，发达的"同乡同业"体现了乡村空心化的反向运动。②

2011 年 11 月，《开放时代》杂志在广州举办题为"社会经济在中国"的第九届开放时代论坛，组织者对论坛主题作如下阐明："在经济全球化的裹挟之下，独大的市场经济已经越来越与社会的发展相脱离，贫富差距、社会不公及垄断现象日渐加剧。以中国之博大、地方经济模式之多元、民间社会资源及文化传统之丰富，应该可以在今天中国探寻到有别于市场经济而又使经济、社会与文化相互嵌入的多元社会经济实践。今天中国的社会经济大体包括集体经济、合作经济、社会企业以及基于地方社会网络并扩散至全国的各类非正规经济。如何探索一条不同于市场经济，又有异于计划经济的发展道路，是改革开放三十年后的一项重大社会工程。"③ 本届开放时代论坛专门组织了一个专题论坛讨论"同乡同业"，内容包括郑莉报告《东南亚华人

---

① 郑振满：《乡族与国家：多元视野中的闽台传统社会》，生活·读书·新知三联书店，2009，第 7、49 页。

② 吴重庆：《"界外"：中国乡村"空心化"的反向运动》，《开放时代》2014 年第 1 期。

③ 张曙光、黄万盛、崔之元等：《社会经济在中国（上）》，《开放时代》2012 年第 1 期，第 5 页。

的同乡同业传统：以马来西亚芙蓉坡兴化人为例》、谭同学报告《亲缘、地缘与市场的互嵌：社会经济视角下的新化数码快印业研究》、夏循祥报告《作为酵母的社会关系：一个被馒头改变的乡镇》。在此，"同乡同业"被视为"社会经济"的一种形式。

与"市场经济"（market economy）相对的概念并非"计划经济"（planned economy），而毋宁是"社会经济"（social economy）或者"团结经济"（solidarity economy）。本来，"经济"与"社会"应该是紧密结合的，"把经济、社会、文化区分开来是把人引入歧途。一切经济行为都是社会行为，因此所有的经济总是具有社会特征的"①。卡尔·波兰尼并不认为可以有独立存在的市场体系，但会出现自由放任的资本主义经济从社会中脱离出去的趋势，这样就引出保护性的反向运动，使经济活动重新嵌入总的社会关系之中。②"市场经济"一旦发展成高度垄断的资本主义经济（尤其在经济全球化时代），必然导致经济活动与社会的分离，"在资本逐利的本性驱使下，任何一种生产要素都可能被抽离出它原先的在地背景，而得以在任何一个可以实现成本最低化和利润最大化的场所重新组合，形成无心无肺的经济怪胎"③。而"社会经济"便是致力于经济与社会的相互嵌入，属于卡尔·波兰尼所说的保护性的反向运动。

"同乡同业"作为"社会经济"的一种形式，是如何发生的？又是如何体现出"经济"与"社会"相互嵌入的特点？

二 作为"社会经济"的"同乡同业"

"同乡同业"不同于中国历史上的地域性商帮、族商，不具有垄断性。只要是同一乡土社会的人，都可以利用乡土社会网络加入某一行业。由于经营者众，其经营活动区域无远弗届，远超以往地域性商帮、族商。"同乡同业"也不同于现在所谓的"专业镇"。"专业镇"往往是地方政府规划的产物，只是在特定地点集中生产某种产品并在地批发销售，经营者除了本地人，还有外来者，其经营活动并未向其他区域扩张，可称之为"同域同业"，而非"同乡同业"。

---

① 〔德〕N. 卢曼：《社会的经济》，余瑞先、郑伊倩译，人民出版社，2008，第 2 页。
② 〔英〕卡尔·波兰尼：《大转型：我们时代的政治与经济起源》，冯钢、刘阳译，浙江人民出版社，2007，第112—115 页。
③ 吴重庆：《"界外"：中国乡村"空心化"的反向运动》，《开放时代》2014 年第 1 期。

"同乡同业"既非地域性商帮、族商的再现，亦非地方政府规划的产物，那么，其究竟是缘何出现的？

一是资源禀赋不足与流动型兼业。今天的"同乡同业"最早出现于从浙江温州到福建莆田、泉州、漳州，直至广东潮汕、雷州半岛这一狭长的沿海地带。该区域的共同特点是十年九旱，人多地少。如20世纪80年代温州的人均耕地只有0.46亩，每劳力耕地1.54亩，不到全国平均水平的1/3。① 根据《莆田统计年鉴2018》提供的数据，2017年莆田市常住人口人均耕地面积仅有0.38亩，低于福建省的平均水平，只达到全国平均水平的1/4。所以，农业收成根本无法满足口粮之需，极为有限的耕地也根本无法容纳家庭劳动力就业，以致家中男孩不得不早早拜师学一门手工艺或者从事商贩。由于乡村市场空间有限，无法实现在地兼业，所以只能采取游走四方的流动型兼业模式，在农闲季节外出做工或者经商，往往离家数月，其活动可达一县之范围。"桥头弹棉郎，挑担走四方"，说的正是温州永嘉县桥头镇弹棉花的手工艺人。由于流动型兼业对农民生计不可或缺，所以即使在人民公社时期，依然允许"串乡经营"。1962年9月27日，中国共产党第八届中央委员会第十次全体会议通过《农村人民公社工作条例修正草案》，其中第十四条规定公社管理委员会应该积极促进手工业生产的发展，"公社管理委员会应该同生产队商量，合理地解决生产队内部手工业者的口粮问题，合理地处理他们参加集体分配问题"，"历来是串乡经营的个体手工业者，人民公社各级组织应该允许他们串乡经营"。这些习惯于跨越乡土社会边界"串乡经营"的手工艺人，就是改革开放后四处创业的"同乡同业"的"基本盘"。如温州永嘉县桥头镇的"弹棉郎"，改革开放后成为深入全国城镇的桥头纽扣的推销员。人民公社时期通过大兴农田水利建设吸纳农业剩余劳动力的机制随着人民公社的解体而解体。这些新增的剩余劳动力在"串乡经营"者的带动下，汇入了"同乡同业"的潮流。据统计，20世纪80年代温州外出的各类小商品购销员多达10万人。②

二是乡土社会网络与"强关系"带动。上述区域正好也是乡土社会网络发达的区域，属于姚中秋先生所说的"钱塘江以南中国"。他说："西晋灭亡，居住于洛阳及其附近上层士族南迁，其组织严密，人数众多，不愿与吴中豪杰争锋，于是选择渡过钱塘江，分布于会稽一带，建立起强有力社会组

---

① 袁恩桢主编《温州模式与富裕之路》，上海社会科学院出版社，1987，第9、18页。
② 袁恩桢主编《温州模式与富裕之路》，上海社会科学院出版社，1987，第66页。

织。后来南迁者无法渗入，只好继续南迁。钱塘江成为中国文化的一条重要分界线"，"每一次战乱，都推动相当一部分儒家化程度较高的人群向南迁徙"，以致"钱塘江以南中国"（宁波以南之沿海地区、皖南、江西等）后来居上，儒家文化的保存反超江南及中原地区。① 这一区域的宗族文化的确比较深厚，宗亲意识比较强烈。此外，这一区域还是中国地方方言最丰富的区域，各方言之间差异大，难以沟通，由此形成更加清晰的乡土社会边界。方言是地方性知识的重要载体，地方性知识具有低替代性，而对低替代性的地方性知识的共享，可以解决人际关系中因信息不对称而导致的不信任问题。从事客家研究的人类学家 Myron Cohen 认为，方言是中国社会结构的另一个变数，是构成群体的一个主要力量，许多特殊的社会活动方式都与方言之差异有关，如果不对方言加以考虑，任何有关这一地区的社会组织研究均不算完整。② 还有一个不容忽视的因素便是，这一区域因为宗族文化深厚，存在求男丁传宗接代的生育偏好。如福建莆田沿海农村在 20 世纪 80 年代严厉计划生育政策的影响下，早婚早育、"黑婚"（不登记结婚）现象较为普遍，导致通婚半径缩小以及姻亲关系的进一步强化。③ 以上诸因素共同编织了这一区域发达的乡土社会网络，这一社会网络由宗亲、姻亲、乡亲以及手工艺师徒等"强关系"缔结。一批又一批的年轻人在乡土社会网络中"强关系"的带动下，迈过了"同乡同业"的创业门槛。"强关系"中的带动者对新人负有帮扶义务，不仅不会将新人视为雇工，而且还会在新人掌握技术或熟悉经营之道后马上助推其另立门面自主创业。值得一提的是，姻亲在此过程中发挥的作用超过宗亲，这与核心家庭日益普遍以及兄弟之间较容易发生利益冲突有关。

三是低行业门槛与非竞争经营。20 世纪 80 年代兴起的"同乡同业"尽管业态众多，但大多与手工操作有关，从业者需要具备在短期内即可习得的技术，如浙江温州的修鞋补伞、浙江松阳的松香采脂、福建莆田的"打金"（金银首饰加工）等。由于入行有一定门槛，所以从业者需要"强关系"的带动。如上所述，姻亲关系在"同乡同业"发展过程中作用较大，这推动了"同乡同业"中夫妻档的大量出现。早期"同乡同业"大多介于二、三产业

① 姚中秋：《钱塘江以南中国：儒家式现代秩序——广东模式之文化解读》，《开放时代》2012年第 4 期。
② 杨国枢、文崇一主编《社会及行为科学研究的中国化》，台湾中研院民族学研究所，1982，第 302 页。
③ 吴重庆：《孙村的路：后革命时代的人鬼神》，法律出版社，2014，第 15—16 页。

之间，既是劳动密集型的手工业，也是劳动密集型的服务业，一个小型经营档口正好可以容纳夫妻二人的劳动力，实现劳动的弹性积累。夫妻档、前店后家或下店上家成为流行模式，"同乡同业"也从区域内流动兼业发展到全国范围的定点营业。"强关系"带动的"同乡同业"既会避免恶性竞争（如"同乡"经营的"同业"店面之间保持数百米距离乃为潜规则），也会寻求更有效率的互惠合作。"同乡同业"的行业门槛低，从业者都是凭手工艺和服务吃饭，"同业"之间体现的并非通过资本扩张达到垄断市场资源的"大鱼吃小鱼"的资本主义经济逻辑。"同乡同业"都是一些个体户、小业主，依托各自的微型亲缘网络，具有"强关系"。从业者一般同城同域经营，他们在资金、技术、生产资料、信息、劳动力等方面相互拆借，互通有无，互惠合作，其生产要素成本及经营成本大大低于置身于乡土社会网络之外的经营者，令外人难以涉足其中与之竞争，这也是"同乡同业"经营者之间并没有必要形成进一步的联合或者结盟以垄断市场的原因。由此我们看到中国乡土社会的韧性，看到乡土社会网络依然可以活跃于城市里的市场经济中。

四是"生态位"与"文化母体"。生态人类学家将生物对具有特殊环境特征的"小生境"（microenvironments）中的有限能量和可利用营养的分享称为"生态位"（ecological niche）。从"生态位"的立场出发，"个人是通过社会和文化母体，而非孤立地应对能量和物质资料的各种问题"。[①] 马克·格兰诺维特（Mark Granovetter）的"嵌入理论"也指出，由于持久而稳定的人际关系会降低交易成本、提高合作效率，因此，个体更倾向于维护人际关系而并非追求短期最大利益。[②] "同乡同业"中的从业者并非经济学所谓的孤立的、个体化的"理性人"，他们是以乡土社会网络为依托开展经营活动的，特定的乡土社会空间就是一个"小生境"，特定的"强关系"的带动就是其"生态位"，这同样也是符合"理性"的。因为"生态位"的重要性，所以个体即使从"理性"的立场出发，也应该维护好"小生境"。在此，"小生境"犹如"公共产品"，谁都可以利用。在经济学的分析中，由于"理性人"都是孤立的个体，所以面对"公共产品"时都想"搭便车"，没有人愿意为分享"公共产品"买单付费，都将"公共产品"视为免费的午餐。可是在"同乡同业"的从业者眼中，这个"小生境"不仅仅是"公共产品"，

① 〔美〕唐纳德·L. 哈迪斯蒂：《生态人类学》，郭凡、邹和译，文物出版社，2002，第93、95页。

② 〔美〕马克·格兰诺维特：《镶嵌——社会网与经济行动》，罗家德译，社会科学文献出版社，2007，第11—12页。

也是"文化母体"，每个人都孕育、寄寓其中，都愿意维护好这个"文化母体"。所以，但凡春节、元宵、清明、神诞等重要节庆，在外的"同乡同业"从业者都尽可能返乡，积极参与家族以及村落公共活动。据统计，在"同乡同业"发达的莆田，活跃在乡村神诞舞台的莆仙戏剧团达130多个，"全市年演出总数6万多场次，观众3000多万人次。全市每个行政村年平均演出60场戏，人均年看戏10场"，其中社区请戏（"社戏"）占70%—80%（神诞及民间节日）。① 在全国传统戏剧纷纷衰落背景下，莆仙戏为何一枝独秀？因为越是"同乡同业"从业者众的乡村，就越是重视神诞，重视神诞期间人神共娱的戏剧演出。"同乡同业"从业者们对乡村公共事务、公益事业以及返乡盖新房（即使他们在城市里购房并常年居住）非常重视，他们高度依赖乡土社会的关系网络和社会资本，所以需要通过参与在家乡进行的各项活动来再生产外出经商所需的社会资本，同时这也是他们获得乡土社会对其创业成功以及拥有乡村社会成员权的重要途径。"同乡同业"与作为"生态位"、"文化母体"的乡土社会相辅相成，"同乡同业"从业者们在家乡内部以及在家乡之外的同城有着频繁的互惠互动，使得乡土社会资本不仅没有流失，而且获得了前所未有的激活。② 可见，"同乡同业"作为"社会经济"的形式之一，其"社会经济"的特点不仅体现在经济活动嵌入社会关系，还体现在经济活动维护了社会关系的进一步发育。

三 "经济"是如何嵌入"社会"的？

在资本主义经济活动方式主导下，"经济"与"社会"之间其实是很容易脱嵌的，或者说，脱嵌是常态，嵌入是困难的。可以打个比方，"经济"与"社会"犹如高速运转中的两大齿轮，一不小心，转瞬之间即可脱嵌。福建莆田"同乡同业"发达，但"同乡同业"并非在全域获得均衡发展。以下从莆田内部的区域差异看"同乡同业"发展过程中"经济"是在何种情况下嵌入"社会"的。

莆田市总人口近300万人，共有海外侨胞150万人，分布在83个国家和地区，其中华侨50万，华人100万。正如郑莉在《东南亚华人的同乡同业传统：以马来西亚芙蓉坡兴化人为例》一文中指出的那样，莆田人（兴化

---

① 郑尚宪、庄清华：《莆仙戏文化调查报告》，朱恒夫、聂圣哲主编《中华艺术论丛》第10辑，同济大学出版社，2011。

② 吴重庆：《农村空心化背景下的儒学"下乡"》，《文化纵横》2012年第2期。

人）很早以前就在东南亚形成了"同乡同业"，其华侨华人遍布海外。而今天莆田形成了多个大规模的"同乡同业"，民营医疗行业（俗称的"莆田系"）占全国市场80%份额，木材行业占全国市场70%份额，金银珠宝行业占全国市场60%份额。据莆田市人民政府2018年公布的统计数据，"莆商"（"同乡同业"从业者）在外经营的生产总值相当于莆田市生产总值（2017年2045.19亿元）的两倍。莆田不仅仅只有地理意义上的一个莆田，在外经商的莆田人也形成了一个依靠莆田本地社会网络的"在外莆田"或称"同乡同业"的莆田。值得注意的是，莆田的"同乡同业"基本集中于被称为"界外"的莆田沿海地区。

莆田市陆地面积为4200平方公里，按其区位及地理特征，由东南往西北，大体可以分为"界外"（沿海）、"洋面"（平原）、"山里"（山区）三大区域，这既是地理区位之分，也是地方社会等级之别。

"洋面"指宋代开创莆田南北洋围垦工程而成就的兴化平原，历来为鱼米之乡，文教及家族组织尤其发达。根据郑振满教授的研究，从宋代到清代此地出过上千名进士及为数更多的举人，但"这些进士和举人实际上只是集中在几十个大家族，大约分布在50个左右的大村庄"，"洋面"的村庄之间形成了150多个"仪式联盟"，开展宗教、公益慈善、水利规划等活动，是一个集生态、行政、经济、文化于一身的巨大的社会网络。[①] "界外"指沿海地区，地瘠人贫，十年九旱，食不果腹，人口密集却罕见祠堂与族谱，但每个村庄基本上都拥有由明代里社制度演变而来的社庙。我在《孙村的路》中对"界外"这一名称的来历有过如下说明：郑成功于1647年（清顺治四年）海上起兵抗清，至1661年，郑成功部控制了莆田沿海的南日、湄洲诸岛。清政府为剿灭郑部，于1662年下"截界"令，沿海核定新界线并筑界墙，每隔五里即筑一石寨，将沿海居民迁至"界内"，在"界外"实行坚壁清野政策。直至1680年，莆田沿海诸岛方为清军收复。康熙二十二年（1683年），台湾纳入大清版图，莆田沿海复界。虽然"界墙"之存不过21年，但"界外"之名却一直沿用至今，并演变为一种根深蒂固的地方性歧视。[②] 在"洋面"看来，"界外"意味着边缘、落后、贫穷、愚昧、粗鲁。而"山里"（山区）则交通不便，地广人稀，根据《莆田年鉴2018》提供的人口数据加以测算，莆田山区的人口密度大概仅为莆田沿海的1/4。但"山

① 郑振满：《莆田平原的聚落形态与仪式联盟》，周尚意、刘卫东、柴彦威主编《地理学评论》第2辑，商务印书馆，2010，第25—37页。
② 吴重庆：《孙村的路：后革命时代的人鬼神》，法律出版社，2014，第141页。

里"物产较为丰富，基本上可以"靠山吃山"，其生活水平及社会地位介于"洋面"与"界外"之间。

如上所述，今天莆田几大"同乡同业"的从业者基本上都集中在"界外"，如民营医院和木材业的从业者集中在忠门半岛，金银首饰业的从业者集中在埭头半岛。"界外"人因为生计堪忧，游走型兼业乃自古以来的传统。早在20世纪80年代初，"界外"就出现了这三大"同乡同业"，相关从业者开始遍布全国。如金银首饰业主要集中在"界外"的北高、埭头、东峤三个镇，此三个镇的人口都超过10万人，在80年代初大多数行业的入行门槛还比较低的时候就有两三万人外出"打金"（金银首饰加工）、推销首饰加工所需的模具，大部分为固定设档经营，但也有少部分家贫本小者沿用游走型兼业传统，走街串巷经营（俗称"走街"）。时至今日，据估计，此三镇的金银首饰业从业者有15万—20万人。这样的从业者规模，可以快速有效地覆盖全国市场，其营业布点从80年代初的全国一线城市及东部沿海经济发达地区城镇直至今天全国所有城市、县城及主要乡镇。在"界外""同乡同业"兴起、壮大的过程中，关键因素是流动型兼业传统造就的开放的经济活动网络与生计模式、适当的时机、足够规模的从业者及营销队伍，当然还有包括一村一社庙在内的"文化母体"与"同乡同业"之间的良性互动。如本文第二部分所述，如果莆仙戏的演出频度与"同乡同业"的发达程度正相关，那么，"同乡同业"发达的莆田沿海地区就应该是莆仙戏演出的重镇。厦门大学中文系郑尚宪教授团队关于莆仙戏现状的调研报告正好印证了这一点，报告称："全市有12个山区乡镇很少演戏，演出活动主要集中在沿海和平原不到40个乡镇的狭长地带。"①

"洋面"曾经富甲一方，但走进今日"洋面"乡村，却完全是另一幅景象，村落中的住宅多为改革开放之前的建筑，这与豪宅林立的"界外"乡村形成了强烈反差。但"洋面"又并非严格意义上的空心化乡村，其年轻人既未加入"同乡同业"的大军，亦未远赴他乡进厂打工。随着临近城区二、三产业的发展，"洋面"的年轻人多离村就近打工，白天进厂，傍晚下班回村，有的甚至中午也回家午餐，这种"离土不离乡"的打工模式较好地兼顾家庭生活。但越来越多的年轻人青睐于在城镇购买商品房并常住，故村里多数时间只见老年人，已经出现空心化的趋向。那么，"洋面"为什么与"同乡同

---

① 郑尚宪、庄清华：《莆仙戏文化调查报告》，朱恒夫、聂圣哲主编《中华艺术论丛》第10辑，同济大学出版社，2011。

业"失之交臂？按"洋面"人的说法是"界外人能吃苦，敢拼"。的确，"洋面"一直衣食无忧，包括在新中国前三十年，农民也能过上比较体面的生活，根本不需要像"界外"那样把流动性兼业作为必不可少的生计模式。虽然"洋面"的传统社会网络资源以及人口密度皆远在"界外"之上，但一旦错过了时机，越是往后，特定区域人群进入某一行业的资金与技术的门槛必定越高，而且也很难在竞争日益激烈的全国市场中占有份额。所以，即使"洋面"近二三十年来也不断涌现出有为的企业家，但其所演绎的基本上都是一些个人创业成功的故事，难以带动出成规模的"同乡同业"。

"山里"乡村又不同于"洋面"和"界外"，其整体上已呈现较为典型的空心化特征。"山里"无法像"洋面"那样可以就近在二、三产业领域就业，因此，"山里"青壮年大量外出异地打工。在此过程中，山区乡村学校的撤并又促使人口进一步往附近中心乡镇或者县城集中，导致本来就地广人稀的山区人口密度进一步下降，常住人口老龄化的特征极为明显，有些小村趋于消失。"山里"人大概在20世纪90年代才兴起外出创业的潮流，比"界外"人足足迟了十年。这不仅仅是时间的早晚，重要的是创业机会的丧失和创业成本的抬高。在20世纪90年代，"山里"人曾经较多地在珠江三角洲的工业园区或者工人集体宿舍门口以流动摊档经营简单早点，如包子、馒头、豆浆、油条等，应该说也形成了"同乡同业"的雏形。但由于"山里"人口少，从业者规模不够大，加上乡土社会网络较弱，难以快速扩张并覆盖市场，后来，湖北监利等地方的人也加入了这个面向工厂打工者的"早点业"。再后来，就被有店面经营的、覆盖全国市场的"沙县小吃"等"同乡同业"挤出了市场。

我们再归纳一下以上对莆田山区、平原、沿海三大区域经济社会发展状况的分析。山区：散居—传统社会资源较少—靠山吃山—外出打工—往镇上/县城聚居—乡村渐趋消失；平原：聚居—传统社会资源丰厚—鱼米之乡—就近打工—乡村空心化；沿海：聚居—传统社会资源一般—人多地少—流动型兼业传统—同乡同业—乡村空心化的反向运动。

最后，我们来回应莆田的"同乡同业"为什么集中于"界外"沿海乡村这个问题。传统社会资源之可资利用，是因为它不仅仅只是文化观念，还包括社会网络与社会资本。传统社会资源被激活，不完全取决于资源是否深厚，而主要取决于其所构建的社会网络能否借助一定人口规模的经济活动而越出原先的地理及社会空间向外扩展（如莆田沿海）；传统社会资源存量以及人口规模较少，则妨碍其向外扩展（如莆田山区）；传统社会资源丰厚，人口规模也巨大，但经济活动不需要依靠传统的社会网络与社会资本，则传统社会资源也不会被激活（如莆田平原）。可见，就"同乡同业"来说，经济与社会能否相互嵌入，取决于一定规模人群在适当时机选择适当行业的经济活动能否借助传统所构建的社会网络。

四 是"社会经济"还是"低端全国化"？

香港中文大学人类学系麦高登（Gordon Mathews）教授近年连续出版了《香港重庆大厦：世界中心的边缘地带》和《南中国的世界城：广州的非洲人与低端全球化》①两本著作，其核心概念是"低端全球化"（Globalization from Below）。按照他的定义，"低端全球化"是指"人与物品在低资本投入和非正式经济（合法或非法）情形下的跨国流动，其组织形态常与发展中国家联系在一起"。他还断言："低端全球化不是世界的过去，至少在某些方面它是世界的未来。"②他的这个"低端全球化"算不算"经济全球化"？我自己对"经济全球化"的定义是：资本主义生产方式以成本最低为原则对各类生产要素进行全球范围的重新组合，并开展价格的"逐底竞争"（race to bottom）。而麦高登的"低端全球化"说白了不过是后发达地区的人来到发达地区采购适合于后发达地区人们消费的日常用品并贩卖到欠发达地区的"点对点"的经营活动。这里面不涉及生产活动，也许勉强可以说是经济全球化的一种形式，但以"低端全球化"冠之，未见得合适。

之所以要提及麦高登"低端全球化"这个概念，一方面，是因为他所谓的"低端"主要是指"低资本投入"和"非正式经济"，而这两点正符合"同乡同业"的特征，我们也可以将"同乡同业"视为"低端"。另一方面，目前的"同乡同业"基本上还是在全国范围内开展经营活动，因为中国幅员辽阔、区域发展不平衡，"同乡同业"也是从经济发达地区往欠发达地区、从城市往乡镇扩张，体现出与"经济全球化"类似的逻辑。在此不妨借用"经济全球化"概念，将"同乡同业"视为"全国化"的经济活动。综合而论，我们也许可以将"同乡同业"在现阶段的发展称为"低端全国化"。

我们之所以要从"低端全国化"视角看待"同乡同业"，是因为"同乡

---

① 〔美〕麦高登、林丹、杨玚：《南中国的世界城：广州的非洲人与低端全球化》，杨玚译，香港中文大学出版社，2019。

② 〔美〕麦高登：《香港重庆大厦：世界中心的边缘地带》，杨玚译，华东师范大学出版社，2015，第296页。

同业"从 20 世纪 80 年代初发展至今的近 40 年时间里，中国的经济领域发生了翻天覆地的变化，经济全球化的潮流势不可挡，资本的力量空前强大并且活跃，"同乡同业"的外部资本和内部资本都可能瓦解"同乡同业"的"社会经济"内涵，"同乡同业"面临的生存环境与生存空间已不如 40 年前。尽管如此，"同乡同业"还是在全国遍地开花，如湖南新化的复印业、湖北监利的包子业、青海化隆的拉面业、河南鄢陵的"灯光师"业、河南许昌的假发业、河北安平的道路护栏业、江苏兴化的不锈钢业等。从"低端全国化"的视角可以更清晰地看到"同乡同业"的发展趋向。

"同乡同业"在经历近 40 年的发展之后，大体呈现如下趋向。

一是去技术化与标准化/品牌化/垄断化。这种情况在某些有一定发展历史的"同乡同业"中体现出来。我们知道，20 世纪 80 年代兴起的"同乡同业"都是具有一定技术含量的手工业与劳动密集型服务业的相融，这既是行业的门槛，也是行业所具有的一定程度的不可替代性。但不可替代性显然对资本在市场的扩张构成障碍。舒喜乐（Sigrid Schmalzer）在研究中国农业"绿色革命"时提出"去技能化"（deskilling）概念。她认为，在传统农业生产中，农民所拥有的技术是丰富的种植实践和经验，随着农业技术的现代化，传统技术面临挑战，普通农民遭遇普遍的"去技能化"。[1] 其实，资本主义经济活动更是极力追求"去技能化"，以便将掌握传统技艺和手工操作经验的劳动者变成可替代性极高的、不得不依赖大企业生存的廉价劳动力，从而将劳动者固定在规模化、标准化的生产流水线上。如湖北监利县毛市镇及周边地区约十万人在全国各地开铺做包子，其中资本积累雄厚者纷纷往品牌化、连锁经营方向发展，统一设计店面，统一和面、配料、供料，从业者无须身怀绝技或独家秘方。著名的"沙县小吃"也在沙县政府的推动下开启了品牌化、集团化的步伐。这种标准化/品牌化/垄断化经营自是符合资本利益，但也必然将"同乡同业"中的大批自主创业者挤出市场，业内的竞争焦点在于资本投入和规模效应，逐渐形成一枝独大的垄断局面。

二是高可替代性与"打工化"。这种特点在一些后起的"同乡同业"中明显存在。"同乡同业"作为非正规经济，其从业者靠手艺吃饭，自雇劳动或者自主创业。这些手艺往往是地方性的传统工艺，有的甚至属于非物质文化遗产。随着地方性工艺后继乏人以及资本推动下的标准化、规模化生产的

---

① Sigrid Schmalzer, *Red Revolution*, *Green Revolution*: *Scientific Farming in Socialist China*, The University of Chicago Press, 2016, p. 35.

盛行，后起的"同乡同业"越来越倾向于选择某个行业产业链条中的小环节，这个环节是劳动密集型的，从业者的可替代性高。虽然大家还是同乡，但除老板外，所有的从业者都变成了受雇劳动者，自主创业当然也不存在了。如河南鄢陵的"灯光师"，其实就是给影视拍摄现场打灯的人，据说已经遍布全国影视基地。又如福建平潭的隧道业，据说目前全国80%的隧道项目都由平潭人施工挖掘。表面上看，这两个个案的确可谓"同乡同业"，但众多从业者只是受雇于老板，只是在给老板打工，这就是"打工化"。

三是产业链缩短。产业链分上游、中游、下游，20世纪80年代兴起的"同乡同业"因为属于自雇劳动和自主创业，从业者往往从产业链的中游入手，再逐渐往产业链的上游和下游扩展，形成"同乡同业"内部的产业分工。所以，"同乡同业"可以将"同乡"的劳动力悉数卷入，大批量地带动就业。也因为"同乡"已经将"同业"的产业链较为完整地掌握在手并且互惠合作，所以，其他区域的人群加入此行业并竞争获胜的机会不大（虽然"同乡同业"并无垄断经营机制）。如莆田沿海的金银首饰业，不仅有"打金"（首饰加工），还有收购、贩卖黄金白银，生产制造和销售首饰加工模具、加工工具、首饰盒，从事从家乡至全国各大城市的客运货运。以往资本尚欠活跃，可以地方社会网络力量占据某些行业的大部分产业链。但21世纪以来新兴的"同乡同业"中，"同乡"趋向"打工化"，"同乡同业"中的"同乡"难以形成内部产业分工并延伸产业链，几乎不可能再现较完整掌握某个行业产业链的"同乡同业"了。

四是价值链社会分层。价值链（Value Chain）是指一种商品（或服务）从生产、加工、包装、储存、运输等环节，最终到达终端消费者的过程。随着经济全球化的深入，已经出现了全球价值链（Global Value Chain），形成了服务外包与全球空间再分布。特定群体、特定社会阶层在特定行业商品生产流通中扮演了不同角色，在价值链的不同节点上形成社会分层。如果我们把"同乡同业"中的"同业"视为一种商品或者服务的话，由于老"同乡同业"的内部分工以及新"同乡同业"的"打工化"，同样可以看到其价值链的社会分层。老"同乡同业"如福建莆田沿海金银首饰业，有品牌化的珠宝公司，有寻求加盟的新人，有依然销售"同业"生产工具的小贩；新"同乡同业"如河南鄢陵"灯光师"，已被挤压于全球价值链中具有社会分层特点（"打工者"）的节点上，"同乡同业"的行业切入口越来越小。

五 余论

"同乡同业"作为"社会经济"的一种形式，依托乡土社会资源降低经济活动的成本，这种依托低成本运作的全国性经营网络带动了辐射全国的以"同乡"为经营主体的"同业"产业链，体现了经济与社会互嵌的特征，自主创业、共同富裕的愿景触手可及。随着"同乡同业"内部资本与外部资本（包括国内资本与国外资本）日趋活跃，资本扩张的逻辑代替了"社会经济"的逻辑，资本利益牵引下的经济活动逐渐与社会脱节，在更广阔的范围而非"同乡"范围组合生产要素，呈现经济全球化/全国化的特点。即便再强大的乡土社会，也难以与资本巨无霸匹敌。不过有一点是可以肯定的，不管是什么行业、什么阶段的"同乡同业"，也不管其在多大程度上利用了乡土社会网络，它一定是以"低资本投入"和"非正规经济"的形式出现的，只是在今日的"同乡同业"中，"社会经济"的形象淡出，"低端全国化"的面目显现。

考察"同乡同业"的发展历程，我们可以发现，作为特殊的经济活动方式，"同乡同业"滥觞于特定区域的乡土社会之中。而后起的在全国四处开花的"同乡同业"，虽说更多地受到资本力量的主导，但它之所以在此地而非在彼处出现，也仍然与地方的资源禀赋、生计方式、社会结构、文化传统有关。不同时期、不同区域的人群对"同乡同业"的行业选择及运作逻辑不尽相同，通过对不同时期、不同区域"同乡同业"现象的比较，可以发现社会变迁及区域社会构成差异的丰富信息。从"同乡同业"的区域性分布可以洞察不同区域的社会特点，而从"同乡同业"的阶段性发展也可以了解经济全球化/全国化的活跃程度。研究"同乡同业"，不失为落实区域研究（area studies）、丰富中国研究的重要切入口。

乔启明的中国农村研究及其开创意义[*]

张玉林^{**}

在 20 世纪前期的中国农村社会学和农村研究领域，乔启明堪称主要的开创者，也是代表性人物。但是由于多种原因，他在中国社会学重建以来并没有受到应有的关注，甚至可以说遭到了冷遇。[①]

这里所说的多种原因应该包括以下三点。第一，他本人较早地中断了学术生涯，也未能有幸熬过十年浩劫，从而没有在"社会学的春天"里再度发声，自然也容易被忘却。第二，与此相关，他没有留下社会学领域的弟子，而在当代与现代之间严重断裂、学术传承主要依靠弟子和再传弟子的中国，缺少弟子就意味着失传的可能性增大。第三，他的学术生涯主要是在金陵大学农业经济系期间度过，这使他容易被那里的另一位大家卜凯的光环所笼罩，而他自己的角色又比较复杂，既是农村社会学家，也是农村经济学家和农业推广专家，多重角色容易模糊他作为农村社会学家的突出贡献。

值此《乔启明文选》的编辑出版列入议事日程之际，作为具体的承担者，本人在负责文献的查找[②]、筛选和校阅的过程中，多次阅读了他的主要篇章，从而对其学术脉络和所论主旨有了初步了解，也因此可以在这方面有

---

* 本文系作者为《乔启明文选》（社会科学文献出版社，2012）撰写的编者导言，原载于《中国研究》2012 年春季卷（总第 15 期），收入本书时有修改。

** 张玉林，南京大学社会学院教授。

① 在孙本文 1948 年出版的《当代中国社会学》中，乔启明是与杨开道并肩的农村社会学家。但是在由今人撰述的多种中国社会学史文献中，他最多只是被附带性地提及；关于其学术思想的研究，也只有两篇纪念性的短论（朱甸余：《著名的农村社会学家乔启明》，光明网，http://www.gmw.cn/conet/2005-11/09/content_326586.htm；行龙、常利兵：《中国社会学的一份珍贵遗产——乔启明及其农村社会学思想初探》，社会学视野网，http://www.sociologyol.org/yanjiubankuai/xuejierenwu/qiaoqiming/2007-03-26/930.html）。与杨开道、李景汉、吴景超等人受到的重视相比，乔启明确属遭到了当今社会学界的冷落。

② 胡炼刚先生对此提供了重要帮助，在此深表感谢。

所呈现。但因为阅读有限，本文所述自然难免疏漏，甚或有误读之处。因此，对这位开拓者的系统阅读和准确解读，还有待后来者。

一 生平事略：学术历程和乡村建设实践

乔启明，字映东，1897 年 12 月 28 日生于山西省猗氏县（今临猗县）太候村。他幼年丧父、家境贫寒，后来由长兄乔褉亭①资助，得以进入运城河东书院读书，毕业后考入山西大学预科。因学业优异，1921 年由阎锡山主政的山西省政府保送到金陵大学农业经济系②（以下简称农经系），时年已 24 岁。

在乔启明入学的那一年，金陵大学农经系③刚刚创立，还不具有后来的那种卓越影响。按照其创始人卜凯（John Lossing Buck，1890—1975）的记述，当时该系包括他这位系主任在内只有两人，而仅具本科学历、属于"半路出家"④ 的卜凯却要同时讲授四门课程，包括农业经济学、农场管理学、农村社会学和农业工程学，所用的教科书又大都是美国的，其中的事例往往来自美国大农场的经验，以至"试验两学期后觉得很不适合"⑤。由此可见，这家中国最早的农业经济学教学和研究机构的力量其实非常薄弱，作为首届学生的乔启明及其同窗在一定程度上成了"试验品"。

不过，乔启明其实非常幸运，因为他从入学伊始就参与了中国现代史上一个著名的学术共同体——中国农村经济研究的"技术学派"——的创建，并很快成长为其中的一名主将。这当然得益于金陵大学农学院的学术氛围，

---

① 乔褉亭系清末的附生，山西大学堂毕业后曾留学日本，并于其间加入了同盟会，民国三年（1914）曾任洪洞县知事。

② 乔启明的这一机遇显然受到了阎锡山推行的"农本政治"的影响。据卜凯记述，金陵大学农林科成立后，阎锡山和张謇等人都曾选派学生前往学农，其中，山西共选派了 14 名公费生，成绩优良者毕业后留下任教，包括王绶、徐澄、孙文郁和乔启明。王绶、孙文郁二人后来分别成为著名的育种学家和农业经济学家，徐澄则在 1922 年受华洋义赈救灾总会的委托在南京丰润门试办中国的首家信用合作社，并于 1928 年草拟了第一部农村合作社法——《江苏省农村合作社暂行条例》。

③ 初期称为"农业经济与农场管理系"，1928 年曾冠名"农业经济农场管理乡村社会系"，20 世纪 30 年代则一度改为"农业经济乡村社会系"。

④ 作为美国基督教长老会农业使团的一员，卜凯于 1915 年来华，初期在南京学习汉语，翌年开始在安徽宿州地区从事农业推广，1920 年应金陵大学农林科科长芮思娄（J. H. Reisner）之邀筹办农经系。

⑤ 卜凯：《金陵大学农业经济系之发展（1920—1946）》，卢良俊译，金陵大学农学院农业经济系在宁系友联谊会编《金陵大学农学院农业经济系建系 70 周年纪念册（1921—1991）》，1991。

以及卜凯这位优秀的导师和"学科带头人"。

众所周知，近现代中国的教会大学都与美国有着密切联系，而金陵大学农学院直接受到康奈尔大学的办学支持，并吸收了康奈尔的农学传统。这一传统奠基于著名农学家、美国乡村生活运动的领袖贝利（Liberty Bailey，1858—1954 年），主要表现为将农学的教学、科研和推广相结合。贝利曾主张：农学院的使命应当是超越学术领域的公共服务，它要教育农民、影响乡村的日常生活、促进乡村的文明进程；农学院应该是整个农业的心脏，从这里流出的血液（农业科技知识）通过血管（农业技术推广站）输送到身体的各个部位（农场）。同样毕业于康奈尔农学院的卜凯，具有农业布道者的抱负，以及这种抱负在皖北遭遇挫折后转而希望在大学里实现的强烈志向。他强调，对那些立志贡献于中国农村的青年来说，"要改进它，必先了解它；要了解它，只有调查研究它"[1]。他在农经系成立后就注重乡村社会经济调查，制订出多种调查表，由另一位教师华伯雄在南京乡村试行。为了弥补教学不适应中国实情的缺点，在征得校方同意后，卜凯从 1922 年开始发动学生到各自的家乡从事调查，凡调查满 100 户者给予学分。[2] 这项改革成为当时中国农业经济学最有效的教学方法，并为"技术学派"的诞生奠定了基础。

金陵大学农经系最早的农村调查为陶延桥在 1922 年对安徽芜湖 102 个农户的调查[3]，随后有崔毓俊的河北盐山调查、郝钦铭的山西武乡调查等。到 1925 年，已经取得了 7 省 17 个地区 2866 户农家的详细资料，从而汇聚为中国第一项较大规模的农村社会调查。[4] 卜凯在此基础上编著的《中国农家经济》（Chinese Farm Economy）于 1930 年由太平洋国际学会中国分会出资付梓[5]，被评价为当时国内唯一的中国农村经济研究专著、分析农耕技术的代表性作品[6]。在这部成名作的形成过程中，1924 年夏天留校任教的乔启明协助卜凯进行了关于耕地所有权及佃农、农家与人口、生活程度和粮食消费

① 崔泽春：《家父崔毓俊与卜凯和塞珍珠》，见南京农业大学"卜凯学派与中国农情研究网"。
② 卜凯：《金陵大学农业经济系之发展（1920—1946）》，卢良俊译，金陵大学农学院农业经济系在宁系友联谊会编《金陵大学农学院农业经济系建系 70 周年纪念册（1921—1991）》，1991。
③ 由卜凯据此写成《芜湖附近一百零二农家之经济的及社会的调查》，经徐澄翻译发表于《安徽实业杂志》1925 年第 1—2 号，另见《金陵大学农林科农林丛刊》第 42 号，1928。
④ 陶诚：《30 年代前后的中国农村调查》，《中国社会经济史研究》1990 年第 3 期。
⑤ 该书也成为卜凯 1933 年向康奈尔大学提交的博士学位论文，中文版则由张履鸾翻译，商务印书馆 1936 年出版。
⑥ 殷晓岚：《卜凯与中国近代农业经济学的发展》，《南京农业大学学报》（社会科学版）2002 年第 4 期。

共四章的分析工作。因此，这部作品应该看作由卜凯主持、包括乔启明在内的农经系师生的集体成果。

留校后的乔启明接替卜凯从事乡村社会学和乡村组织学的教学与研究。从现有的资料来看，他应该是最早讲授乡村社会学课程的本土学者。[①] 从《乔启明文选》附录的并不完整的"乔启明著述一览"可以看出，在步入学术生涯的最初几年间，他已经表现出广泛的兴趣和广阔的视野：1930 年之前发表的 20 种著述涵盖了租佃制度、乡村人口、乡村社会区划、乡村组织、农民生活，以及农村社会调查方法等多个方面。其中奠定其学术影响的是关于亟待改良却少受重视的租佃制度研究。这项调查于他就任伊始实施，一年内遍历苏皖两省三县，成果以《江苏昆山南通安徽宿县农佃制度之比较以及改良农佃问题之建议》为题，由金陵大学 1926 年 5 月刊行。其调查之周详、描述之细致、分析之透彻，表明已近而立之年的乔启明具备了丰富的调查经验和卓越的研究能力。据卜凯介绍，这项"甚为广博"的研究"激发了从南方来的革命军对此问题的重视"，"索阅者众，立法院用作草拟农佃法的根据，浙江租佃事务委员会用作参政资料"。[②]

随后，乔启明和他的同事们一道启动了一项近代中国农村研究的重大工程，即中国土地利用调查及其附属的人口和食物消费调查。这项调查属于美国洛克菲勒基金会的委托项目，1928 年开始酝酿，经过一年多的筹划，1930年正式实施，1936 年完成。[③] 调查取得的资料包括 191 份县域调查表、223份地方调查表、22 省 16878 份农家调查表、21 省 2727 份农家粮食调查表，

---

① 据杨开道介绍，直至 1930 年，在中国的大学里，开设农村社会学课程的屈指可数，除乔启明在金陵大学讲授外，杨开道本人 1927 年回国后曾在中央大学、大夏大学、北平大学和燕京大学讲授。此前虽已有顾复（1894—1979）编撰的中国首部《农村社会学》教科书于1924 年问世，但该书只是其 1920 年自日本留学回国后偶然出产的"副业"，此后即专心于育种学研究（於红：《水稻育种专家顾复档案解读》，《档案与建设》2005 年第 4 期），这也是他在中国社会学史上仅以此书偶现的原因。

② 另据罗俊记述，在他 1935 年留学日本九州帝国大学期间，该校教授泽村康博干曾向他推荐这一研究，说是一本实地调查的好书。罗俊回国后与乔启明建立了密切关系，并在 40 年代向周恩来推荐了他。参见罗俊《乔启明老师的一段经历》，金陵大学农学院农业经济系在宁系友联谊会编《金陵大学农学院农业经济系建系 70 周年纪念册（1921—1991）》，1991。

③ 卜凯曾回忆，虽然在多数地区的调查进行顺利，但有 8～10 起劫掠事件发生，其中一次为行李、衣服及全部调查表损失。乔启明率队赴陕西等地调查期间也曾遭遇土匪劫车，所幸安全脱险。参见卜凯《金陵大学农业经济系之发展（1920—1946）》，卢良俊译，金陵大学农学院农业经济系在宁系友联谊会编《金陵大学农学院农业经济系建系 70 周年纪念册（1921—1991）》，1991；朱甸余《怀念我的老师乔启明先生》，金陵大学农学院农业经济系在宁系友联谊会编《金陵大学农学院农业经济系建系 70 周年纪念册（1921—1991）》，1991。

以及 16 省 46601 户农家人口调查表，最后成书三卷，由商务印书馆出版，分别为论文集、地图集和统计资料集。基于对中国农业分区的首次系统划分，以及对土地利用状况和产出、农家人口和经济、农民生活状况等进行的客观、系统的描述和分析，这项成果"为就人地关系剖析我国土地利用实况之空前巨著"，联合国教科文组织将其列为永久藏书①，虽然也受到了"中国农村派"的强烈批评②，但以卜凯为首的团队由此成为中国农村社会经济研究中备受关注的主要学术流派。而在这项浩大的工程中，乔启明除了与卜凯一道缜密规划外，还担任人口与生命统计调查部主任和分区调查主任，以及撰稿人③。

在中国土地利用调查按计划实施之后，乔启明和卜凯一道于 1932 年 6 月前往康奈尔大学深造，翌年秋天获得硕士学位后回国。1935 年冬卜凯返美任职之后，乔启明出任农经系主任，直至 1941 年。其间抗战爆发，南京沦陷，他组织农经系师生随金陵大学先后迁往武汉、重庆和成都。在主事农经系期间，他秉承卜凯开创的学术传统，采取兼容并包的办学方针（如邀请对该系的调查研究和乡村改良实验持批判态度的中国农村经济研究会成员千家驹等人前往座谈），同时利用已经形成的影响，主持开展了更广泛的调查研究和以农业推广为中心的乡村建设实验。④

乡村建设实验与乔启明的学术活动密不可分。更确切地说，由于其调查研究的目的始终在于服务乡村社会、增进农民福祉，他的学术研究属于乡村建设活动的一部分。而他前期的乡村建设活动也是金陵大学农学院农业推广活动的一部分。众所周知，在 1937 年日本全面侵华之前的十年间，面对农业经济凋敝、农民生活困苦、农村社会动荡的局面，众多的人士和机构以不同形式发起了改造乡村社会的实验，借此探求民族复兴的道路，汇聚成波澜壮阔的乡村建设运动。在总计 600 多家机构创建的 1000 多处实验区⑤中，金

---

① 朱甸余：《怀念我的老师乔启明先生》，金陵大学农学院农业经济系在宁系友联谊会编《金陵大学农学院农业经济系建系 70 周年纪念册（1921—1991）》，1991。

② 侯建新：《二十世纪二三十年代中国农村经济调查与研究评述》，《史学月刊》2000 年第 4 期。

③ 卜凯列示的撰稿人共 9 人，除乔启明、孙文郁之外，其他皆为外籍学者，包括贾普明（B. B. Chapman）、路易斯（A. B. Lewis）、罗伯安、罗汉生（J. Hanson-Lowe）、梅纳德（L. A. Maynard）、诺斯坦（F. A. Notestein）、索波（J. Tnorp）。值得注意的是，卜凯本人不在其中。参见卜凯《金陵大学农业经济系之发展（1920—1946）》，卢良俊译，金陵大学农学院农业经济系在宁系友联谊会编《金陵大学农学院农业经济系建系 70 周年纪念册（1921—1991）》，1991。

④ 朱甸余：《怀念我的老师乔启明先生》，金陵大学农学院农业经济系在宁系友联谊会编《金陵大学农学院农业经济系建系 70 周年纪念册（1921—1991）》，1991。

⑤ 郑大华：《民国乡村建设运动》，社会科学文献出版社，2000。

陵大学兴办的乌江实验区属于创建最早、成效也较为突出的一个。^① 早在
1920 年，金陵大学农林科即设立了棉作推广部，1924 年改称推广部，扩展
为广泛的农业技术推广，并在安徽和县乌江镇设立了乡村建设实验区。与河
北定县、山东邹平及河南镇平等地采取的教育、自卫或政治的方式不同，乌
江实验区选取了"生产的方式"，即将改良品种、防除病虫害等农业技术推
广给农民，利用科学方法谋求增加生产、改进生活。在这一过程中，乔启明
和其同事徐澄等人一道在当地组织农会，建立信用及农产运销合作社，创办
小学和诊所等，此外还在和县的香泉、张家集、濮家集三地实验以农会为中
心推进乡村建设。^② 天津《大公报》"乡村建设"专刊 1936 年元旦载文评价
说："综观乌江乡村建设工作，系以农业推广为出发点，以农业生产之增加
为基础，而期达到整个乡村建设之完成。故其于农业推广之中心工作外，更
努力于政治、经济、教育、卫生各方面之实施准备，其着眼之深远，而着手
之切实，诚足为国内一般从事乡建事业者之取法。"^③

在西迁成都之后，金陵大学农学院又先后在四川的温江、仁寿和新都三
县设立了农业推广实验区。作为农经系主任并兼国民政府农产促进委员会技
术组主任的乔启明，联合两个组织的力量在温江进行农业推广实验。由农经
系会同温江县政府及地方社团，联合组成乡村建设委员会，从组织农会入手
推广农业技术、设立小型工厂、开办农民学校及夜校、建立信用合作社业
务，以图发展农业和农村经济，增进农民智识，改善农民生活，并由此"创
立新的农村社会"。^④ 在全国大部分地区的乡建实验因战争影响停办之后，温
江实验区所代表的四川乡建运动堪称一时之盛。

1941 年，乔启明经历了其人生道路中的一次重大转折。应经济部农产促
进委员会（1943 年改为农林部农业推广委员会）主任、民族实业家穆藕初
之邀，他辞去了金陵大学的教职，前往重庆担任该会的副主任委员，并兼任

---

① 关于乌江实验区的活动见蒋杰编著，孙文郁、乔启明校订《乌江乡村建设研究》，正中书
  局，1935。乌江之外，该校还在南京燕子矶和秣陵关创办了乡村建设实验区和农业推广示
  范区。作为改进社区活动的一部分，农经系和农业教育系合作建立了两个文娱中心，以改
  善农民的娱乐休闲需求。乔启明会在每个周末的下午到当地带领儿童玩游戏，或放幻灯、
  电影供成人观赏。逢新年假期，由农民自己表演节目，由于准备费时，农民减少了赌博和
  其他不良消遣。参见卜凯《金陵大学农业经济之发展（1920—1946）》，卢良俊译，金陵
  大学农学院农业经济系在宁系友联谊会编《金陵大学农学院农业经济系建系 70 周年纪念册
  （1921—1991）》，1991。
② 乔启明：《中国农村社会经济学》，（上海）商务印书馆/上海书店影印本，1947，第 442 页。
③ 《介绍乌江乡村建设研究》，《大公报》（天津版）1936 年 1 月 1 日，第 11 版。
④ 乔启明：《中国农村社会经济学》，（上海）商务印书馆/上海书店影印本，1947，第 441 页。

中国农民银行总行农贷处处长，开始把主要精力放在国统区农业和手工业的技术推广、农村信用合作和金融事业的建设上，两年后穆藕初去世，他接任主任委员。基于乌江和温江两地实验所取得的经验，他将农业推广视为"广义的农民教育"①，在后方省区主持建立了农业推广体系，并在四川璧山、广西临桂、贵州遵义、陕西汉中、甘肃天水和湖北恩施等地建立了实验县。在这一框架内，他特别强调从辅导建立农会入手，以乡农会作为基层组织，依靠农民自身的力量推广农业技术，建立产销合作组织，以使生产、生活和文化建设共同推进。此外，他还借助国民政府将农业金融业务集中于中国农民银行统管的有利条件，积极推进农业贷款，以使农业金融与农业技术推广相结合。

在主持农促会和农业推广委员会期间，基于指导实践的需要，乔启明撰写了大量的关于农业推广的文章，这些论述汇编成四卷本的《农业推广论集》。另外，通过对金陵大学时期的授课讲义补充和修正，他于1944年完成了《中国农村社会经济学》，翌年由商务印书馆在重庆出版。这部集大成之作共分6编19章，除总论之外，包括人口、经济（土地）、文化、农民生活和农村组织五个部分，附列121张图表，约44万字。它以学说原理为经，以对经验资料的分析为纬，旨在以客观态度和科学方法解剖中国农村的社会经济结构，达到对中国农村问题之现状、症结和解决途径有确切认识的目的。他认为，农村社会的建立与发展有三大基础，即人口、土地和文化，"我国农村社会经济衰弱不振之原因，固属多端，而人口、土地与文化三者之失调，实为针血之所在。……唯有三者得其调剂、相辅相成、合理发展，才能使农村社会问题得以解决"。其立论的中心在于，"冀就个人观察研究之所得，彻底分析我国农村土地、人口之基础，进而论述组训农民提高农民生活程度之道"。② 这种较为独到的把握方式"明显地有别于一般的乡村社会学理论"③。

20世纪40年代前期，乔启明已经具有较大的社会影响，但他似乎无意于高官厚禄，曾对国民政府的农林部次长、立法委员等官职坚辞不就。④ 另

---

① 乔启明：《中国农村社会之文化基础》，《农业推广通讯》1944年第6卷第9期。

② 乔启明：《中国农村社会经济学》，（上海）商务印书馆/上海书店影印本，1947，第5页。

③ 参见朱佃余《乔启明》，中国科学技术协会编《中国科学技术专家传略 农学编·综合卷1》，中国农业科技出版社，1996。不过，在孙本文看来，"乔氏此书，与其称为农村社会经济学，毋宁称为农村社会学，因其讨论范围实已包括农村社会的各方面状况，不过特别偏重农村社会经济现象罢了"。而针对乔启明关于农村社会学与农村社会经济学的区分，他又说："此种区别虽甚妥当，但事实上对于农村社会学的界限，尚无一致的见解。故此书即称为'农村社会学'亦无不可。"参见孙本文《当代中国社会学》，（上海）胜利出版公司，1948。

④ 朱佃余、乔玉润、刘子钦：《乔启明先生事略》，中国人民政治协商会议山西省委员会文史资料研究委员会编《山西文史资料》第49辑，1987。

有记述说，他在当"官"以后逐步认识到当时政权的反动性，"对自己的改良主义主张产生了怀疑"，开始向革命靠拢。① 他曾在抗战后期加入许德珩领导的民主与科学社，后来还参加了中共领导的秘密组织"反蒋大同盟"。据说，周恩来曾经表示："乔是正派学者，有爱国民主思想，应该团结争取。"②

这样一种背景也就决定了他在 1949 年革命胜利前夜的抉择：他决定迎接新的制度（正如当时的绝大部分社会学家一样），拒绝随中国农民银行撤往台湾，并劝那些信得过的同事坚守岗位。尽管与他相敬如宾的夫人已经被迫先去了广州，他亦不为所动。③ 上海解放后，他应召进京，就任中国人民银行总行农业金融管理局副局长。

与孙本文等民国时期的许多著名社会学家在 1949 年之后的境遇相比，乔启明算是受到了相称的礼遇。表面上看，新的角色与他在旧政权下推进的事业直接相关，可以发挥其专长。但是，"领导干部"的身份决定了他彻底告别学术界，告别农村社会学、农业经济学和中国农村研究，也意味着他不再属于"知识分子"。④

1958 年，乔启明又一次接受了组织的安排。为发展农业高等教育，山西省政府邀请山西籍农学家王绶和乔启明分别出任山西农学院的正副院长。返晋之后，他还被委任为九三学社太原分社主委和山西省主委，并担任山西省政协第二届、第三届副主席。在任职山西农学院期间，他"提倡校内师生相结合，校外与科学研究机关、农民群众相结合的方针"，并曾组织近千名师生下乡调查，从而在"短期内总结出农业生产经验 1240 项，专题论文报告914 篇"。⑤ 至于他本人，则与当时几乎所有的学者一样，再没有任何可圈可点的学术著述。"文化大革命"爆发后，他未能躲过劫难，遭到"造反派"的冲击。在夫人去世、女儿又都不在身边的情况下，这位以忍耐和宽恕为处

---

① 林卫国：《山西侨界科技名人：乔启明》，山西省归国华侨联合会，2006 年 9 月 6 日，http：//www. shanxiql. gov. cn/qjfc/qjrw/art/2006/art_2ba8a0c53086409e903004ab62c0c973. html。

② 罗俊：《乔启明老师的一段经历》，金陵大学农学院农业经济系在宁系友联谊会编《金陵大学农学院农业经济系建系 70 周年纪念册（1921—1991）》，1991。

③ 朱甸余：《著名的农村社会学家乔启明》，光明网，2005 年 11 月 9 日，http：//www. gmw. cn/conet/2005 - 11/09/content_326586. htm。

④ 孙叔瑶：《乔映东（启明）教授晚年的生活片段》，金陵大学农学院农业经济系在宁系友联谊会编《金陵大学农学院农业经济系建系 70 周年纪念册（1921—1991）》，1991。

⑤ 刘海伦：《乔启明事略》，九三学社山西省委员会网站，2007 年 10 月 13 日，http：//www. sx93. gov. cn/Article/ShowInfo. asp？ID = 145。

世之道、以严谨而又温厚著称的老人迎来了孤独的晚年①，直到 1970 年辞世，享年 73 岁。

当然，值得欣慰的是，他曾经奔走呼号、倾力推进的农会和农业推广事业，此时在海峡的对岸已经开花结果。②

二　寻求人地关系和租佃关系的协调

中国目前重大之问题，莫如人口问题。而人口问题之重心，端在人民之早婚繁育。

以早婚繁育，致无良民质；无良民质，致无良政治；无良政治，致无良国家。③

尽管中国的人口压力在 18 世纪末和 19 世纪初就引起了洪亮吉、包世臣和龚自珍等少数先觉者的警醒，甚至有后来汪士铎的惊世骇俗之言④，但作为社会问题引起广泛重视是在进入 20 世纪之后。当时的社会舆论固然多认为人口过剩并加剧了中国的危机，但由于缺少精确的人口统计和以此为基础的科学研究，对具体的人口数量及增减状况并不清楚。比如直至 20 年代末，学界估计数量从 3.5 亿到 4.7 亿不等，甚至有人认为中国人口在减少，面对帝国主义的侵略，主张应像德国和日本那样奖励生育，以免民族灭绝。⑤

为了彻底了解"人口问题的真相"，批驳种种"徒凭臆断，游谈失据"⑥的现象，乔启明重点围绕乡村人口问题进行了系列调查和研究，相关成果包括 1924—1925 年对苏鲁豫晋 4 省 11 县 4216 农家的人口调查；1926—1928 年对山西省清源县西谷村的人口调查；1929—1931 年对 11 省 22 处 12456 农

① 朱甸余：《乔启明》，中国科学技术协会编《中国科学技术专家传略 农学编·综合卷1》，中国农业科技出版社，1996。
② 关于台湾的农业推广制度及其效果的介绍，可参阅：王希贤《台湾农业推广的演变》，《中国农史》1987 年第 2 期；程振琇《台湾农业推广及其体制特点》，《台湾农业情况》1992 年第 2 期。
③ 乔启明：《中国今日应采之人口政策之商榷》，《现实生活》1937 年第 1 卷第 1 期。
④ 何炳棣：《明初以降人口及其相关问题：1368—1953》，葛剑雄译，生活·读书·新知三联书店，2000，第 317—322 页。
⑤ 乔启明：《中国今日应采之人口政策之商榷》，《现实生活》1937 年第 1 卷第 1 期。
⑥ 乔启明：《山西清源县一百四十三农家人口调查之研究》，中国社会学社编《中国人口问题》，世界书局，1932；乔启明：《中国今日应采之人口政策之商榷》，《现实生活》1937 年第 1 卷第 1 期。

家的调查；以及利用 1919—1923 年的人口统计资料和中央农业实验所农情报告员的上报数据，对 1873—1933 年人口增长状况的分析。

系列调查结果显示，中国乡村的高出生率和高死亡率异常明显。20 年代中期 4 省 11 县农村人口的平均生育率为 42.2‰，死亡率为 27.9‰，自然增加率为 14.3‰，与国际联盟报告的 25 个国家的数据相比，显示出较高的人口增加速度。对 11 省的调查则表明，1930 年前后的生育率为 35.7‰，死亡率为 25.0‰，自然增加率为 10.7‰（其中华北为 13.3‰，华南为 8.6‰），意味着全国每年增加 400 万—450 万人。而对 1873 年以降 60 年间全国人口增减趋势的推算则显示，总人口共增加 30%，其中 1913—1933 年增加 12%；虽少数省份因特殊情形有所减少，但全国总人口有增无减，从而否定了"悲观派"的人口减少说。[①]

乔启明认为，中国乡村人口高出生率的原因在于早婚和繁育。在山西省，15 岁以下女子出嫁的占 15.2%，16—20 岁出嫁的达 60%；11 省调查表明，结婚年龄在 20 岁以下的男女分别占 45.1% 和 72.2%，其中华北 14 岁以下结婚者分别达 10.9% 和 9.4%。而综合 1929—1934 年对 99 处 36632 农家的调查资料发现，平均结婚年龄男子为 20 岁，女子为 17.7 岁，均较欧美各国早 7—8 岁。女子结婚早，生育期随之拉长，与多子多福观念相连，生育率也就自然增高，以至于"父母尚未成立，儿女或已成群。累己累人，兼累社会，民族之忧，国家之害也"[②]。

在经济和医药卫生条件低劣的状况下，早婚繁育必然引起多重的人口和社会后果。"然生育繁多，殊易折损产母体格之健康，并造成产母死亡之机会，而早婚每以经济能力薄弱，育儿知识缺乏，医药设备幼稚，形成生而不育、育而不存之悲惨现象。"[③] 一个表现是高死亡率。当时中国的人口死亡率较英美国家高出两倍多，平均预期寿命只有 35 岁，较英美短二三十岁，较日本短八九岁。尤其突出的是婴儿和产妇的死亡率。前者在 4 省 11 县的调查中显示为 129‰，已属世界最高行列；在 11 省 22 处的调查结果则为 157‰（其中华北为 186‰）。另据后来推算，全国的婴儿死亡率高达 200‰，每年

① 乔启明：《中国乡村人口问题之研究》，《东方杂志》1928 年第 25 卷第 21 号；乔启明：《近六十年来中国农村人口增减之趋势》，《新农村》1934 年第 13—14 期；乔启明：《中国农村人口之结构及其消长》，《东方杂志》1935 年第 32 卷第 1 号。

② 乔启明：《山西人口问题的分析研究》，《社会学刊》1930 年第 2 卷第 2 期；乔启明：《中国农村人口之结构及其消长》，《东方杂志》1935 年第 32 卷第 1 号；乔启明：《中国今日应采之人口政策之商榷》，《现实生活》1937 年第 1 卷第 1 期。

③ 乔启明：《中国今日应采之人口政策之商榷》，《现实生活》1937 年第 1 卷第 1 期。

出生婴儿 1773 万人，死亡 354.6 万人，"为数之巨，至足惊人"①。

人口问题的另一个表现是男女比例失衡：山西省高达 128.1：100；全国 5—19 岁年龄组为 109：100，10—14 岁年龄组达 128：100。这种失衡除受到出生时的生物学因素和女孩漏报现象较多影响外，主要与两个因素有关。一是重男轻女观念导致对女婴的养育不甚注意，女婴生存机会少，一些地区的溺女恶习导致其死亡率加大，因此会有山西 0—9 岁男女比高达 135：100 的现象，"此种极大不平衡可证明女子在此阶段内一定遭遇了某种大死亡"；二是卫生观念和医疗条件落后，导致女性在产儿期死亡较多。② 一个地方若是男女数十分不相称，就会有许多社会罪恶发生。其中之一便是"婚姻市场挤压"，乔启明对此进行了具体分析：清源女子平均结婚年龄为 16 岁（出嫁最早者仅 12 岁，14 岁出嫁最为常见），而男子为 26.2 岁，故此造成"女子已变成了货品，虽出高价亦不易得"。他进而指出，"该处女子早婚之风，实因女子过少所致。所以形成一种女子未及成年即行出嫁，男子反多老而未娶的恶俗。此种特殊社会情形，对于生理健康、社会罪恶及社会治安不无影响"。③

在人口繁殖无穷而耕地开辟有限的情况下，人口过剩导致的后果是综合性的。乔启明认为，中国人口的增加"不啻增加每个家庭与社会的忧痛"。"中国今日农村凋敝，祸乱相寻，考其症结所在，固非一端，而农村人口压力之严重可无疑义。盖人口端赖食料之供养，若人口之繁殖速于食料之供给，则一旦人口与食料失调，势必构成人口问题或粮食问题，因而促起其他一切社会、政治、经济等问题。"而若要免去人口问题引发的"种种罪恶"，使中国避免成为马尔萨斯所说的"天然限制实验之场"，乃至于达到救亡图存、国治民福，治本的方法是采取人口限制政策，均衡人口年龄结构和性别比例。其中的关键在于实行迟婚节育，这是最为和平、安全和经济的办法，不但可以减少生母的痛苦，免除多生多死现象，还可增加健全的国民、改良人口品质。而迟婚政策必须由政府制定倡导，规定最低结婚年

---

① 乔启明：《中国乡村人口问题之研究》，《东方杂志》1928 年第 25 卷第 21 号；乔启明：《中国农村人口之结构及其消长》，《东方杂志》1935 年第 32 卷第 1 号；乔启明：《中国今日应采之人口政策之商榷》，《现实生活》1937 年第 1 卷第 1 期。

② 乔启明：《中国乡村人口问题之研究》，《东方杂志》1928 年第 25 卷第 21 号；乔启明：《山西人口问题的分析研究》，《社会学刊》1930 年第 2 卷第 2 期；乔启明：《中国农村人口之结构及其消长》，《东方杂志》1935 年第 32 卷第 1 号。

③ 乔启明：《山西清源县一百四十三农家人口调查之研究》，中国社会学社编《中国人口问题》，世界书局，1932。

龄，实行严格的婚姻登记。至于节育，虽因民众的多子多福观念而不易实施，但若由政府设立节育机关、宣传节育之重要、指导节育方法、授以节育知识，或予以节育器具，"则亦不难渐收宏效也"。①

尽管乔启明并不以人口学家著称，但从以上所述可见，他在这方面的系统调查和研究贡献卓著。一是既关注人口数量及其演变，又重视人口的年龄结构和性别结构，以探求"人口内部是否健全"。二是将人口问题与家庭问题、人口分析与社会经济结构和社会生态分析相结合，重视引发人口高出生—高死亡的家庭制度、婚姻形式和生育模式，以及巨大的人口数量和扭曲的人口结构引发的多重后果，内容之广远远超出了人口学领域。三是通过以大量翔实数据为基础的国内外比较研究，不仅凸显了中国与欧美国家的巨大差距，也显示了国内不同地区间的较大差异，从而揭示了中国人口问题的严峻性和复杂性。

如果说乔启明的人口问题研究在于寻求人地关系的协调，那么，他的土地问题研究则在于探索地主与佃农关系的协调。针对农村日益严重的经济凋敝和社会动荡，乔启明认为，农村问题已经与都市问题互为表里，"都市问题，以资本家与劳动者为中心。农村问题，以地主与佃户为焦点"②。而围绕后一焦点的研究包括苏皖两省三县租佃制度调查、他与卜凯共同撰写的关于纳租问题的评价、与应廉耕合作实施的对豫皖鄂赣4省330名地主的系列调查，以及和蒋杰一道利用12省206县调查数据所做的地权变动研究。系列研究呈现了复杂的农村租佃关系和社会经济结构。

地权的分配及变动是乔启明首先关注的。对苏皖两省三县的研究展示了1905—1924年的田产权分布状况，自耕农和地主直接经营的土地面积减少，而佃农比例上升，这导致佃户之间的租佃竞争，中下等土地的价格和租金上涨明显，佃农预交押租的比率大幅度上升，地主随意解除租约。③而据后来对12省206县的调查，1937—1941年各类农户中自耕农占30.2%，佃农占26.4%，半自耕农占21.6%，地主兼自耕农占15.3%，地主占6.5%。与此相对，土地占有的比例为自耕农占25%，佃农占17%，地主兼自耕农占

① 乔启明：《中国乡村人口问题之研究》，《东方杂志》1928年第25卷第21号；乔启明：《山西人口问题的分析研究》，《社会学刊》1930年第2卷第2期；乔启明：《中国农村人口之结构及其消长》，《东方杂志》1935年第32卷第1号；乔启明：《中国今日应采之人口政策之商榷》，《现实生活》1937年第1卷第1期。
② 乔启明：《农佃问题纲领》，《农林新报》1929年总第162—163期。
③ 乔启明：《江苏昆山南通安徽宿县农佃制度之比较以及改良农佃问题之建议》，《金陵大学农林科农林丛刊》1926年第30号。

18%，乡间地主占21%，城市地主占18%。这固然不同于后来流行的"占农村人口不足10%的地主和富农却占有农村土地的80%"之类的说法，但当然意味着社会不平等："国内农民，佃农居其泰半，多数农业土地集于地主之手，耕者无其田，农民辛劳所得，多供地主不劳之获。"①这种不平等表现在各阶层的生活状况和发展机会。在对苏皖两省三县的调查分析中，他注意到各阶层之间在住房、教育和婚姻状况方面的差异，如宿县地主和自耕农的已婚率为99.5%，半自耕农为79.8%，而佃农只有65.7%；南通则相应地为100%、92.1%和69.7%。即两地都有30%以上的佃户没有婚姻生活。②

进一步的调查表明，地主拥有的田产绝大多数来自祖传，其中昆山和南通两地均超过85%，宿县占93%，"从此可知我国之遗产制度，为社会上造不平等之阶级最甚，且佃户存在问题，亦即遗产制度之产生物也"③。乔启明和应廉耕对4省330名地主的调查显示，土地分配不均源于继承制的因素稍低一些：源自祖传者占68%，自身购买者占25%；祖传部分以湖北最多，占82.2%，安徽仅占45.3%，其中桐城只有25%。④

正如继承因素的影响程度不同，地主阶级的内部也存在较大差异。基于大量的实地考察，乔启明认为，由于受到自然历史状况、土地质量、交通条件、工商业发育程度，以及治安状况等多种因素的影响，各地的土地集中状况和租佃情形（包括佃户的比例、租佃方式和租金高低等）、地主与佃户和乡村社会的关系并不相同。大致说来，北方为土壤质量和气候等因素所限，田地获利较少，少见大地主，租佃问题不太突出；长江以南的江苏、广东等省，因土地肥美、人口密集，围绕土地的竞争更加激烈，土地集中程度更高，佃农处于不利地位，地主容易抬高地租、高压佃户，租佃问题更为严重。⑤就土地出租规模和拥有佃户的数量来看，4省330名地主平均出租耕地为47.1亩，其中江西仅7.7亩，河南则达88.7亩，其中，江西吉安仅3.8亩，安徽滁县则高达189.8亩；地主平均拥有佃户8名，其中河南仅2

---

① 乔启明、蒋杰主编《抗战以来各省地权变动概况》，《农产促进委员会研究专刊》1942年第2号。

② 乔启明：《江苏昆山南通安徽宿县农佃制度之比较以及改良农佃问题之建议》，《金陵大学农林科农林丛刊》1926年第30号。

③ 乔启明：《江苏昆山南通安徽宿县农佃制度之比较以及改良农佃问题之建议》，《金陵大学农林科农林丛刊》1926年第30号。

④ 乔启明、应廉耕：《豫鄂皖赣四省土地投资之报酬》，《农林新报》1937年第14卷第13期。

⑤ 乔启明：《江苏昆山南通安徽宿县农佃制度之比较以及改良农佃问题之建议》，《金陵大学农林科农林丛刊》1926年第30号；乔启明：《农佃问题纲领》，《农林新报》1929年总第162—163期。

名，安徽达 18 名，芜湖的地主平均拥有 65 名佃户，个别地主甚至拥有数百名佃户。[1]

要注意的是，地主的大小与其居住地点之间有较高关联。居外地主的比例在南通为 15.8%，宿县为 27.4%，昆山则达 65.9%，而昆山和宿县的居外地主多为大地主。12 省调查则显示，地主城居者占 27.4%，其中贵州达 45.6%，西康达 63.3%，浙江高达 93.7%。地主居住地的不同意味着他们与佃户和乡村社会的关系不同。居乡地主虽本人不事耕耘，但因久处乡间，熟习农事，比较热心于公益，对佃户之耕作和生活状况也多有关心。城居地主则大都在城市另有职业，难以顾及田场管理，对乡间的公益事业和佃农疾苦漠不关心，却世代依赖田租，将当地金钱输往城市。他们通常仅于收租时下乡，也有终年不下乡而委派代理人收租者，甚或假手催甲虐待佃户。他列举吴江震泽的例子说："农人几全为佃户，地主对于佃户之苛刻，实有不可言喻者，触目感怀不能不令人投笔三叹也。地主田业公会，为佃户无上之官厅，押佃所为征服佃户之地狱，显然为中古奴隶制之遗风。地主宛如贵族，佃户即其奴隶。"在相邻的昆山，地主的威力也异常突出，往往通过田业公会对佃农施压，而"押佃所即为地主征服佃户之场所焉"，如该县押佃所共关押 15 人，其中女性 5 人，而所欠租额不过 30 元上下。地主的苛刻反过来导致佃户以作弊和偷窃对付，或以抗阻、罢佃反抗。[2]

虽然租佃问题在各处表现不同，也有一些地区如南京和南通一带主佃关系比较融洽[3]，但普遍状况是两者关系紧张。他为此呼吁："是以深望地主与佃户两方，有彻底之觉悟，咸能秉其公正无私之心，以经营田场，而使两方统有相当之报酬，藉使农村社会之经济治安两方，咸有裨益。"官厅"应当主持公道，切毋帮助地主而压迫佃户，应予实际上援助，使两方义务权利平均、公允，不至互有侵夺之弊"。[4]

国民政府定都南京之后，对租佃问题的严重性有所认识，将"农民解

---

[1] 乔启明、应廉耕：《豫鄂皖赣四省土地投资之报酬》，《农林新报》1937 年第 14 卷第 13 期。

[2] 乔启明：《江苏昆山南通安徽宿县农佃制度之比较以及改良农佃问题之建议》，《金陵大学农林科农林丛刊》1926 年第 30 号；乔启明：《农佃问题纲领》，《农林新报》1929 年总第 162—163 期；乔启明、蒋杰主编《抗战以来各省地权变动概况》，《农产促进委员会研究专刊》1942 年第 2 号。

[3] 乔启明：《农佃问题纲领》，《农林新报》1929 年总第 162—163 期；乔启明：《租佃问题》，《农业周报》1930 年第 47 号。

[4] 乔启明：《江苏昆山南通安徽宿县农佃制度之比较以及改良农佃问题之建议》，《金陵大学农林科农林丛刊》1926 年第 30 号。

放"写入了政纲，于浙江实行二五减租，江苏亦规定租率不得超过 37.5%。
但在乔启明看来，租佃问题非常复杂，"非简单方式所能立断"，"若站在科
学的立场上去观察"，各地的情形不同，实行减租不能一律按平均数推行，
否则会使相关规定徒具形式，农民并不能真正获益。① 他和他的合作者认为，
租佃问题中最重要的是租金问题，而测验租金公允与否的原则在于，"地主
方面，希望他能根据自己土地房屋的投资，得到相当的利率；……佃农方
面，希望他能借自己的劳力，得到相当的报酬。……我们的基本主张是：地
主与佃农两方所分配的农场总收入的多寡，应按着他们两方总支出的多寡成
正比例"②。

当然，仅有基于经济学原理的公允田租的原则还远远不够，必须进行具
体的测算。测算要以完备的经济社会调查和簿记制度为前提，而在缺少这种
基础条件的情况下，他和同伴们进行了具体探索。依据金陵大学农经系 9 处
501 户佃农调查资料的测算发现，应在现行租额的基础上减少 22.1% 方显公
允，但各地情形不同，浙江镇海的佃户应少交 37.4%，江苏江宁淳化镇的佃
农则应多交 39.8%③；四省调查分析显示，现行契约田租额平均应减去
28.3%，应减比例从河南的 13.3% 到湖北的 45.3%，其中湖北江陵的地主
投资甚少而收租甚高，应减去 56.9%；信阳地区佃农所占利益较多，应增加
4.6%。此外，他们还具体测算了经济田租和地主的投资收益等，总体结论
是：地主收益较大，而佃农所获甚微，甚至亏损，从理论上说应转谋他业，
唯因时事艰难而难以选择。④

从上述系列研究可以看出，虽然乔启明也关注人口压力下的土地短缺和
占有的不平等，但作为深受卜凯影响的"技术学派"的中坚和改良主义者，
他更重视土地利用的方式、效率和租佃关系。他的租佃制度研究的出发点和
结论，不在谋求土地的再分配或革命，而是在承认分配不平等的基础上探究
租佃双方的利益均衡问题，并以和平方式实现"耕者有其田"。他和他的合
作者认为，消除业佃纠纷必须注意三点：一是予地主公正之田租（酌量确保
其土地投资收益）；二是予佃农以平稳的生活；三是需要助长佃农储蓄之能

---

① 乔启明：《租佃问题》，《农业周报》1930 年第 47 号。
② 卜凯、乔启明：《佃农纳租评议》，《金陵大学农林科农林丛刊》1928 年第 46 号。
③ 卜凯、乔启明：《佃农纳租评议》，《金陵大学农林科农林丛刊》1928 年第 46 号。
④ 乔启明、应廉耕：《豫鄂皖赣四省之田租高度测验》，《农林新报》1937 年第 14 卷第 7 期；乔
　　启明、应廉耕：《豫鄂皖赣四省十四地区之土地制度》，《农林新报》1937 年第 14 卷第 19 期。

力，俾有余资购买耕地，不至于永为佃农。[1] 至于佃农上升为自耕农，则需要依靠地主减租，并由政府或私人贷款援助来实现。这在当时的"中国农村派"等马克思主义学者的眼里，当然属于理想主义，幼稚而且"反动"。但是，围绕租佃关系的改良主义主张并非没有价值，日本、韩国的经验也证明，改良的方法也并非不可能。

三 共同的生活和事业：乡村社会研究

　　吾人现今若欲窥察一个乡村社会的真相，作为将来改良人群事业的根据，我们不得不寻出：一个乡村社会到底是什么？它的范围有多大，其中的居民，在共同生活事业上，有什么互相的关系？[2]

在民国时期的中国社会科学界，农村研究应属聚集学者最多、取得成果最大的领域，其中农村社区研究备受今天的学者关注。较普遍的看法是，这种研究由吴文藻作为"社会学中国化"的方法加以提倡，由费孝通等人实施和繁荣，并因此形成了马林诺夫斯基赞誉的"社会学的中国学派"，乃至部分国内学者所说的"燕京学派"。而吴门师徒的提倡和研究，主要是受到派克（R. E. Park）和布朗（Radcliffe-Brown）的影响，他们将芝加哥学派的人文区位理论和人类学的结构—功能主义理论结合到一起，研究"当代文明社会"，代表性成果是费孝通的《江村经济》。[3]

的确，作为中国社会学的一个重要概念，"社区"一词是由费孝通或其同门所创译。[4] 但是如果将它还原为其母语 community，则会发现，中国最早

---

① 乔启明、应廉耕：《豫鄂皖赣四省之田租高度测验》，《农林新报》1937 年第 14 卷第 7 期。

② 乔启明：《乡村社会区划的方法》，《农林新报》1926 年总第 70—71 期。

③ 韩明谟：《中国社会学调查研究方法和方法论发展的三个里程碑》，《北京大学学报》（哲学社会科学版）1997 年第 4 期；李培林、渠敬东：《20 世纪上半叶中国社会学学术史》，载于李培林、渠敬东、杨雅彬主编《中国社会学经典导读》（上册），社会科学文献出版社，2009；阎明：《中国社会学史：一门学科与一个时代》，清华大学出版社，2010，第 172—177 页；朱安新：《被遗忘的社区概念的维度——费孝通的社区研究》，载于周晓虹、成伯清主编《社会理论论丛》第 5 辑，中国大百科全书出版社，2010。

④ 费孝通曾提到：community 最初被译成"地方社会"，但在面对派克的 community 和 society 两个不同概念时，感到"地方社会"的不当，大家谈到如何找一个贴切的翻法，偶然间我想到了"社区"两个字，后来慢慢流行。参见费孝通《二十年来之中国社区研究》，《费孝通文集》第五卷，群言出版社，1999，第 530 页。而据阎明考证，"社区"一词最早是由燕京大学社会学系学生黄兆临于 1934 年翻译发表。参见阎明《中国社会学史：一门学科与一个时代》，清华大学出版社，2010，第 173 页。

的社区研究可以追溯到美籍学者葛学溥（Daniel Harrison Kulp）1918 年在广东凤凰村的家族调查，只因作者是"业余人类学家"，其成果的学术反响不大。① 而在本土的乡村社会学家当中，乔启明最早于 20 世纪 20 年代前期就开始了相关研究，尽管他早期使用的名称并非"社区"，而是"乡村社会"或"农村社会"。②

乔启明的乡村社会研究最早见于 1924 年用英文发表的 *Mapping the Rural Community of YaoHuaMen*③，这是他亲手完成的四个社区制图之一。卜凯认为，此项研究"意在激励乡村领袖和牧师、教师等利用社区制图便于了解为人民提供更好的服务"，文中对尧化门宗教区域民宗教生活的描述，"显示了中国农民平等待人的基本性格"。④ 朱甸余则认为，这项工作在中国的社区研究中是具有开创性的。⑤ 到 1934 年发表关于江宁淳化镇的研究，乔启明先后在 7 篇文章中论述了认识和区划乡村社会的目的、重要性和方法。

作为金陵大学乡村社会学课程的主讲人，乔启明面对的首要问题当然是从学理上阐述何为"乡村社会"。但更重要的是，他把社区制图和区划乡村社会当作认识和服务乡村社会的起点，旨在准确理解乡村社会的共同生活、事业和利益，以改良乡村组织，提升农民生活。他强调："吾人对于一个乡村社会，必须先将它内部的各种事业明了以后，方能根据事实发生见解，日后着手改革时方能措施裕如，程序方面不致弄误。无论是经济、教育、宗教、社交、政治各方面，都得须知道它的背景方可下手，这就是我们研究乡村社会事业的目的。"⑥

---

① 卢晖临：《社区研究：源起、问题与新生》，《开放时代》2005 年第 4 期。

② 不应将社区研究看作"社会学中国化"的判定标准，"社会学的中国学派"的美誉也值得商榷。因为在中国之外，对应 rural community 的"村落共同体"或"村落社会"研究在日本更加盛行，日本社会学界 20 世纪 60 年代之前对其关注甚多，成果也甚丰硕，但不能据此说有"社会学的日本学派"。类似的过誉也出现在林顿（Ralph Linton）1945 年为杨懋春的《一个中国村庄：山东台头》英文版撰写的序言中，他称该研究"代表了社区研究的本土人类学时代的来临"。

③ 朱甸余将其译为《江苏江宁县尧化门社区制图》，并提及"金陵大学农学院又重印为第四号小册子并译为中文"。参见朱甸余《乔启明》，《中国科学技术专家传略 农学编·综合卷1》，中国农业科技出版社，1996。但笔者未能查阅到其中文版本，因此无法确认其中文版所用译词。

④ 卜凯：《金陵大学农业经济系之发展（1920—1946）》，卢良俊译，金陵大学农学院农业经济系在宁系友联谊会编《金陵大学农学院农业经济系建系 70 周年纪念册（1921—1991）》，1991。

⑤ 朱甸余：《著名的农村社会学家乔启明》，光明网，2005 年 11 月 9 日，http://www.gmw.cn/conet/2005 – 11/09/content_326586.htm。

⑥ 乔启明：《江宁县淳化镇乡村社会之研究》，《金陵大学农学院丛刊》1934 年第 23 号。

那么如何认识乡村社会呢？在写于 1926 年的《怎样区划乡村社会》中，他引用康奈尔大学乡村社会学教授施特生（Dwight Sanderson）的定义说，乡村社会是指一处的居民居住在一块农业土地上，他们的各种共同生活和事业都聚集到一个中心点上去合作。虽然中国乡村的聚集形态与美国乡村的散居状态不同，但他认为仍可借鉴这种视角考察中国乡村。"惟各种共同生活和事业，都是关于经济、宗教、教育、交际和政治这几种事业，区划的根据也应按这几个项目分类出来。"其中，他特别重视作为交易中心的市场或市镇的辐射范围，认为它代表着乡村共同生活和事业的范围，而强调不应单纯地用政治或行政标准理解乡村社会，因为政治区域的划分专为官厅收赋税的便利，与农民共同的生活和事业的范围不同。以尧化门区域为例，它被分为三个乡，"而人民的共同生活倒是一体"，如尧化门市镇属江乘乡，但北固乡的居民也前去赶集，而前往尧化门做买卖的村庄总计有 70 多个；新式小学位于北固乡的边界，但江乘乡的学生也多往就学。

盖因政治范围是人造的，不是按一处人民的共同生活范围来规定的。故其区划，每多牵强。我国乡村社会不发达，这也是其中之一大原因。盖人民自然的团体生活，是发达乡村社会事业的根据。因政治区域牵强之故，往往引起纷争，人民自动的生活事业组织，每每受其牵制而不能举，这又何怪乡村社会之不发达呢？[1]

在 1932 年发表的《乡村服务者应认识自己所在的乡村社会》一文中，他进一步辨析了共同的生活和事业范围的不同层次："人民生活上结合的单位有三，即单独村庄，联合村庄，乡村社会。"联合村庄是指多个单独村庄基于共同的生活和利益需求（如祭祀、学校建设和治安防卫）而联合在一起的单位；乡村社会则包括单独村庄与联合村庄，范围较大，因人民的生活需要在单独或联合村庄里得不到满足，就聚集到一个中心点（市镇）上合作，这个中心点也是乡村社会的中心，周围所有到此合作事业、共享利益的村庄都属于其范围。"所以简单点说，乡村社会就是一个以上的村庄，因为生活上的需要自然组成的一个适当圆满的合作单位。"[2]

而关于江宁县淳化镇的研究，就是要通过实地调查来寻找中国大地上"乡村社会"的具体范围、内涵和特征。他概述说，"乡村社会"的英文表述 rural community 含有永久的、自然的和地方的性质，有时也可译为"地方

---

① 乔启明：《乡村社会区划的方法》，《农林新报》1926 年总第 70—71 期。
② 乔启明：《乡村服务者应认识自己所在的乡村社会》，《农林新报》1932 年第 13—15 期，第 172—176 页。

共同社会"。他引用白特飞（K. L. Butterfield）的见解，"一个真正的社会，就是包含着那个社会里边全部人民的共同生活"，并与施特生的主张加以综合，主张从两个方面把握：一是有具体范围而非漫无界限的地理单位，日常话语中的乡村、乡里等宽泛名词都不是乡村社会；二是指居民的共同生活都能聚集到一起合作，含有"自然共同社会"的意思，区、乡、镇等行政区域不是乡村社会，因为它未能兼顾居民的共同利益。至于具体的研究步骤，则分为两个阶段：一是利用区划法确定具体范围和中心点，把其自然范围和团体生活的范围画在图上，以代表该处居民的共同生活、事业和利益聚集到一个中心点合作的倾向；二是对不能以绘图法表示的风俗民情、日常生活、每种组织的性质和活动状况等用询问法详加记载，以补充该自然社会区域的质的方面的研究。这样，当地农民的一般组织状况和团体生活的情形就能清晰地呈现。

调查发现，淳化镇的乡村社会范围要比最低行政层级的乡镇大出许多，人口约比一个乡大 6 倍。[①] 区域内共有单独村庄 56 个，祠堂 63 座，寺观庵庙 46 座，土地庙 33 座，碾坊 39 个，私塾 34 家，杂货店 30 个，公井 24 口，茶馆 21 个，官立小学 4 所。表明宗教和经济组织最为繁盛，其中拥有土地庙、寺观、私塾、祠堂及碾坊的村庄超过 50%，拥有茶馆、公井、杂货店的超过 20%。在乔启明看来，各种组织的多寡反映了乡民对组织的需要程度，同时也与人口的多寡有密切关系，大村的经济社会生活需要大些，容易办理多种事业，而小村因人口较少、组织不经济，许多事业便附属于相邻的大村。

在此基础上，乔启明探讨了调查区域的经济、教育、宗教、社交和政治生活，结合乌江兴办水利成功和尧化门附近建立学校失败的例子，提出要改良乡村社会，必须充分注意所在区域的自然和人文环境因素，以免贸然改革造成农民的利益不增反减。他指出，影响改良乡村事业的基本条件有二，第一须看组织地理范围的大小，第二须看每种组织人口的数目。而就当时的"模范县"江宁县划分的乡镇自治单位而论，似乎太小，不合乎"适当人口"及"适宜土地"两项条件。在举办经济、教育、宗教等服务事业时，必须注重乡村的共同生活，改变政治区域与农民共同生活的自然区域不吻合

① 乔启明在江宁县尧化门和西善桥两处所作的调查也显示这一倾向：尧化门自然区域内有 12 个乡镇，西善桥有 6 个乡镇。在江宁县区划的三个自然乡村社会面积都在 10—15 方里，户数为 2000—3500 户，人口 10000—18000 人。参见乔启明《江宁县淳化镇乡村社会之研究》，《金陵大学农学院丛刊》1934 年第 23 号。

的状况。进而，由于乡村社会共同生活的范围以市镇商业范围影响最大，所以其领域应以商业范围为准，这样便能使商业、教育、宗教和行政的范围相互交融、连为一体。①

值得注意的是，到1937年发表《中国乡村建设问题的过去与将来》一文时，乔启明开始使用加了引号的"乡村社区"概念，而在《中国农村社会经济学》总论中则完全接受了"社区"的用法，认为"农村社会"一词"以称农村社区较为确当"，并界定了社会与社区的差异：普通所谓社会，乃是一种较抽象和概括的名称，系指人类社群，不仅为人类的集合，还包括文化、经济及组织等基础；社区则较具体实在，是一定区域的人口居住较为密接，其日常生活具有密切联系。"故社区者，社会也，而社会者，未必皆为社区也。社会不含地域观念，仅代表具有交互作用与共同关系和表现交互与共同行为的一群人……一人更可同时隶属于数个社会，但仅能属于一个社区；盖社区之特质，一在有共同的地理区域，二在有共同的生活活动。"他进而强调，"社区实含有永久性、自然性及地方性"。②

将乔启明与费孝通进行比较可以发现，虽然同为 rural community 的研究，但两者的理解和分析重点明显不同。首先，乔启明眼中的"乡村社会"范围更大，属于"适当圆满的合作单位"。这当然是受到了美国乡村社会学的影响③，而后来在中国农村社会经济研究领域产生很大影响的施坚雅的"市场圈"理论与之相同。与此相对，从20世纪30年代的江村到40年代的云南三村研究都表明，费孝通等人把社区看作一个单独的村庄，这与日本农村社会学界的把握方式相同。④ 其次，与此相关，乔启明主要是从如何服务

---

① 乔启明：《江宁县淳化镇乡村社会之研究》，《金陵大学农学院丛刊》1934年第23号。

② 乔启明：《中国农村社会经济学》，（上海）商务印书馆/上海书店影印本，1947，第2页。

③ 这种把握方式肇始于嘉尔宾（C. J. Galpin）。Galpin 对1910年美国乡村生活委员会的调查报告不以为然，在与泰勒（Henry C. Tayler）的切磋中另辟蹊径，于1915年发表了研究报告 *The Social Anatomy of an Agricultural Community*，提出了分析农业社区的社会生态学模式，认为经常到集镇交易的村民居住点构成的交易圈便是农村社区的边界。该研究不仅为 Sanderson 和 Butterfield 等乡村社会学家广泛应用，也影响到 Park 等城市社会学家。泰勒评价说，"嘉尔宾的研究完全来自他的独创，不是他走向了社会学，而是社会学家走向了他所开创的乡村生活研究"。他也因此成为该校的教授并执掌农学系。参见森岡清美「アメリカ農村社会学におけるルーラル・コミュニティ論の展開」，村落社会研究会编『村落共同体の構造分析』，（東京）時潮社，1956；吴文藻《西方社区研究的近今趋势》，《社会研究》1935年第80期。

④ 但是到20世纪60年代，随着城市化的突飞猛进，村庄的流动性和对外依赖性加强，"村落"的功能萎缩，日本农村社会学开始强调"地域社会学"。参见莲見音彦編『講座社会学3 村落と地域』，東京大学出版会，2007。

乡村社会这种功能的角度去研究，而费孝通关心的是"结构"，例如他在《乡土中国》后记中写道：社区分析的初步工作是在一定的时空坐落中描画一个地方人民赖以生活的社会结构；第二步是比较研究，在比较不同社区的社会结构时，发现各有其配合的原则，原则不同，表现结构的形式也不一样，这样就产生了"格式"（模式）的概念。①

当然，不应将两者的差异对立起来。无论关注的是乡村"社会"还是"社区"，他们的研究都有着更加重要的共同指向：挽救中国农村的危机，改变中国农民的命运。背后当然是那个时代的社会学家共同拥有的一种紧迫感和焦虑。而这种紧迫感和焦虑在乔启明关于乡村组织的研究中更加突出。

四 乡村组织研究：为什么是"农会"？

当人类的生存发生问题，如一人能力不足，势必群策群力，以谋解决或适应之道。人类社会组织即因此而产生，社会文化亦因此而演进。普通所谓组织，即多人的结合以企求其事业的完成者。社会若有优良的组织，即易于进步，否则即不免呈现停滞之状态，散漫无归。②

考虑到严复将 Sociology 翻译为"群学"，而孙中山痛感中国人"一盘散沙"并将其看作中国积贫积弱的原因，"组织问题"可以说是社会学的核心和中国社会的要害。在民国时期的社会学界，关注这一问题的学者并不鲜见，如许仕廉、吴达、费孝通等人都有论及，但进行了系统和深入研究的，似乎只有乔启明和杨开道③二人。而与杨开道主要发掘传统资源不同，乔启明更多地从乡村社会的现实需要出发，基于实地调查而展开。自1925年发表《我理想中的一个乡村组织是什么》，到20世纪40年代末其学术生涯结束，他关于乡村组织的论述总计20余种，其中最系统的分析见于《中国农村社会经济学》第六编"农村组织"。上引文字即源自其中的开篇部分，它可以看作乔启明的组织观和社会观的理论基础。构成这一理论基础的还包括

---

① 费孝通：《乡土中国》，生活·读书·新知三联书店，1985。
② 乔启明：《中国农村社会经济学》，（上海）商务印书馆/上海书店影印本，1947，第423页。
③ 杨开道的相关著述集中于30年代初，主要包括《中国农村组织略史》（《社会学刊》1930年第4期）、由世界书局1930年推出的《农村组织》和《农村自治》、《乡约制度的研究》（《社会学界》1931年第5卷）及在此基础上扩展而成的《中国乡约制度》（山东省乡村服务人员训练处1937年刊印）。

他对组织功能的如下归纳：增加社会力量，继承前人的经验，完成个人所不能办理的事业，促成社会观念，稳定人与人的关系。①

不过，与人类社会基于生存需要的一般原则相对的，却是中国乡村组织的缺失及其加剧的农民的不幸。他写道："今日我国农民生活状况低于水准，此固由于农村人口与土地失调，文化落后，亦由于农村社会缺乏组织所致。我国农民思想散漫，只知耕田而食，织布而衣，不知注重组织，因此农民个人生活状况既无从改进，而社会事业尤难推行。……农民素如一盘散沙，缺乏黏性与组织。……我国农村无论在政治、经济、社会、文化方面均觉落伍。造成此种现象的原因固非一端，而农民本身缺乏组织乃为基本原因。"②

这种判断当然源于他的乡村建设实践。他在1933年写道："研究中国乡村问题者，莫不以改进乡村社会、发展乡村经济，为我国目前唯一之要务。但是环顾国内乡村各项事业，均无健全之组织，以致农业不振，生产落后，经济有破产之虞，社会呈不安之象，此所以不能不急图发展与改进也。"而在经过长期的农业推广之后，他又说："从事农业推广工作，最感困难的是农村社会缺乏健全的组织，以至一切良好的计划、方法及材料，农民皆无从接受；因之，在推进工作的时候，往往费多效少，事倍功半。"③

但是，"急图发展与改进"必须建立在对现实状况的真切把握之上。"乡村经济应如何发展，社会组织应如何改进，以何者定其标准，是则吾国乡村固有之组织，实有研究之必要。"基于此，他首先对全国乡村的组织现状进行了回顾④，随后和姚颛一道，于1934年夏天在"青纱帐起，少数区域频闻匪警"的动荡中对安徽宿县进行了一个多月的实地调查，从而得以具体地描述当地各种组织的种类及分布、目的和功用、参加户数或人数、会员的经济地位、会费征收方式和组织运行状况，以及会员的评价和期望。⑤ 调查发现，参加组织者多为自耕农和半自耕农，地主和佃农很少参加，地主多移居城镇以避匪患，佃农则缺少时间和金钱。除合作社之外，大部分组织皆为原有社会经济团体，旨在解决农民自身面临的各种问题，其名称虽与近代各

---

① 乔启明：《中国农村社会经济学》，（上海）商务印书馆/上海书店影印本，1947，第426页。
② 乔启明：《中国农村社会经济学》，（上海）商务印书馆/上海书店影印本，1947，第423、425页。
③ 乔启明：《中国乡村经济组织及社会组织之概况》，《新农村》1933年第5期。
④ 乔启明：《中国乡村经济组织及社会组织之概况》，《新农村》1933年第5期。
⑤ 乔启明、姚颛：《安徽宿县原有乡村组织之概况》，《实业统计》1934年第2卷第5期。

国乡村组织不同，但意义和功用则颇多相似，如小范围的鸡蛋会、灶君会、火神会等，功用与消费合作无异；而老人会和棺材会可谓民间人寿保险组织。"会员虽多清寒，未受教育，而信义昭著，由来已久。若吾人在举办乡村经济建设之前，对于有关系之组织，稍加研究，从而整理之，充实之，不仅能化阻力为助力，而其结果，事半功倍，可预卜焉。"①

与此同时，宿县面临的最大问题在于缺少应对匪患和水灾的组织。针对匪患，虽有联庄会、红枪会等起而自卫，但组织之间缺乏联络，"而大多数农家，每届青帐起时，日须勤苦耕作，夜必小心看家，不得安眠，诚堪怜悯"。灌溉组织的缺乏也为一大缺陷，"闻该县每遇旱涝，则相率仰屋咨嗟，而无善策，如何使河畅其流，地受润泽，似为今后该县农民应注意之事项"。此外，当地的原有组织极少关注公共卫生问题，"是以每遇瘟疫发生，男女老幼，惟借求神问卜以治疾病，或只束手以待毙，毫无预防与补救之组织与设备"。②

在乔启明看来，"仅有家族组织，而无社会观念"的中国农村属于"散漫的社会"，这在自给自足经济时代尚可勉强维持，但自近世以来，农村的封守状态被打破，交通发达，农产品商品化，农民与外界接触日多，"则非有组织不可"。当然，正如宿县调查表明的那样，中国乡村也存在一些组织，但植根于传统生产方式的组织通常范围狭小，功效单一，"仅有对内作用而无对外能力"。③ 总之，传统农村的散漫状态已经不能适应近世商业化的潮流，"中古式的"或"筋肉式的"农业生产方式与现代化的消费需求也相去太远，竞争不过欧美的资本主义农场式经营，因此导致国内小麦、大米和棉花等农产品入超日增、农村破产。④ "在现代的中国，要增进农民生活，必得先有良善的农村组织。"⑤ 到后来，他更加系统地论述了现代农村的组织需求：

> 盖现代农村已由自给自足经济状态，进而为城市经济状态。农民生产不仅为自己消费，且须寻求市场销售，其价格恒受世界求供状况的影响，而与货币价值的变动，亦有莫大关系。农产品质需要改进，始能在

① 乔启明、姚颋：《安徽宿县原有乡村组织之概况》，《实业统计》1934 年第 2 卷第 5 期。
② 乔启明、姚颋：《安徽宿县原有乡村组织之概况》，《实业统计》1934 年第 2 卷第 5 期。
③ 乔启明：《中国农村社会经济学》，（上海）商务印书馆/上海书店影印本，1947，第 426—428 页。
④ 乔启明：《豫鄂皖赣四省之田租高度测验》，《农林新报》1937 年第 14 卷第 7 期。
⑤ 乔启明：《江宁县淳化镇乡村社会之研究》，《金陵大学农学院丛刊》1934 年第 23 号。

市场上竞争；农村教育需要改进，始能增进民智；他如农村卫生，农村娱乐等，无一不需改革，以谋适应现代生活。……譬如农民以前产品在市镇售予商贩，今予废除中间剥削，势必直接运销至大市场，农民焉有此种能力。再如农民以往向放债人借贷，现欲避免高利贷，必须向农民银行等告贷，但农民无组织，如何能与银行发生关系。其它种种事业亦莫不需要新兴组织，以为筹划与执行之机构。①

那么"良善的农村组织"是什么，又如何推行，方可发挥其功能而造福农民？这是他始终关注的。如上所述，他认为中国固有的乡村组织范围狭小，功能单一，不足以应对农民的生产和生活所需；而各地实验区建起的一些近代性质的组织如合作社、医院、妇女团体等，功能太单纯，工作限于某一方面，缺乏系统和连贯性，即便定县的同学会、邹平的村学、镇平的自卫团，也"不过是被动局部的组织，而不是自动全民的组织"。他主张建立农民自发主动的综合组织，以推动其他单一组织，避免组织之间的冲突，融合政治、经济、社会建设为一体。而"这样的组织应该是农会"，每一农村社区设一农会，联合各地的农会组织成一个总会。②

说到"农会"，当然并不新鲜。自从蒋黼、罗振玉等人1896年首倡，不同形式的农会已在中国存在了30余年，也广遭诟病，乔启明对此进行了具体论述。他将清末以降的农会统称为"冒牌农会"，分阶段指陈其弊端。前清之农会或务农会，主要是官吏和文人团体，至多算是农业研究组织。进入民国，农商部曾颁布农会规程，一时上行下效，但大多由官厅发起，"挂起农会招牌，毫无工作表现，地方如有恶劣士绅，常常操纵农会，压制乡民，假借名义，接近官宪，奉承上司，更强迫农民缴纳会款捐款等，以饱私囊。他如包揽诉讼，借端敲诈，更为常见"。此类农会非但不能造福于农民，反为农民之害。北伐时代的农民协会声势浩大，做的完全是农民运动的工作，由中央农民部特派员到各地鼓动包办，虽有帮助农民反抗官绅的功用，但"掺杂土匪流氓，假名活动以危害农民者亦甚多"。至于20世纪30年代初经由农会法和"训政"促成、由各级党部指导成立的农会，虽数目可观，"仍然是上行下效的方式，农民缺乏自动能力，工作不似协会时代之激进，而农事建设工作亦鲜有成就，他如土豪劣绅操纵之事仍然很多"。而过去的农会

① 乔启明：《中国农村社会经济学》，（上海）商务印书馆/上海书店影印本，1947，第428页。
② 乔启明：《中国乡村建设问题的过去与将来》，《现代读物》1937年一周年特大号；乔启明：《现阶段农会之认识与推行》，《新经济》1939年第1卷第12期。

所以失败，除行政包办和少数人把持之外，指导人才缺乏也是重要原因。如创议者只知引用外国名称，而不注意具体的实施办法；举办者也未认清农会之目的在于改进农村生产和农民生活，加以不谙农事，便只做政治工作，而不管改良生产、协助运销等建设事业。①

但是"冒牌农会"的失败不足以成为反对建立真正的农会的理由。乔启明强调，他所提倡的农会乃是农村的全民组织，旨在集中农村各方面的力量，发展农村经济、增进农民知识、改善农民生活，并能成为"锻炼农民自治能力之熔炉，将来则是地方自治之基础"②。农会必须由农民自己组织，脱离党部或行政的控制；组织系统应由下而上，下级组织单位应打破行政区划分割，以农村自然区域为范围；基于民主制体，由农民领袖管理，农业推广机构协助推行；办理切实的建设事业，谋求人力和财力的自给，以维持农民的信心。如此方能避免过去的积弊，使农会成为自有、自治、自享的农民团体。③

作为"国内研究农会最有成绩的一个人"④，乔启明同时也是组建农会的积极实践者和推动者。如前文所述，他自20世纪20年代后期即在安徽和县从事这方面的实际探索，在后来主持农业推广委员会期间，则在各实验县推动建立更多的农会组织，号召举办短期训练班，以培养一批既具农事经验又懂民众组织办法的农会辅导员，还亲自编写了简明易懂的《农会组织须知》，供各地参考。他在推进实践的过程中反对由外来者越俎代庖，而是强调农民的主动性，重视以农民本身的团结合作来谋求社会经济发展。针对各地乡村建设实验中不注重农民的训练和组织，因而导致人亡政息、不能持久的现象，他告诫说："像我们这些人只可作为指导者，绝对不可以做工作的主角。"⑤ 他的这些努力在当时受到了充分肯定。时人王达三在评价《中国农村社会经济学》一书时曾写道："著者不仅是我国有数的农村经济学家，而且是位农村社会运动的领导与工作者。现行以农会为农村组织的农业推广制度建立，即赖著者之发动与经营甚大。"⑥

不过，由于客观上缺少相应的社会环境和制度条件，直到乔启明的研究

① 乔启明：《现阶段农会之认识与推行》，《新经济》1939年第1卷第12期。
② 乔启明：《农会与农业推广》，《农业推广通讯》1939年第1卷第4期。
③ 乔启明：《现阶段农会之认识与推行》，《新经济》1939年第1卷第12期。
④ 语出《新经济》1939年第1卷第12期"编辑后记"。
⑤ 乔启明：《中国乡村建设问题的过去与将来》，《现代读物》1937年一周年特大号；《现阶段农会之认识与推行》，《新经济》1939年第1卷第12期。
⑥ 王达三：《书评：〈中国农村社会经济学〉》，《农业通讯》1947年第1卷第1期。

历程终结，他所孜孜以求的"良善的农民组织"依然稀少。他曾经开列的诸多组织和改进农会的建议，到 20 世纪 50 年代以后的台湾才见实施。

五　乔启明的学术贡献及其当下意义

在大约 1/4 世纪的学术生涯中，乔启明总计留下了 100 多种 200 多万字的研究著述。这些研究涵盖了乡村人口问题、土地问题和租佃关系、乡村社区和组织、农民生活，以及乡村建设和农业推广等多个领域，其中的绝大多数篇章都以广泛而深入的实地调查资料为基础，从而有别于中国传统读书人的坐而论道，显示了"用脚做学问"的实证研究特征。虽然实证研究在民国时期深受西方社会科学影响的社会学家当中较为普遍，但乔启明以及他所在的学术共同体在这方面无疑更加突出，甚至可以说是开风气之先。

就其具体的研究内容来看，他在本文重点介绍的四个领域都属于中国启动最早、贡献突出、特征也非常鲜明的一人。这种贡献和特征包括其体系的完整性、内容的丰富性和系统性、由多层次性和区域差异构成的立体图景和复杂性，以及分析论证的严谨和深入，当然也包括持论之"中庸"，即作为"技术学派"的一员所具有的改良主义倾向。从这个意义上说，他不仅是中国农村社会学的开创者和代表性人物，也是范围更广的中国农村研究的开创者和代表性人物。这也就意味着，当我们要发掘和借鉴民国时期的相关学术遗产时，乔启明的研究是不可或缺、不容回避的。

当然，回顾乔启明的中国农村研究，从其略显质朴但的确宝贵而丰富的学术遗产中能够吸取的不只是一般意义的认识价值。综合上述简略介绍，就浅见而言，他至少在如下三个方面给我们留下了较为深广的想象的空间和反思的空间。

第一，他的总体上甚为广博的研究，会大大拓展我们的视野，使我们对民国时期的乡村社会及诸多问题有着更切实的理解，从而扭转较为单一、静止、平面化的农村史观。

第二，他对乡村组织特别是"农会"问题的有关论述，使我们在面对目前因多重因素导致的乡村治理危机和因农民的"善分不善合"而加剧的诸多困境，探讨如何重建乡村政治、促进农民的合作问题时，能够确立更清晰的历史维度。

第三，他对乡村社会或"社区"的内在实质——共同的生活、事业和利益，以及"适当圆满的合作单位"——的把握，会使我们醒悟：重建以来的中国社会学对于"社会"和"社区"的理解原来是那么的空泛、抽象、缺少灵魂。而当我们更实在地领悟了"社区"的意义和价值，便会对今天处于解体过程的农村社区，以及陌生化、沙漠化的城市"社区"所存在的问题有更透彻的理解，对新农村建设、社区建设的实践方式及其已经或将要导致的问题保持足够的警觉，进而看到应有的努力方向。

图书在版编目（CIP）数据

中国农村社会学研究. 第三辑 / 姚兆余主编 . -- 北
京：社会科学文献出版社，2023.10
ISBN 978 - 7 - 5228 - 0990 - 8

Ⅰ.①中… Ⅱ.①姚… Ⅲ.①农村社会学 - 研究 - 中
国 Ⅳ.①C912.82

中国版本图书馆 CIP 数据核字（2022）第 205610 号

中国农村社会学研究 （第三辑）

主　　编 / 姚兆余

出 版 人 / 冀祥德
组稿编辑 / 刘　荣
责任编辑 / 单远举
责任印制 / 王京美

出　　版 / 社会科学文献出版社（010）59367011
　　　　　地址：北京市北三环中路甲 29 号院华龙大厦　邮编：100029
　　　　　网址：www. ssap. com. cn
发　　行 / 社会科学文献出版社（010）59367028
印　　装 / 唐山玺诚印务有限公司

规　　格 / 开　本：787mm × 1092mm　1/16
　　　　　印　张：14.25　字　数：246 千字
版　　次 / 2023 年 10 月第 1 版　2023 年 10 月第 1 次印刷
书　　号 / ISBN 978 - 7 - 5228 - 0990 - 8
定　　价 / 128.00 元

读者服务电话：4008918866